Joshua Becker

Die Kraft des Seinlassens

Weniger Ablenkung
mehr Leben

Für meinen Großvater Pfarrer Harold E. Salem

JOSHUA BECKER

mit Eric Stanford

Weniger Ablenkung mehr Leben

Aus dem Englischen übersetzt
von Antje Balters und Eva Maria Nietzke

BONIFATIUS

Bibliografische Information der Deutschen Nationalbibliothek:
Die Deutsche Nationalbibliothek verzeichnet diese Publikation in der Deutschen Nationalbibliografie; detaillierte bibliografische Daten sind im Internet über http://dnb.d-nb.de abrufbar.

Klimaneutrale Produktion.
Gedruckt auf umweltfreundlichem, chlorfrei gebleichtem Papier.

This edition published by arrangement with WaterBrook, an imprint of Random House, a division of Penguin Random House LLC.

Die zitierten Bibelverse wurden folgender Ausgabe entnommen:
Neues Leben. Die Bibel © der deutschen Ausgabe 2002 / 2006 / 2017 SCM R.Brockhaus in der SCM Verlagsgruppe GmbH, Max-Eyth-Str. 41, 71088 Holzgerlingen.

Umschlaggestaltung: Weiss Werkstatt München, *werkstattmuenchen.com*
Satz: Bonifatius GmbH, Paderborn
Lektorat: Nadine Weihe, *lektorat-weihe.de*
Druck und Bindung: CPI books GmbH, Leck
Printed in Germany

ISBN 978-3-98790-013-6

Weitere Informationen zum Verlag:
www.bonifatius-verlag.de

Inhalt

Teil 1 Das Ziel und die Hindernisse

1 Ein Leben ohne Reue
Den Blick aufs Lebensende richten 9
2 Abgelenkt-Sein vom Wesentlichen
Wenn das Geringere das Größere verdrängt 27

Teil 2 Ablenkungen durch einen lahmgelegten Willen

3 Überschattete Träume
Die Ablenkung bedingt durch Angst überwinden 45
4 Verletzt
Die Ablenkung durch Fehler und Verletzungen aus der Vergangenheit überwinden 70

Teil 3 Ablenkungen durch scheinbar Gutes

5 Das Ich-Monster
Die Ablenkung des Glücklichseins überwinden 95
6 Genug ist genug
Die Ablenkung durch Geld überwinden 114
7 Hürden auf dem Weg zum Ziel
Die Ablenkung durch Besitz überwinden 141

8 Das Streben nach Bedeutung
Die Ablenkung durch Anerkennung überwinden 166
9 Am Strand zu liegen wird irgendwann langweilig
Die Ablenkung durch Freizeit überwinden 188
10 Blinkende Lichter
Die Ablenkung durch Neue Medien überwinden 213

Teil 4 Das Ende dieses Buches – der Beginn eines sinnvolleren Lebens

11 Leben Sie die Geschichte, die Sie lesen möchten …
… *und rechnen Sie mit Überraschungen* 247

Leitfaden: Entdecken Sie Ihre Ziele und Ihre Berufung 264
Danksagungen 278
Über den Autor 280
Anmerkungen 281

TEIL 1

DAS ZIEL UND DIE HINDERNISSE

1

Ein Leben ohne Reue

Den Blick aufs Lebensende richten

> „Es ist nicht wenig Lebenszeit, die wir bekommen, sondern wir machen sie kurz, und wir haben keinen Mangel an Lebenszeit, sondern gehen verschwenderisch damit um … Das Leben ist lang, wenn man versteht, es zu nutzen.“
>
> *SENECA*

Bronnie Ware, eine australische Krankenschwester, arbeitete schon mehrere Jahre lang mit Menschen in ihrer allerletzten Lebensphase. Sie fragte ihre Patientinnen und Patienten immer, ob sie etwas an ihrem Leben bereuten oder ob es etwas gebe, das sie anders machen würden, wenn sie dazu die Gelegenheit hätten. Später postete sie unter dem Titel „Was Sterbende bereuen“ („Regrets of the Dying“) einen Artikel über das, was sie dabei herausgefunden hatte. Ware schreibt über die phänomenale, klare Sicht von Menschen am Ende ihres Lebens, aber auch über gemeinsame Themen, die in diesen Gesprächen immer und immer wieder auftauchten. Der besagte Artikel ist mittlerweile etliche Millionen Mal online aufgerufen worden und im Jahr 2012 auch als Buch erschienen.[1]

Das ist doch ein faszinierender Ausgangspunkt, oder? Was an ihrem Leben bereuen Menschen am meisten?

Ich will die Liste der Antworten auf die Frage hier nicht noch einmal aufnehmen, sondern möchte Ihnen stattdessen folgende Frage stellen: Wie sehr interessiert es Sie, welche Antworten auf die Frage gegeben wurden? Wie stark ist für Sie der Impuls, den Artikel sofort zu googeln, damit sie sehen, was Menschen am Ende ihres Lebens am meisten bereuen? Und was noch wichtiger ist: Woher kommt überhaupt dieser Wunsch zu erfahren, was Sterbende am meisten bereuen? Könnte dieses starke Interesse vielleicht ein Hinweis auf unsere Sorge sein, dass wir unser Leben vergeuden? (Falls Sie jetzt, nachdem ich Sie dazu gebracht habe, über Ihre Gründe nachzudenken, immer noch wissen wollen, was auf der Liste steht, können Sie in der Endnote 1 nachschauen.)

Aber wieso verbreitet sich eine Liste von den Dingen, die Sterbende am meisten bereuen, eigentlich so rasant im Internet? Der Grund könnte sein, dass wir möglichst wenig bereuen möchten, wenn auch für uns eines Tages das Lebensende näher rückt. Und ich glaube, ein weiterer Grund für unser Interesse an dem Thema ist der Umstand, dass wir *bereits jetzt Entscheidungen bereuen, die wir im Leben getroffen haben.*

Wir machen einfach immer weiter so und stellen das Unwesentliche über das Notwendige.

Menschen mittleren Alters und auch schon junge Erwachsene haben oft quälende Ängste, ihre Zeit und Ressourcen für Dinge zu vergeuden, die gar nicht so wichtig sind, und sich gleichzeitig nicht genug auf Menschen und Dinge zu konzentrieren, auf die es wirklich ankommt. Und wir können uns gut vorstellen, dass wir es eines Tages bereuen, wenn wir daran nichts ändern. Aber wir machen einfach immer weiter so und stellen das Unwesentliche über das Notwendige.

Das muss sich ändern. Und Tatsache ist, dass wir nur eine begrenzte Lebenszeit vor uns haben, um daran etwas zu ändern.

Wir werden im Laufe unseres Lebens immer wieder törichte Entscheidungen treffen, von denen wir wünschten, wir könnten sie rückgängig machen. Deshalb ist es wahrscheinlich gar nicht möglich, ein Leben ganz *ohne* Reue zu führen. Aber es ist ganz sicher möglich, unser Leben zu ändern, indem wir den einfachen Weg verlassen, uns in unserem Alltag treiben zu lassen, und stattdessen einen bewussteren und zielgerichteteren Weg einzuschlagen zu einem Leben, das uns erfüllt und über unsere sterbliche Existenz hinaus noch nachhallt – kurz: zu einem gut gelebten Leben. Wenn wir die Wahl haben, möchten wir dann nicht alle lieber ein Leben mit weniger Reue und mehr Erfüllung?

Einmal – es ist noch gar nicht lange her – wurde ich gezwungen, mich einer Sache zu stellen, die ich *unbedingt tun musste*, bevor ich sterbe. Ich möchte Ihnen jetzt davon erzählen, weil es auch mit Ihnen zu tun hat.

Das Eine

Im Oktober 2019 saß ich mit einigen meiner Mitarbeiterinnen und Mitarbeiter in einer Konferenz mit dem Thema *Start Finishing* („Fange an, etwas zu beenden“) in Mesa, Arizona. Charlie Gilkey war an diesem Tag unser Referent. Er hatte bereits ein Buch zum Thema der Konferenz veröffentlicht und wünschte sich nun von uns, dass wir die in dem Workshop vermittelten Prinzipien so konkret wie möglich auf das wichtigste Anliegen unseres Lebens anwendeten. Als Hilfestellung bei der Entscheidung, was dieses wichtigste Anliegen sei, sagte er: „Schließen Sie die Augen und beantworten Sie folgende Frage: Wenn Sie heute sterben müssten, über welches unvollendete Projekt wären Sie dann am traurigsten?"

Nachdem wir uns alle diese Frage gestellt hatten, tauschten wir uns über die Antworten aus. Bei der jungen Frau neben mir war es ein Kunstprojekt, das sie unbedingt zu Ende bringen wollte. Eine Mutter von zwei Kindern nannte als Wunsch, ihre beiden Teenager gut auf das Leben vorzubereiten. Und ich beantwortete Charlies Frage, ohne zu zögern, folgendermaßen: „Wenn ich heute sterben müsste, dann wäre ich extrem enttäuscht darüber, dass ich das Buch nicht mehr schreiben könnte, dessen Thema mir schon so lange im Kopf herumgeht."

Es ist das Buch, das Sie gerade lesen.

Ich spielte schon eine ganze Weile mit dem Gedanken, ein Buch über die Grundsätze des Minimalismus zu schreiben – das ist ja das Thema, für das ich bekannt bin. Diese Grundsätze wollte ich dann in einen größeren Zusammenhang stellen und darlegen, wie bestimmte Ablenkungen uns daran hindern, Sinn, eine Bestimmung und Erfüllung zu finden. Und in diesem Moment während der Konferenz wurde *Die Kraft des Seinlassens* für mich zur Aufgabe mit der höchsten Priorität. Es gibt nämlich eine Botschaft, die mich mehr motiviert und antreibt als alles andere – und diese Botschaft ist nicht, dass die Menschen ihre Schränke ausmisten sollen, so nützlich das auch sein mag –, sondern am meisten liegt mir folgende Botschaft am Herzen: die Einladung, ein bewusstes, zielgerichtetes, sinnvolles Leben zu führen. Abgesehen von meinem Glauben und meiner Familie ist es diese Botschaft, von der ich mir am meisten wünsche, dass sie in Erinnerung bleibt, wenn ich diese Welt eines Tages verlassen haben werde.

Ich lese, schreibe und spreche seit Jahren über dieses Thema und hatte dadurch Gelegenheit, viele Ansichten und Geschichten dazu zu sammeln. Die wichtigsten Erkenntnisse trage ich jetzt in diesem Buch zusammen und lege dabei den Fokus besonders auf die Frage, wie man zu genügend Konzentration und Entschlossenheit gelangt, um den eigenen Prioritäten gemäß zu leben. In *Die Kraft des Seinlassens* möchte ich Ihnen zeigen, was Sie in Ihrem Leben aus dem Weg räumen müssen, um die Wende zu einem zielgerichteteren Leben zu vollziehen.

Ein zielgerichtetes Leben ist nicht nur für mich oder Leute wie mich wichtig, sondern für alle, weil es für jeden von uns mindestens eine Sache gibt (wahrscheinlich sind es eher mehrere), von der wir glauben, dass wir sie unbedingt und auf jeden Fall tun müssen, bevor wir sterben. Und damit meine ich nicht etwa Punkte von der „Bucket-List" wie „Eine Fahrt mit dem Heißluftballon", sondern ich meine damit, so zu leben, dass es etwas verändert. Ich meine damit, sich bewusst zu machen, dass unser Leben eine Bedeutung hat und dass es positive Auswirkungen auf die Welt hat, kurz: dass unsere Existenz einen konkreten Sinn hat.

Und damit komme ich jetzt zu Ihnen. Ich möchte Ihnen dieselbe Frage stellen, die Charlie Gilkey während der Konferenz gestellt hat und die für mich so bedeutsam wurde: *Wenn Sie heute sterben würden, was wäre das Eine (es können auch mehrere Dinge sein), worüber sie enttäuscht wären, wenn Sie es nicht zu Ende bringen könnten?* Bitte gehen Sie nicht einfach über diese Frage hinweg, sondern halten Sie hier inne und denken Sie darüber nach. Nennen Sie Ihre wichtigsten Ziele, und zwar eindeutig und konkret.

Wenn Sie heute sterben würden, was wäre dann das Eine, worüber Sie traurig und enttäuscht wären, wenn Sie es nicht zu Ende bringen könnten?

Als Vorbereitung für die Arbeit an diesem Buch habe ich eine nationale repräsentative Umfrage in Auftrag gegeben, in der eine Reihe von Fragen gestellt wurden, die mit den Themen in diesem Buch zu tun haben.[2] Ich werde in den folgenden Kapiteln regelmäßig auf die Umfrageergebnisse eingehen und bin sicher, Sie werden die Ergebnisse faszinierend finden.

Für den Anfang: Eine der Fragen, die wir gestellt haben, lautete: „Können Sie einen klaren Sinn oder ein klares Ziel für Ihr Leben benennen?“ – Ich war erfreut zu sehen, dass 70 Prozent der Befragten mit Ja antworteten. Weitere 19 Prozent antworteten mit Nein, 11 Prozent wussten es nicht.

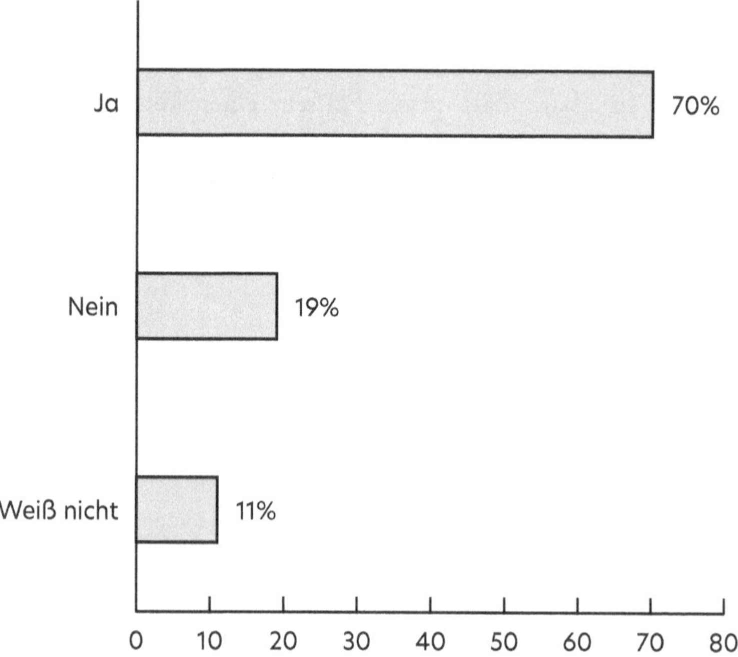

Kennen Sie den Sinn oder das Ziel Ihres Lebens? Wenn die Antwort Nein lautet oder Sie es nicht genau wissen (wie 30 Prozent der Befragten in der Umfrage), dann lade ich Sie ein, sich die Übung „Entdecken Sie Ihre Ziele und Ihre Berufung“ am Ende des Buches anzuschauen. Sie kann Ihnen dabei helfen, methodisch die Wünsche durchzugehen, die als Schnittmenge Ihre Leidenschaften, Fähigkeiten und die Bedürfnisse anderer Menschen haben. Dadurch können Sie herausfinden, welche Arbeitsbereiche oder ehrenamtliche Tätigkeiten zu Ihnen passen und welche davon Sie reizen würden.

Wenn Sie zu den 70 Prozent gehören, die ihren Sinn im Leben kennen, dann ist das wunderbar, aber ich möchte Sie dennoch ermutigen, offen zu bleiben, weil Ihnen dieses Buch höchstwahrscheinlich helfen wird, unterwegs neu zu definieren, was wirklich wichtig ist und worauf es ankommt.

Für den Moment wäre es schön, wenn Sie anfangen könnten zu glauben, dass es nicht zu spät ist, Ihr Leben um Ihre Ziele bzw. Ihren Sinn herum neu zu ordnen und auszurichten. Sie können *jetzt sofort* etwas tun, um das Leben zu führen, das Sie führen möchten, und am Ende nicht so viel zu bereuen zu haben.

Sie können jetzt sofort etwas tun, um das Leben zu führen, das Sie führen möchten.

Die Kernaussage dieses Buches ist keine „Wie werde ich glücklich?“-Botschaft, auch wenn ich davon überzeugt bin, dass es sowohl kurz- als auch langfristig der schnellste Weg zum Glück ist, ein Leben in Übereinstimmung mit den eigenen Werten und Leidenschaften zu führen. Vielmehr geht es in diesem Buch darum, wie es Ihnen geht. Es geht darum, wie Sie das eine Leben führen, das Sie haben, und wie Sie sich auf die Dinge fokussieren können, auf die es wirklich ankommt und die wichtig sind. Ich würde sogar so weit gehen zu behaupten, dass die Welt es braucht, dass Sie für die Dinge leben, die für Sie wichtig sind, denn wir Menschen sind dann am produktivsten und haben den meisten Einfluss, wenn wir unseren ganz eigenen und unverwechselbaren Beitrag leisten.

Vielleicht besteht das höchste Streben für Sie selbst *und* andere in Folgendem: Sie entscheiden sich dafür, ein sinnvolles Leben zu führen, das auf die Dinge fokussiert ist, auf die es wirklich ankommt.

Wie Sie dem Leben mehr Bedeutung geben

Auf dem College hatte ich einen Professor, der uns beibrachte: „Achten Sie darauf, Bücher aus vergangenen Jahrhunderten zu lesen, weil alle noch lebenden Autoren in derselben gesellschaftlichen und ideologischen Strömung schwimmen wie Sie. Ein Buch, das vor Jahrhunderten verfasst wurde, hat dagegen eine andere Perspektive und fordert Ihr Denken auf ganz neue Weise heraus."

Ich versuche, mich an diesen Rat zu halten. Ja, viele meiner Gedanken über Gott, Minimalismus, zielgerichtetes Leben und andere Themen, die mir am Herzen liegen, stammen von weisen Frauen und Männern vergangener Zeiten. Sie führen auf eine Weise zu einer neuen Perspektive, wie es moderne Gelehrte und Experten nicht vermögen. Und ich stelle fest, dass Themen, die sich in unterschiedlichen Zeitaltern und an unterschiedlichen Orten wiederholen, oft Themen sind, die uns auch heute noch den Weg zu einem besseren Leben weisen können.

Auf diesem Hintergrund möchte ich mit Ihnen ein Zitat teilen, das jetzt schon seit vielen Jahren eine große Bedeutung für mich hat. Es stammt von Seneca dem Jüngeren, einem römischen Philosophen, der ungefähr zur gleichen Zeit geboren wurde wie Jesus von Nazareth:

> Wir haben nicht wenig Lebenszeit, sondern wir verschwenden nur so viel davon. Das Leben ist lang genug, und uns wird genügend Zeit geschenkt, um die größten Taten umzusetzen, wenn sie gut investiert wird. Aber wenn sie für gedankenlosen Luxus und mit Aktivitäten, die uns nicht guttun, vergeudet wird, dann sind wir zumindest durch die endgültige Beschränkung durch den Tod gezwungen zu merken, dass das Leben verstrichen ist, bevor uns bewusstwurde, dass es vergeht. So ist es: Es ist nicht wenig Lebenszeit, die wir bekommen, sondern wir machen sie kurz, und wir haben keinen Mangel an Lebenszeit, sondern wir gehen verschwenderisch damit um …
> Das Leben ist lang, wenn man versteht, es zu nutzen.[3]

In diesem Zitat steckt sehr viel. Ich möchte Sie eindringlich bitten, es mehrmals zu lesen und vielleicht sogar einen Stift zur Hand zu nehmen und die Kernaussagen, die Ihnen besonders ins Auge fallen, zu unterstreichen. Fangen Sie an mit „wir verschwenden nur so viel davon".

Senecas kühne Behauptung bezieht sich auf das, was ich meine, wenn ich von „zielgerichtetem Leben" spreche. Es bedeutet, bewusst zu leben. Es bedeutet, unsere begrenzte Zeit für die „größten Taten" einzusetzen statt für „gedankenlosen Luxus" und „Aktivitäten, die uns nicht guttun". Wenn wir das beherzigen, werden wir feststellen, dass das Leben lang genug ist, um das zu tun, worauf es ankommt und was am wichtigsten ist.

Wir verzichten auf unbedeutendere Beschäftigungen, um Sinn in unserem Leben zu finden.

Seneca zeigt uns die Antwort auf die schwierige Frage, wie wir am Ende unseres Lebens möglichst wenig Reue verspüren:

Wir treffen gute Entscheidungen. Wir verzichten auf unbedeutendere Beschäftigungen, um Sinn in unserem Leben zu finden. Und das tun wir jeden einzelnen Tag.

Ein bedeutsames Leben führen

Mir ist nicht durch eine spontane Erleuchtung klar geworden, wie ich mein Leben zielgerichtet führen kann, auch wenn es auf dem Weg dorthin viele Momente gab, in denen mir ein Licht aufging. Es war eher eine langsame Entwicklung, bei der ich immer mehr begriffen habe. Sie wurde außerdem beeinflusst von all den Dingen, die im Laufe vieler Jahre in meinem Leben passiert sind.

Durch meine christliche Erziehung habe ich mir schon früh Gedanken über die Prioritäten im Leben gemacht, und im Grunde war es mir von Anfang an wichtig, das anzustreben, was im Leben wichtig ist. Diese Erziehung regte mich dazu an, mich auf das zu konzentrieren, was für die Ewigkeit zählt. Als junger Mann wurde ich dann Pastor und nutzte meine Zeit, durch die Lehre der Bibel anderen dabei zu helfen, ihren Weg im Leben zu finden.

Es ist also in erster Linie meiner Familie und meiner Glaubenstradition zu verdanken, dass ich schon früh auf die Themen eingestimmt wurde, um die es in diesem Buch geht. (Übrigens: *Die Kraft des Seinlassens* ist kein religiöses Buch, aber weil mein Glaube mich geprägt hat, werde ich hin und wieder auch von meiner eigenen Glaubensgeschichte erzählen.) Obwohl dieser Hintergrund sicher von Nutzen war, bekam ich den Kopf erst frei und war sogar gezwungen, mich wirklich mit der Frage meiner Prioritäten zu befassen, nachdem ich mit Anfang dreißig Minimalist wurde.

Wenn Sie im Laufe der vergangenen etwas mehr als zwölf Jahre schon Bücher oder Blogposts von mir gelesen haben, dann wissen Sie, wie wichtig es mir ist, ein einfaches Leben zu führen.[4]

Es ist eine der größten Leidenschaften meines Lebens, Menschen dabei zu unterstützen, weniger Sachen zu besitzen. Minimalismus gehört zu den Dingen, die mir sehr wichtig sind. Nichtsdestotrotz ist Minimalismus für mich aber immer ein Mittel zum Zweck gewesen und nie ein Selbstzweck.

Ich definiere *Minimalismus* als „das bewusste Verfolgen aller Ziele, die wir am meisten schätzen, und das Beseitigen all der Hindernisse, die uns dabei im Wege stehen“[5]. Das ist nicht negativ gemeint, sondern positiv. Es geht nicht in erster Linie ums Entrümpeln und Aussortieren oder ums Organisieren, sondern es geht darum, Freiheit zu schaffen. Denn wenn wir Dinge reduzieren, setzen wir dadurch kostbare Energie, Zeit und Konzentration frei, die wir dann für andere sinnvolle Ziele und Zwecke nutzen können.

Ich erlebe die positiven Auswirkungen dieser Entwicklung in meinem eigenen Leben. Minimalismus gibt mir die Möglichkeit, die Frage nach einem bedeutsamen Leben an mir selbst zu erforschen und an dem, was ich in der Welt sehe.

Irgendwann dachte ich immer häufiger: Wenn ich genauer darüber nachdenke, ist es ein törichtes Bestreben, immer mehr Besitztümer anzuhäufen, aber es ist nicht das einzige törichte Bestreben im Leben. Welche anderen Ablenkungen gibt es sonst noch in meinem Leben? Oder im Leben von Menschen, die mir nahestehen? Ist es möglich, ein Leben mit weniger Reue zu führen? Und wenn ja, was hält Menschen von einem erfüllten Leben ab, ohne dass sie es selbst überhaupt merken?

Ich begann schrittweise, mit meiner neugefundenen Freiheit zu experimentieren. Ich wollte herausfinden, was ich tun konnte, das anderen Menschen half und mir selbst Freude machte.

Und ganz ehrlich: Seit meine Familie sich im Jahr 2008 vom größten Teil ihrer Besitztümer getrennt hat, habe ich mit meinem Leben viel mehr erreicht, als ich je gedacht hätte. Und das liegt nicht daran, weil ich etwas Besonderes bin, sondern weil ich zielgerichtet lebe.

Darf ich ein paar Highlights dieser Entwicklung nennen? – Es fing alles an mit meinem Blog *Becoming Minimalist* („Minimalist werden"), auf dem ich meinen Weg und meine Gedanken von der ersten Woche an, in der ich begann zu minimieren, dokumentiert habe. Das Blog hat mittlerweile 60 Millionen Menschen erreicht mit der lebensverändernden Botschaft, weniger zu besitzen. Ich habe eine Facebook-Seite, ebenfalls unter dem Titel *Becoming Minimalist*, die mittlerweile auch 50 Millionen Menschen pro Monat erreicht. Mein YouTube-Kanal wird ebenfalls Millionen von Minuten pro Monat geschaut. Ich habe vier Bücher geschrieben, gebe zwei Online-Zeitschriften heraus, habe eine Handy-App entwickelt und einen Online-Kurs mit dem Titel *Uncluttered* („Ordentlich"), der über 70 000 Familien hilft, in ihren Häusern und Wohnungen Ordnung zu schaffen und auszusortieren, was nicht mehr gebraucht wird. Ich bin in der ganzen Welt unterwegs, um Vorträge zu halten, es gibt mehrere Dokumentationen über mich und meine Arbeit, und ich wurde in wichtigen Medien auf der ganzen Welt interviewt und veröffentlicht.

Das war jetzt ein wilder Ritt … Aber ich erwähne diese Fakten nicht, weil ich so stolz darauf bin (auch wenn ich darauf wirklich stolz bin). Ich spreche über diese Leistungen, weil ich damit auf etwas hinweisen will, woran ich ohne den Hauch eines Zweifels glaube: Meine Leistungen der vergangenen Jahre stehen in direktem Zusammenhang mit meinem Bestreben, ein Leben zu führen, das auf die Dinge fokussiert ist, die mir wichtig sind und auf die es wirklich ankommt.

Zum Beispiel ist ein Resultat meines Erfolges beim Werben für den Minimalismus, dass ich im Jahr 2015 eine Non-Profit-Organisation namens *Hope Effect* gegründet habe, die sich für Veränderungen bei der Versorgung von Waisenkindern einsetzt. Wir arbeiten mit lokalen und staatlichen Behörden von Entwicklungsländern zusammen, um Lösungen für Waisen zu finden, und zwar mit dem Ziel, solche Kinder eher in liebevollen Familien unterzubringen als in Heimen. Während ich diese Zeilen schreibe, arbeiten wir weltweit in sechs Städten daran, die Versorgung und Betreuung von Waisenkindern zu verbessern.

Wir haben zwar unterschiedliche Persönlichkeiten und dadurch auch unterschiedliche Leidenschaften und unterschiedliche Fähigkeiten, aber wenn wir in unserem Leben den Fokus auf das legen, worauf es ankommt und was am wichtigsten ist, dann werden wir *immer* mehr erreichen und größere Erfüllung erleben, als wir es jemals für möglich gehalten hätten. Jedenfalls ist das bei mir so, und es kann auch für Sie zutreffen, selbst wenn das, was man erreicht und wofür man sich einsetzt, sehr unterschiedlich sein wird. Und das Ergebnis all dessen ist letztlich ein Leben mit mehr Zufriedenheit und weniger angstvoller Reue.

Ein solches Leben ist nämlich sehr wohl möglich. Das erlebe ich selbst und habe es mit eigenen Augen im Leben meines persönlichen Helden gesehen.

Ein gut gelebtes Leben

Im Jahr 2012 bestellte mich mein damals neunzig Jahre alter Großvater Harold Salem zu sich in sein Büro. Ich kannte dieses Büro gut. Mein Opa war seit 53 Jahren Pastor in derselben Gemeinde in South Dakota, und die Gegenstände, die sich in seinem

Büro befanden, waren immer gleichgeblieben: der große Schreibtisch aus Holz, die Schreibmaschine, die Bücherregale, ja sogar die Schublade, in denen er seine Süßigkeiten versteckte. Jedes Mal, wenn ich in der Stadt war, schaute ich bei ihm vorbei.

Aber so direkt gebeten zu werden, also praktisch einen Termin mit meinem Großvater in seinem Büro zu haben, das war etwas Neues. Ich ahnte, dass wir in diesem Gespräch nicht so viel lachen und Witze machen und auch nicht so viel über sein geliebtes Baseballteam, die Minnesota Twins, reden würden wie sonst. Aber ich wusste nicht, wieso er mich zu sich gebeten hatte. Und er sagte es mir auch erst, als ich ihm an seinem Schreibtisch gegenübersaß.

Er begann das Gespräch ungefähr so: „Joshua, ich möchte, dass du auf meiner Beerdigung die Schriftlesung übernimmst. Hier ist der Vers, den ich mir wünsche, und an dieser Stelle des Gottesdienstes soll er gelesen werden." Er schob mir über den Schreibtisch ein Blatt Papier mit der Überschrift „Gedenkgottesdienst für Harold Salem" zu. Die konkrete Bibelstelle, die ich vorlesen sollte, war markiert, und es war für jedes Element der Trauerfeier genau angegeben, wie viele Minuten es dauern sollte. Es war ein ernüchternder Moment, den Beerdigungsgottesdienst für einen Mann zu besprechen, der gesund und munter vor mir saß.

Die Tatsache, dass mein Großvater seine eigene Trauerfeier geplant hatte, überraschte mich jedoch nicht. Es passte zu ihm. Da er seit über 70 Jahren Pastor war, hatte er schon unzählige Gedenkgottesdienste erlebt. Dadurch war ihm sicherlich klar, dass es für diejenigen, die dann am Ende den Gedenkgottesdienst planen würden, hilfreich wäre, konkrete Anweisungen zu haben.

Noch Jahre später musste ich daran denken, wie sehr ich in diesem Moment von der Zuversicht überrascht war, mit der mein Großvater nicht nur an seine Beerdigung, sondern an sein Lebensende insgesamt heranging. Mit Zuversicht im Blick sprach er über das Leben, das er schon hinter sich hatte, über das, was er mit seiner Arbeit erreicht hatte, und über seinen Wunsch, wieder mit der Frau vereint zu sein, mit der er über 50 Jahre lang verheiratet gewesen war. Mein Großvater bedauerte nicht – jedenfalls nicht erkennbar –, dass sich seine Lebenszeit dem Ende näherte. Und ich kann Ihnen sagen, dass es nur wenig gibt, was inspirierender ist, als einem Mann in die Augen zu sehen, der keine Angst vor dem Tod hat.

Mein Großvater wurde dann noch 99 Jahre alt, war immer noch bei glasklarem Verstand und arbeitete bis ganz zum Schluss. Im Dezember 2020 starb er nach einem kurzen Kampf gegen eine Lungenentzündung.

Wir mussten uns zwar zu diesem Zeitpunkt an die coronabedingten Beschränkungen halten, aber sein Gedenkgottesdienst fand genauso statt, wie er ihn geplant hatte. Und ich erzählte in meiner Trauerrede den Zuhörern davon, dass mein Großvater ein Beispiel dafür war, wie man lebt, ohne dass man viel zu bereuen hat.

Sein Leben war „lang genug", weil er es gut zu nutzen wusste – so wie Seneca es gesagt hatte.

Die Absichtserklärung des Tages

Diese Idee habe ich von Robert Thune Senior, einem meiner früheren Mentoren. Er sagte: „Jeden Morgen, bevor ich meinen Tag beginne, formuliere ich eine Absichtserklärung für den Tag. Das ist jeweils ein einfacher Satz, der beispielsweise lautet: ‚Heute verpflichte ich mich dazu, ____________________.'" Ich folgte diesem Rat, und ich glaube, Sie sollten es auch versuchen.

Sie entscheiden, wie Sie den Satz ergänzen möchten.
Zum Beispiel:

- die bestmögliche Mutter zu sein.
- eine treue Ehefrau bzw. ein treuer Ehemann zu sein.
- gesund zu essen.
- mich selbstlos zu verhalten.
- jedes Mal zu beten, wenn ich ängstlich bin.
- die Ziele meiner Arbeit umzusetzen.
- meine Schulden loszuwerden.

Wir gehen die wichtigen Lebensziele immer einen Tag nach dem anderen an. Fangen Sie mit einer verbindlichen Verpflichtung erst einmal nur für einen Tag an und schauen Sie, wie es läuft. Wenn nötig, können Sie sie dann schon am Tag darauf ändern.

Nicht stehen bleiben

Man hört immer wieder, was Sterbende bereuen, und das kann uns davor bewahren, die gleichen Fehler zu machen. Doch nur selten wird eine Alternative gezeigt. Nur selten wird ein Beispiel dafür gegeben, wie ein Mann oder eine Frau dem Tod entgegensieht, ohne viel zu bereuen. Sollte das dann doch einmal der Fall sein, tun wir gut daran, ihrem Beispiel zu folgen und unser Leben so zu ändern, dass wir unserer eigenen Sterblichkeit mit Mut und Zuversicht ins Auge sehen. Für mich ist mein Großvater ein solches Vorbild.

Mit zum Wichtigsten, was mein Großvater für mich getan hat, gehört Folgendes: Er hat mich gelehrt, wie ich meine Zeit dafür einsetzen kann, mich um Bedürfnisse anderer zu kümmern. Natürlich ist nichts daran auszusetzen, sich auch Zeit dafür zu nehmen, sich an einem schönen Sonnenuntergang zu erfreuen, mit einem Freund oder einer Freundin einen Kaffee trinken zu gehen oder Bilder zu malen – einfach, weil es schön ist und man es möchte. Ich setze mich ja teilweise sogar für Minimalismus ein, damit Menschen Spielraum haben, sich zu entspannen und die kleinen Momente der Freude und Schönheit in ihrem Leben zu genießen. Aber dass wir uns um uns selbst kümmern und schöne Momente genießen dürfen, braucht nicht unbedingt und sollte auch nicht unser Interesse und Engagement für andere ausschließen. Am Ende haben Ziele und Anliegen, bei denen es um andere geht, für uns selbst die größten, langanhaltendsten Auswirkungen. Ich würde sogar sagen, dass sie uns selbst am meisten bereichern.

Am Ende haben Ziele und Anliegen, bei denen es um andere geht, für uns selbst die größten, langanhaltendsten Auswirkungen.

Ich hoffe, dass es in Ihrem Leben auch ein Vorbild dafür gibt, anderen auf sinnvolle Weise zu helfen. Doch selbst wenn das nicht der Fall ist, können Sie ein Vorbild für andere werden, indem Sie vorleben, wie man nebensächlichere Ziele und Bestrebungen sein lässt, um das zu verfolgen, was wirklich wichtig ist. So vermeiden wir später Reue und Bedauern. Fangen Sie jetzt damit an!

Sie sind dafür bestimmt, Großes zu erreichen! Sie sind einzigartig in Ihrem So-Sein, Ihrer Persönlichkeit, Ihren Fähigkeiten und Beziehungen. Und es gibt niemanden auf der Erde, der Ihr Leben leben und so wie Sie Gutes tun kann. Bitte vergessen Sie das nicht.

Begriffe wie *Erfolg* und *Leistung* sind zweifellos relativ, und Ihre bedeutendste Leistung wird sich von der einer anderen Person unterscheiden. Sie werden vielleicht niemals Tausende von Menschen anführen oder Krebs heilen oder eine Non-Profit-Organisation gründen. Aber täuschen Sie sich nicht: Sie sind dafür bestimmt und so gemacht, dass es etwas Gutes gibt, das nur Sie in diese Welt bringen können, das nur Sie erreichen können. Und es gibt Menschen in Ihrem Leben, denen Sie besser helfen und die Sie besser lieben können, als jeder andere Mensch es jemals könnte. Lesen Sie den Satz gern noch einmal: *Es gibt Menschen in Ihrem Leben, denen Sie besser helfen und die Sie besser lieben können, als jeder andere Mensch es jemals könnte.*

Ihre größte Leistung unterscheidet sich ganz sicher von meiner, aber wir haben beide eine. Und das Leben ist lang genug für uns, dass wir sie erbringen können. Reue und Bedauern sind kein unausweichliches Schicksal.

Der Feind

Jetzt kommt eine schwierige Frage: Wenn es so wichtig ist, die Dinge anzustreben, auf die es ankommt, warum gibt es dann nicht mehr Menschen, die ihre Herzensziele und -anliegen mit mehr Nachdruck und Motivation verfolgen?

Was ist dafür verantwortlich, dass wir uns nicht intensiver auf die Ziele und Anliegen fokussieren, die uns Tag für Tag Freude und Erfüllung schenken und am Ende des Lebens Zufriedenheit?

Die Antwort: *Ablenkungen.*

Es kommen Dinge dazwischen.

Das können dringende Dinge sein, die vermeintlich sofort erledigt werden müssen. Oder Dinge, von denen wir glauben, dass wir sie tun müssen, weil alle anderen sie auch tun. Oder es können Dinge sein, denen wir am liebsten entkommen würden, aber nicht wissen wie. Oder Dinge, die nicht besonders bereichernd und dabei auch noch leicht und sicher sind. Aber das sind alles nicht die Dinge, auf die es ankommt und die wichtig sind.

Der Feind eines zielgerichteten und gut gelebten Lebens ist Ablenkung. Und es ist wichtig, seine Feinde zu kennen.

2

Abgelenkt-Sein vom Wesentlichen

Wenn das Geringere das Größere verdrängt

„Was uns ablenkt, wird anfangen, uns zu bestimmen.“
BOB GOFF

Wir sind heute in einem bisher noch nie gekannten Ausmaß abgelenkt von Trivialem, Originellem und vermeintlich Dringendem. Wir sind 24/7 mit unendlich vielen Informationen konfrontiert. Die Zahnarztpraxis möchte, dass wir auf JA klicken, um den Termin zu bestätigen. Überall ist *Sale* – nutzen Sie die Gelegenheit, aber es muss jetzt sofort sein, sonst ist die Chance vertan! In der einen Ecke Ihres Computerbildschirms poppt der Anfang einer eingegangenen E-Mail auf. Nachrichten über Katastrophen am anderen Ende der Welt. Promi-Klatsch und -Tratsch. Piepen, Summen, Klingeln und Vibrieren, Terminerinnerungen und Benachrichtigungen verschiedenster Art. Was jemand aus dem gegnerischen politischen Lager auf etwas geantwortet hat, was jemand aus Ihrem politischen Lager gesagt hat. Der neueste Post von *Becoming Minimalist* (ach nein, Moment mal, das ist ja eine *gute* Ablenkung).

Wo war ich gerade?

Ach ja … wir werden abgelenkt vom Trivialen, vom Originellen und dem Dringenden.

Zum Thema der Ablenkung durch soziale Medien, Informationen und Unterhaltung kommen wir noch in Kapitel 10. Zuvor möchte ich etwas anderes Wichtiges ansprechen: Tatsache ist, dass die Ablenkungen, die von unseren Handys, Computern und anderen elektronischen Geräten kommen, längst nicht das ganze Problem sind, wenn es darum geht, weshalb wir bei den Dingen, die uns und der Welt um uns herum am wichtigsten sind, so leicht aus der Spur geraten.

Unsere neueren Ablenkungen durch elektronische Medien sind nämlich eigentlich nur ein Zusatz zu vielen bereits vorhandenen Arten der Ablenkung, von denen die Menschheit schon seit Generationen geplagt wird: Dazu gehören unklare Prioritäten oder dass wir uns selbst und andere auf eine Art sehen, die nicht hilfreich ist. Wir werden also zuerst in unserem Inneren abgelenkt, bevor wir es mit äußeren Ablenkungen zu tun bekommen, und diese Art der Ablenkungen übersehen wir leicht. Sie sind allerdings die größeren Hindernisse, wenn es darum geht, das zu leben, worauf es ankommt und was wirklich wichtig ist.

Deshalb werde ich genau darauf einen Großteil meiner (und Ihrer) Aufmerksamkeit richten. Wenn wir den Weg frei machen wollen, um das anzugehen, was wir uns aus tiefstem Herzen wünschen, dann müssen wir uns anschauen, was in unserem Inneren los ist. In diesem Buch geht es nicht darum, äußeren Umständen die Schuld zu geben, sondern wir sehen uns an, was in unserem Inneren los ist.

Ich möchte Ihnen zeigen, dass Ablenkung nicht nur ein Phänomen der heutigen Zeit ist – und dass es sich lohnt, etwas dagegen zu unternehmen.

Ein kurzer historischer Abriss der Ablenkung

Seneca – derselbe römische Philosoph, von dem wir im ersten Kapitel erfahren haben, dass das Leben eigentlich lang genug ist – hat auch gesagt:

> Es gibt keine Zeit, in der nicht neue Ablenkungen auftauchen; wir säen sie, und aus einem Samenkorn wachsen dann gleich mehrere.[6]

Ablenkung von einem sinnvollen Leben ist eine Pflanze, die bereits in Hülle und Fülle wächst, so lange es Menschen gibt. Und genauso lange versuchen Menschen auch schon herauszubekommen, wie sie ihre Ablenkungen in den Griff bekommen können.

- In der griechischen Antike kritisierte der Philosoph Sokrates es, Dinge mit der Hand niederzuschreiben, weil er der Meinung war, dass das Aufschreiben Menschen vom klaren Denken ablenkte.
- Um 366 v. Chr. verbannte ein junger Athener namens Demosthenes, der seine Fertigkeiten der Redekunst weiterentwickeln wollte, jegliche Ablenkung, indem er sich ein unterirdisches Arbeitszimmer baute, wo er das Sprechen übte. Er rasierte sich auch die Hälfte seines Kopfes kahl, damit es ihm zu peinlich war, sich in der Öffentlichkeit zu zeigen.[7]
- Antonius der Große, einer der berühmten „Wüstenväter" des frühen Christentums, lebte zwanzig Jahre lang allein in einer verlassenen römischen Festung in Ägypten, um Ablenkung zu meiden und sich ganz dem Gebet widmen zu können.
- In einem medizinischen Lehrbuch aus dem Jahr 1775 diagnostizierte der deutsche Arzt Melchior Adam Weikard den

„Mangel an Aufmerksamkeit" als Erkrankung und verordnete als Gegenmittel saure Milch, Stahlpulver und Reiten.[8]
- Manche der heutigen Ingenieure im Silicon Valley und Manager konsumieren regelmäßig geringe Dosen LSD oder halluzinogene Pilze („Magic Mushrooms"), weil sie glauben, dass sie sich dann besser konzentrieren können und produktiver sind.[9]

Wenn wir lesen, dass Menschen schon weit vor dem ersten Posting in sozialen Medien und der Erfindung des Smartphones Probleme mit Ablenkungen hatten, erinnert dies uns daran, dass es die Berufung eines jeden Menschen ist, fokussiert die Dinge zu verfolgen, auf die es ankommt. Es kann auch ermutigen zu wissen, dass andere Menschen Ablenkungen überwunden haben, um ein sinnvolles Leben zu führen. Dadurch wissen wir, dass wir es auch können.

Wenn Ablenkung zu einem Lebensstil wird

Eine der Fragen in der bereits erwähnten Umfrage lautete: „Haben Sie das Gefühl, dass Sie Zeit und Ressourcen für nicht so wichtige Ziele und Aktivitäten einsetzen auf Kosten der Dinge, die Ihnen am wichtigsten sind?" Mehr als zwei Drittel – nämlich 76 Prozent – der Befragten antworteten: „Ja, Ablenkungen halten mich davon ab, wichtigere Ziele zu verfolgen." (Konkret antworteten 40 Prozent „manchmal", 20 Prozent antworteten „häufig" und – besonders traurig – 16 Prozent der Befragten antworteten „immer".)

Haben Sie das Gefühl, dass Sie Zeit und Ressourcen für weniger wichtige Ziele und Aktivitäten einsetzen auf Kosten der Dinge, die Ihnen am wichtigsten sind?

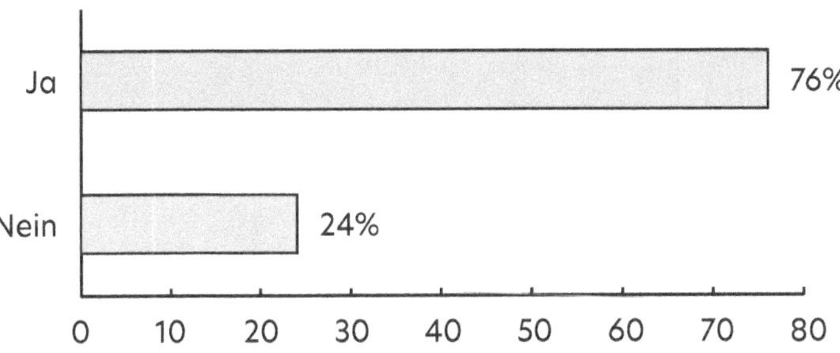

Eine weitere Frage lautete: „Sind die Ablenkungen in Ihrem Leben ein eher größeres oder eher kleineres Problem?“ Über die Hälfte der Befragten – 52 Prozent – antwortete, dass die Ablenkungen von ihren obersten Prioritäten zunähmen, während sie bei 32 Prozent abnahmen. (Die übrigen Befragten wussten es nicht genau.)

Was ich daraus schließe? – Ablenkung ist ein erhebliches Problem, das nicht besser wird, und dessen sind wir uns sehr bewusst.

Natürlich ist Ablenkung nicht immer und in jeder Form falsch. Es ist absolut nichts daran auszusetzen, Dinge zu tun, die uns Zerstreuung schenken – indem wir beispielsweise im Fernsehen einen Film anschauen, einen Roman lesen oder im Garten arbeiten oder sonst etwas zur Unterhaltung oder Entspannung tun. Manchmal brauchen wir Ablenkung von unserer Arbeit oder unseren Problemen – und dann ist Ablenkung etwas Gutes.

Aber Ablenkungen sind ein zweischneidiges Schwert. „Das Einzige, was uns über unser Elend hinwegtröstet, ist Ablenkung“, sagte einmal Blaise Pascal, der Universalgelehrte des 17. Jahrhunderts. „Und dennoch ist sie das größte Elend von allen. Denn mehr als alles ist sie es, die verhindert, dass wir über uns selbst nachdenken, und die uns, ohne dass wir es merken, in die Zerstörung führt.“[10]

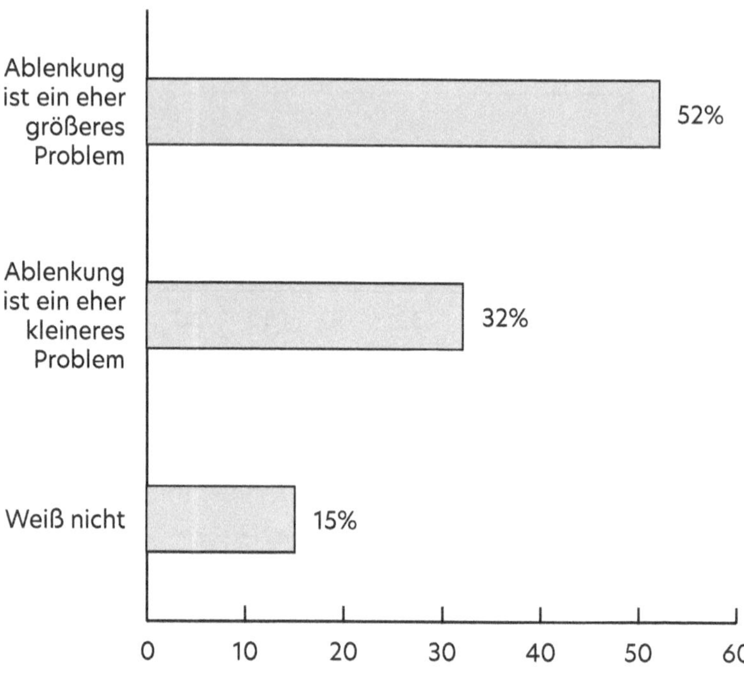

Zum Problem wird es dann, wenn Ablenkungen unser Leben so beherrschen, dass sie wichtigere Bestrebungen und Ziele verdrängen. Ablenkungen nachzugeben kann bedeuten, dass sie nur ein gelegentlicher Zeitvertreib sind oder dass sie schon ein fester Bestandteil unseres Lebensstils sind. Das ist beispielsweise dann der Fall, wenn wir unsere gesamte Freizeit mit Computerspielen verbringen oder wenn wir so viel Sport treiben, dass unser Training uns nicht mehr Energie gibt, sondern zusätzlich Energie verbraucht. Oder wenn wir stundenlang shoppen gehen,

Wenn eine Ablenkung zum Lebensstil wird, verlieren wir die Kontrolle über das Leben, das wir führen.

nicht weil wir etwas brauchen, sondern weil wir nicht zu Hause sein mögen. Oder wenn aus Ehrgeiz Arbeitssucht wird. Wenn wir solche Verhaltensweisen beibehalten und nicht irgendwann aufhören, besteht durchaus das Risiko, dass wir uns am Ende unseres Lebens fragen: *Warum habe ich bloß mein Leben mit so unwesentlichen Dingen vertan? Ich wünschte, ich hätte noch mehr Zeit.*

Wenn eine Ablenkung zum Lebensstil wird, verlieren wir die Kontrolle über unser Leben und damit die Zielgerichtetheit.

Wie Ablenkungen Besitz ergreifen

Nur wenige Ablenkungen *beginnen* schon als ganz eigener Lebensstil. Zuerst machen sie einfach nur Spaß und sind interessant. Wir haben Spaß an dem neuen Spiel, der neuen Fernsehsendung, dem neuen Hobby oder der neuen Website. Wir mögen das neue Handy, den neuen Klamottenladen oder die neue Idee, aus der sich die Chance entwickeln könnte, Geld damit zu verdienen.

Die einen Dinge ziehen uns schneller in ihren Bann, andere Dinge weniger, aber in erster Linie ist der glänzende, spannende neue Gegenstand nur eine willkommene Ablenkung von der schweren Aufgabe, unser Leben zu leben.

Doch dann fordert die neue Ablenkung nach und nach immer mehr Zeit. Wir werden besser darin oder investieren mehr in sie, oder sie macht uns immer mehr Spaß oder wir verdienen mit der Zeit immer mehr Geld damit. Wir widmen ihr immer mehr Zeit und Kraft, um uns noch intensiver damit zu beschäftigen.

Schon bald suchen wir dann nach Gründen, warum es gut und wichtig ist, uns noch mehr damit zu beschäftigen. Wir zwacken hier und da immer noch ein paar Minuten mehr ab, um uns mit Ablenkung zu vergnügen. Aber der Tag hat nun mal immer nur

24 Stunden. Mehr werden es nicht. Deshalb fangen wir über kurz oder lang an, wesentliche Dinge zu opfern, um uns noch mehr mit der Ablenkung zu beschäftigen. Und ehe wir uns versehen, ist sie nicht mehr willkommene Ablenkung von unseren Problemen, sondern ein Lebensstil … und wir haben dadurch einen Teil der Kontrolle über das Leben verloren.

Manchmal merken wir es sofort und nehmen eine Kurskorrektur vor. Aber manchmal werden auf diese Weise Jahre vergeudet, Beziehungen gehen daran kaputt und wir verlieren langsam, aber sicher unsere Ziele und Bestrebungen aus den Augen, ohne es richtig zu merken.

Bei diesen Risiken sollte uns Ablenkung in ihren unterschiedlichen Formen mehr Sorge bereiten, als sie es normalerweise tut.

Wie man Ablenkungen in ihre Schranken weist

Was können wir nun tun, wenn Ablenkungen uns beherrschen, statt uns zu helfen?

Erstens: Wir können uns aufmerksam selbst beobachten und wachsam sein. Wir können öfter einfach allein und in einer ruhigen Minute die Entwicklung unseres Lebens betrachten und die Ablenkungen genauer anschauen, die uns davon abhalten, die beste Version von uns selbst zu sein. Die folgenden acht Kapitel sollen eine Hilfestellung bei der Selbstbeobachtung sein.

Zweitens: Wir können in Worte fassen, welche Ablenkungen uns daran hindern, so gut wie möglich unsere Arbeit zu tun, denen nah zu bleiben, die wir am meisten lieben, oder unsere wichtigsten Absichten und Ziele zu erreichen. Wie gesagt, diese Ablenkungen müssen – rein oberflächlich betrachtet – ja gar nicht immer ungesund sein. Sie werden dann ungesund, wenn sie auf Bereiche übergeschwappt sind, in denen sie nichts zu suchen haben.

Drittens: Wir können sorgfältig und gewissenhaft dabei vorgehen, solche Ablenkungen aus unserem Leben zu räumen. Das kann schwierig sein und erfordert innere Kämpfe. Lernen Sie deshalb zu kämpfen.

Und als Letztes: Es ist wichtig, uns in Erinnerung zu rufen, wie wertvoll die wichtigen Aufgaben und Pflichten sind, die sich direkt vor uns befinden. Unsere wichtige, alltägliche Arbeit wird nie die einfachste sein – ja, sie wird sogar wahrscheinlich mit zum Schwersten gehören, was wir jemals tun. Bewusst Eltern zu sein, ein liebevoller Ehepartner oder eine liebevolle Ehepartnerin, ein treuer Angestellter oder eine treue Angestellte, ein inspirierender Künstler oder eine inspirierende Künstlerin, ein guter Chef oder eine gute Chefin oder ein selbstloses Mitglied einer Gemeinschaft zu sein, ist nie der leichteste Weg. Aber langfristig ist auf diesem Weg mehr Freude und Glück zu finden als irgendwo sonst.

Nicht Ablenkungen sollen über Sie bestimmen, sondern *Sie selbst.*

Ein paar der bewundernswertesten Männer und Frauen, die ich kenne, sind Menschen, die den Mut hatten, eine Kurskorrektur vorzunehmen: Sie wandten sich ab von einem Lebensstil der Ablenkung hin zu ihren wichtigen Zielen und Anliegen.

Um 17 Uhr ist Feierabend

Ed Townley, ehemaliger Manager bei *Agri-Mark*, einer Molkereigenossenschaft im Nordosten der Vereinigten Staaten, ist mittlerweile im Ruhestand. Als ich noch in Vermont lebte, kannte ich ihn als liebevollen Vater zweier Adoptivsöhne, als treuen Ehemann und Mitglied mehrerer Vorstände von Non-Profit-Organisationen, unter anderem des Vorstandes der Special Olympics.

Er hatte sich bei Agri-Mark zum CEO hochgearbeitet, indem er der Firma unzählige Überstunden und sein beachtliches Talent gewidmet hatte. Als jungen Erwachsenen war ihm und seiner Frau beruflicher Erfolg sehr wichtig gewesen, und Ed hatte dieses Ziel fast aggressiv verfolgt. Er war gut in seinem Job, engagiert in seinen Aufgaben und betrachtete seine Arbeit als Dienst an Farmern und Kunden.

Aber ihm wurde klar, dass er seine Energie neu ausrichten und verteilen musste, als er und seine Frau Jennifer das zweite Kind adoptierten.

„Ich hatte jahrelang mit bestimmten Prioritäten gelebt", erzählte er mir kürzlich bei einem Telefongespräch, „aber dann merkte ich recht schnell, dass meine Frau einen neuen Ed brauchte. Mir war klar, dass ich jetzt zu Hause mehr Verantwortung übernehmen musste."

Also ordnete Ed sein Leben neu auf eine Art und Weise, zu der nur wenige den Mut aufbringen.

„Ich bin zu meinem Chef gegangen und habe einfach Folgendes gesagt: ‚Sie wissen, dass ich immer als Erster komme und meistens als Letzter gehe, seit ich hier arbeite, und fast immer habe ich mich bereit erklärt, notfalls auch am Wochenende zu arbeiten. Aber meine Verantwortung zu Hause hat sich mit unserem zweiten Kind verändert. Von heute an werde ich nachmittags pünktlich um 17 Uhr Feierabend machen, und zwar immer. Jennifer braucht mich zu Hause. Natürlich werde ich hier in der Firma weiterhin alles geben, aber ich muss meine Werte neu ausrichten."

Bei diesen Worten war Ed ziemlich beklommen zumute. Ob der Chef jetzt beleidigt sein würde? Ob er ihn entlassen oder er jetzt keine Aufstiegschancen mehr bekommen würde?

Aber nichts dergleichen geschah, sondern der Chef verstand Eds Schritt und erklärte sich mit der Veränderung einverstanden.

Und nicht nur der Chef verstand ihn, sondern auch die anderen Mitarbeiter in der Firma. „Meine Kollegen wussten, dass ich jeden Tag um 17 Uhr gehe, und sie lernten, es zu respektieren – und zwar sogar ziemlich schnell. Wenn sie etwas von mir brauchten, dann konnten sie nicht erst um 16.55 Uhr in mein Büro kommen, sondern sie lernten, früher zu fragen."

Ungeachtet der Opfer, die er vielleicht in Bezug auf seine Karriere würde bringen müssen, wusste Ed, dass er die richtige Entscheidung getroffen hatte. Seine Karriere konnte nicht mehr der alles entscheidende Faktor für seinen Lebensstil sein.

Jahre nach diesem Wendepunkt in seinem Leben fragte ich Ed: „Hast du dich an deine Entscheidung und die Ansage an die Firma gehalten?"

Und er antwortete: „Ich bin von dem Tag an kein einziges Mal mehr länger als bis 17 Uhr bei der Arbeit geblieben. Als ich dann CEO wurde, hat die Firma sogar ihre jährliche Firmenversammlung meiner Arbeitszeit angepasst."

Seine Arbeit ist Ed immer noch wichtig. Aber zu viel zu arbeiten, hat ihn von einer höheren Priorität ferngehalten – seiner Familie. Gut, dass er den Mut zu einer Kurskorrektur hatte.

Ed kam auch so beruflich weiter, und am Ende seines Berufslebens war er der Leiter von Agri-Mark. Was aber noch viel wichtiger war: Auch seine Familie blühte auf. Es war etwas geschehen, was ihm sehr wichtig war und ihm viel bedeutete, und er hatte seine Prioritäten verändert, um sich darauf konzentrieren zu können.

Die Herausforderung ist groß, aber der Lohn ist größer

Es gibt Ablenkungen und es wird sie immer geben. Das bedeutet, dass wir nicht früh genug lernen können, wie wir immer wieder Nein zu ihnen sagen können.

Jedes der folgenden acht Kapitel befasst sich mit einer Ablenkung, die uns davon abhält, mit mehr Sinn und weniger Reue zu leben.

1. *Die Ablenkung durch Angst.* Es gibt so viele Menschen, die nie anfangen, ihre Träume zu verfolgen, oder die zu früh damit aufhören, weil sie vor irgendetwas Angst haben.
2. *Die Ablenkung durch Fehler und Verletzungen aus der Vergangenheit.* Viele Menschen kommen nie über das hinweg, was sie vermasselt oder was andere Menschen ihnen angetan haben. Das hindert sie dann daran, Fortschritte bei dem zu machen, was ihnen wichtig ist.
3. *Die Ablenkung des Glücklichseins.* Wenn wir versuchen, unser Streben nach Glück zu befriedigen, indem wir nur uns selbst im Blick haben, verpassen wir die echten und dauerhaftesten Formen des Glücks.
4. *Die Ablenkung durch Geld.* Der Wunsch nach immer mehr Geld bewirkt bei vielen Menschen, dass sie ihre wahren Leidenschaften und Ziele opfern, nur um mehr Geld anzuhäufen.
5. *Die Ablenkung durch Besitztümer.* All das Zeug, das wir besitzen, verlangt ständig nach unserer Aufmerksamkeit.
6. *Die Ablenkung durch Applaus.* Wenn wir unseren Wert an der Zustimmung durch andere festmachen, hat das negative Auswirkungen auf die Entscheidungen, die wir treffen, und auch auf das Leben, für das wir uns entscheiden.

7. *Die Ablenkung durch Freizeit.* Viele Menschen leben nur für das Wochenende, den Urlaub und den Ruhestand, statt Dinge zu tun, für die sie leidenschaftlich brennen.
8. *Die Ablenkung durch Neue Medien.* Das ist ein Problem, das uns in unserem medien-übersättigten Zeitalter alle betrifft – ständig werden wir konfrontiert mit Posts, Nachrichten, Erinnerungen, Schlagzeilen und Klingeltönen.

Natürlich sind diese aufgezählten acht Ablenkungen nicht die einzigen, mit denen wir es zu tun haben, aber es sind einige, auf die ich bei meiner Arbeit immer wieder stoße. Und diese Ablenkungen sind so stark, dass sie uns von dem Weg abbringen können, die Ziele und Anliegen anzugehen, die uns am meisten am Herzen liegen. Ich werde Ihnen grundlegende Schritte zeigen, wie man jede dieser Ablenkungen überwinden kann. In diesem Buch geht es um mehr als darum, ein Gummiband über Ihr Handy zu ziehen, damit sie es weniger benutzen. Mit den Schritten, die ich Ihnen erkläre, können Sie sich der schweren Aufgabe stellen, die persönlichen, gesellschaftlichen und kulturellen Ablenkungen aus dem Weg zu räumen. Jeden einzelnen Tag kämpfen wir gegen diese Ablenkungen und richten uns auf die höheren Ziele und Anliegen aus.

Vergessen Sie nicht: Beim Verfolgen der Dinge, die wirklich wichtig sind, geht es darum, das Beste aus dem eigenen Leben zu machen und zu entdecken, was Erfüllung ist. Und so fühlt es sich vielleicht wie ein Verzicht an, wenn Sie Ablenkungen beseitigen, aber in Wirklichkeit werden Sie langfristig davon profitieren. Sie können sich noch heute zufriedener fühlen und weniger Reue und Bedauern empfinden, wenn Sie die Entscheidung treffen, für die Dinge und Menschen zu leben, auf die es ankommt.

Ich glaube, dass nur sehr wenige Menschen bewusst das Leben vergeuden, das ihnen geschenkt wurde. Die meisten möchten sich gern auf das konzentrieren, worauf es ankommt. Das Problem besteht also nicht darin, dass wir keine Leidenschaft für Sinnhaftigkeit und Zielgerichtetheit hätten, sondern dass wir oft von dem abgelenkt werden, worauf wir uns eigentlich konzentrieren möchten.

Das Problem besteht also nicht darin, dass wir keine Leidenschaft für Sinnhaftigkeit und Zielgerichtetheit hätten, sondern dass wir oft von dem abgelenkt werden, worauf wir uns eigentlich konzentrieren möchten.

Es heißt: „Die beiden wichtigsten Tage im Leben sind der Tag, an dem man geboren wird, und der Tag, an dem man entdeckt, warum."[11] Ich möchte noch einen dritten wichtigen Tag hinzufügen: den Tag, an dem Sie die Ablenkungen in Ihrem Leben aus dem Weg räumen, die Sie davon abhalten, das Warum zu entdecken.

Sind Sie bereit, sich mit Ihren Ablenkungen auseinanderzusetzen?

Springen Sie, solange Sie noch können

Vor einigen Jahren verbrachte ich eine Woche mit meiner Familie in Costa Rica. In dem wunderschönen Land gibt es viel zu sehen und zu tun, und meine Frau und ich und unsere beiden Kinder (damals elf und fünfzehn Jahre alt) genossen die Reise in vollen Zügen.

An einem Nachmittag machten wir eine Katamaran-Tour, um Delfine zu beobachten, den Sonnenuntergang zu bestaunen und ein Abendessen auf dem Meer zu genießen. Irgendwann ging das

Boot vor Anker, damit wir die Aussicht genießen konnten, und der Kapitän lud alle ein, zum Schnorcheln oder Schwimmen von Bord zu gehen.

Der Kapitän erlaubte außerdem, dass die Passagiere auch von Deck ins Meer springen durften, wenn sie wollten. Wie Sie sich wahrscheinlich vorstellen können, versuchten sich als Erstes die Teenager-Jungen und jungen Erwachsenen darin, den Sprung aus ziemlicher Höhe zu wagen. Ein paar von ihnen brauchten ein bisschen Druck von Gleichaltrigen, aber die meisten der jungen Männer waren überglücklich, dass sie springen durften (und dadurch die Möglichkeit bekamen, die Mädels zu beeindrucken).

Während das Boot ankerte, schaute ich mir die anderen Teilnehmer des Ausflugs an, und zum ersten Mal fiel mir auf, wie viele ältere Leute an Bord waren. Es war ganz klar, dass sie die Aussicht und die Atmosphäre genossen, aber eindeutig nicht die Absicht hatten, zu schwimmen oder zu schnorcheln, geschweige denn, über sechs Meter tief vom Boot ins Meer zu springen.

Meine Frau unterbrach mich in meinen Gedanken mit der Frage, ob ich nicht auch mit den anderen zusammen springen wolle.

„Ja“, antwortete ich. „Ich springe … solange ich es noch kann.“

Ich war damals dreiundvierzig, gesund und einigermaßen fit, und wahrscheinlich wird der Tag kommen, an dem ich nicht mehr in der Lage bin, über sechs Meter tief von einem Boot ins Meer zu springen. Aber noch war es nicht so weit, also beschloss ich, es zu tun.

Es gibt Tage im Leben, deren große persönliche Bedeutung für einen selbst nur schwer in Worte zu fassen und zu vermitteln ist. Die Umstände sind genau richtig, die Emotionen passen genau dazu, und auch der Wille ist vorhanden. Für mich war das genau so ein Moment. Ich wollte nicht irgendwann bereuen, dass ich diese Gelegenheit nicht genutzt hatte.

Vielleicht ist es für Sie ja auch gerade ein solcher Zeitpunkt, um Ihren Fokus zu ändern und zielgerichteter für die Dinge zu leben, auf die es ankommt. Vielleicht ist es für Sie ja auch Zeit zu springen, solange Sie noch können.

TEIL 2

ABLENKUNGEN DURCH EINEN LAHMGELEGTEN WILLEN

3

Überschattete Träume

Die Ablenkung bedingt durch Angst überwinden

> „In zwanzig Jahren werden Sie enttäuschter sein über die Dinge, die Sie nicht getan haben, als über die, die Sie getan haben."
>
> *SARAH FRANCES BROWN*

Taylor ist eine pfiffige, attraktive junge Frau Anfang zwanzig. Sie arbeitet in der Parfümerieabteilung eines großen Kaufhauses in Santa Monica, um ihren Kredit fürs Studium abzubezahlen und sich ihren Lebensunterhalt zu verdienen. Sie ist dankbar für ihren Job und gibt darin ihr Bestes, aber langfristig ist es nicht das, was sie beruflich machen möchte.

Als sie ihren Job in der Parfümerieabteilung begann, nutzte Taylor einen Augenblick, als wenig Betrieb war, um eine andere Verkäuferin aus der Abteilung besser kennenzulernen. Sie erzählten sich gegenseitig ein wenig aus ihrem Leben, und im Laufe des Gespräches sagte Taylor irgendwann: „Also eigentlich möchte ich am liebsten als Grafikdesignerin arbeiten. Das habe ich studiert, und das ist meine Leidenschaft. Freiberuflich arbeite ich bereits ein bisschen in diesem Bereich und habe schon einige Websites designt. Es ist eigentlich nur noch eine Frage der Zeit, bis ich davon leben und den Absprung aus diesem Job hier wagen kann, damit ich mich ganz darauf konzentrieren kann, eine eigene Grafikdesign-Agentur zu gründen."

Taylors Kollegin Jiao hörte sehr interessiert zu, was Taylor ihr erzählte, wirkte dabei aber gleichzeitig sehr ernst, fast traurig. „Ich bewundere dich wirklich dafür, wie du deine Träume verfolgst", sagte sie. „Ich wünschte, das hätte ich auch getan. Weißt du, ich hätte niemals gedacht, dass ich mit 39 immer noch in diesem Job hier arbeiten würde."

„Aber warum probierst du denn dann nicht etwas anderes aus?", fragte Taylor sie daraufhin.

„Ach, dazu ist es jetzt zu spät", antwortete Jiao darauf nur und beendete damit das Gespräch.

„Sie tat mir sehr leid", sagte Taylor, als sie mir von dem Gespräch erzählte. „Sie schien sich lieber mies zu fühlen, als etwas Unbequemes in Kauf zu nehmen."

Ich weiß nichts über Jiaos Geschichte, und es steht mir absolut nicht zu, über sie zu urteilen, aber ich kenne das, was Taylor da beschrieb, nur allzu gut. Es gibt so viele Menschen, die lieber enttäuscht und unerfüllt leben und Dinge tun, die sicher und berechenbar sind, als die Ängste und Unsicherheit auf sich zu nehmen, die es mit sich bringt, Träume und Ziele zu verfolgen, die einem am Herzen liegen. Leider ziehen diese Menschen einen sicheren, aber mit wenig Sinn erfüllten Status quo dem Risiko vor, vielleicht zu scheitern – *oder* aber auch Erfolg zu haben.

Wenn diese Menschen die Möglichkeit in Betracht ziehen würden, am Ende ihres Lebens heftige Reue über solche nicht eingegangenen Risiken zu verspüren, dann würden sie sich vielleicht lieber auf das Risiko einlassen, als in ihrem alten Trott festzusitzen. Und seien wir ehrlich, manches, wonach wir im Leben streben, ist doch ein Risiko wert.

Ängste, die uns davon abhalten, etwas Neues zu wagen

Einerseits gibt es so etwas wie eine gesunde Angst. Eine gute Portion Vorsicht, die einen davon abhält, etwas Unüberlegtes zu tun, was man später bereuen würde. Aber es gibt auch eine ungesunde Angst. Ein Ausdruck innerer Reife besteht darin, zwischen diesen beiden Arten von Angst unterscheiden zu können.

Es gibt so viele Menschen, die nie auch nur einen ersten Schritt tun in Richtung eines für sie sinnstiftenden Lebens, weil sie meinen, dieses sei nur schwer zu erreichen. Oder sie unternehmen nur halbherzige Versuche, die von vornherein zum Scheitern verurteilt sind, was im Grunde aufs Gleiche hinausläuft, wie es gar nicht erst zu versuchen. Irgendetwas hindert sie daran, es wirklich anzupacken – für gewöhnlich irgendeine Form von Angst. Die gängigste ist *Atychiophobie* – die Angst zu versagen.

In einem Blog, das (wie ich finde passenderweise) in der Zeit um Halloween herauskam, veröffentlichte die Social-Productivity-Firma *Linkagoal* die Ergebnisse einer Umfrage zu dem Thema, wovor wir am meisten Angst haben. Beim Angst-Faktor-Index gaben 31 Prozent der Befragten an, sie hätten Versagensangst.

Fünf Anzeichen, dass Ihre Versagensangst Sie vom Besten in Ihrem Leben abhält

Wenn wir unsere Versagensangst nicht unter Kontrolle haben, verhindert sie, dass wir unser Potenzial ganz ausschöpfen. Deshalb ist es wichtig zu wissen, ob wir – in welchem Maße auch immer – diese Angst haben.

Hier sind fünf Anzeichen dafür, dass Sie möglicherweise unter Versagensangst leiden:

- *Sie schieben Verantwortung auf oder meiden Sie ganz.* Je mehr Ängste Sie davor haben, ein Ziel nicht zu erreichen, desto wahrscheinlicher ist es, dass Sie das Handeln, durch das Sie dem Ziel näher kämen, immer wieder aufschieben.
- *Sie nehmen Ihre Zukunft nicht in die Hand.* Wenn Sie eine Versagensangst haben, dann leidet die Initiative darunter. Es kommt Ihnen so vor, als wäre es leichter, einfach alles zu akzeptieren, was mit Ihnen geschieht, als das Risiko einzugehen, Ihre Zukunft rund um Ihre Ziele, Träume und Ihr Potenzial selbst zu gestalten.
- *Sie erwarten nicht viel von sich selbst.* Menschen mit Versagensangst legen üblicherweise die Messlatte für sich selbst möglichst niedrig in der Hoffnung, dass eine geringere Erwartung das Gefühl des Scheiterns abmildert. Aber dadurch werden natürlich auch das, was sie erreichen, und ihr Potenzial abgewertet.
- *Sie haben Selbstzweifel.* Keiner kann alles, aber wenn die Menschen in Ihrem Umfeld an Sie glauben und Ihnen sagen, dass Sie etwas erreichen können, Sie aber trotzdem weiterhin solche Selbstzweifel haben, dass Sie es gar nicht erst versuchen, dann behindert Ihre Versagensangst Sie sehr stark.
- *Ihre Angst führt zu körperlichen Beschwerden.* Stress und Ängste können viele Ursachen haben. Wenn wir oft Kopf- oder Magenschmerzen haben, Panikattacken oder andere stressbedingte Beschwerden bei neuen oder herausfordernden Zielen, dann kann das auch an Versagensangst liegen.

In einem Blogpost zu den Umfrageergebnissen stellten die Verfasser fest: „Wenn es um das Erreichen von Zielen geht, war die Angst zu versagen ein auffälliger Grund dafür, dass die Hälfte (der Befragten) ein Ziel nicht erreicht oder keinen zweiten Versuch unternommen hatte, es zu erreichen. 49 Prozent der entsprechenden Befragten sagten, dass die Versagensangst starke negative Auswirkungen hatte, mit Angst vor Peinlichkeit (44 %) und Angst, dass das Ziel zu schwer zu erreichen war (43 %), als nächstgrößte Angst.[12]

Ich erlebe selbst, wie die Angst zu versagen Menschen davon abhält, lebensverändernde Ziele und Anliegen anzustreben.

Mein Freund David ist erfolgreicher Journalist. Wie viele Journalisten hat er schon seit Langem den Wunsch, einen Roman zu schreiben, aber er schiebt dieses Projekt immer wieder auf. *Erst muss ich ein paar Ersparnisse haben, weil es ziemlich viel Zeit kostet, einen Roman zu schreiben, und vielleicht verdiene ich keinen einzigen Dollar damit,* sagt er sich. Das stimmte zwar, aber es wurde für ihn auch zu einer Ausrede.

Er litt unter einer Variante der Erfolgsangst. *Was ist, wenn ich einen Roman schreibe und er nicht gut ist, sodass keiner ihn liest?*, fragte er sich. Falls das passierte, würde David nicht mehr von sich behaupten können: *Ich habe das Potenzial, eine großartige Geschichte zu schreiben.* Denn wenn er erst einmal sein Bestes gegeben hätte und trotzdem scheitern würde, dann hätte er damit seine Selbsteinschätzung teilweise widerlegt. Und dann wäre ein Traum, der ihm lieb und teuer gewesen war, ein für alle Mal ausgeträumt gewesen.

Doch im Laufe der Zeit wurde es für David immer schwerer, sich selbst einzureden, dass ihm immer noch genug Zeit blieb, sich seinen Traum zu erfüllen. Er war inzwischen mittleren Alters, ein erfolgreicher Journalist, hatte allerdings bisher nie auch nur ein

Wort Prosa geschrieben. Wenn er sein Potenzial jemals ausschöpfen wollte, dann musste er irgendwann anfangen. Dazu kam, dass er sich selbst immer weniger leiden konnte, weil er sich wie ein Feigling fühlte.

Schließlich kam David zu dem Schluss, dass die Aussicht, nie ein Buch zu schreiben, schlimmer war, als eines zu schreiben und mitzuerleben, wie es floppte. Jetzt ist er dabei, einen Roman zu schreiben. Wird er sich verkaufen? Und wenn ja, wie viele Sterne werden ihm die Rezensenten geben? Er weiß es nicht und ich weiß es auch nicht. Aber ich bewundere ihn dafür, dass er es versucht. Und mittlerweile hat sich sein Selbstwertgefühl schon sehr verbessert, weil er seine Angst überwunden hat.

Mein Freund David würde Ihnen sagen, dass er es bereut, mit dem Schreiben nicht schon vor zwanzig Jahren angefangen zu haben. Aber andererseits schaffen es manche Leute aus lauter Angst eben *nie, damit anzufangen,* für das zu leben, was ihnen wichtig ist

Viele Leute haben eine bestimmte Angst oder mehrere Ängste, die sich verbinden und sie davon abhalten, Ziele anzugehen, die sie gern erreichen würden. Ziele wie beispielsweise folgende:

- Eine Firma zu gründen,
- in ein anderes Bundesland zu ziehen,
- den Beruf zu wechseln,
- um eine Gehaltserhöhung oder Beförderung zu bitten,
- sich einen neuen Job zu suchen,
- eine Gruppe zu leiten,
- eine Freundschaft zu beginnen,
- in einen Verein einzutreten,
- ein Nachbarschaftstreffen oder Straßenfest zu organisieren,
- sich in einem Fitnessstudio anzumelden.

Mir fallen viele Leute ein, die gern etwas von dem Genannten tun würden, sich aber von Ängsten und Befürchtungen davon abhalten lassen. Wovon hält Angst *Sie* ab?

Ängste, die uns davon abhalten, es noch einmal zu versuchen

Manchmal hält Angst uns nicht davon ab, etwas Neues zu wagen oder zu beginnen, sondern davon, etwas noch einmal zu versuchen. Angst zu überwinden, ist keine einmalige Leistung, sondern eine Fähigkeit fürs Leben. Ihr erster Versuch (oder zweiter oder dritter), etwas Sinnvolles anzugehen, läuft vielleicht nicht so gut, wie Sie es sich gewünscht hätten, aber wenn Sie jemals Erfolg dabei haben wollen, müssen Sie es noch einmal versuchen.

Und selbst wenn Sie erfolgreich sind, bringt ja auch der Erfolg seine ganz eigenen Herausforderungen mit sich, die wiederum Ängste auslösen können. Was passiert beispielsweise, wenn Ihr Projekt so erfolgreich ist, dass der nächste folgerichtige Schritt wäre, vor anderen Menschen und in der Öffentlichkeit zu sprechen? Es gibt Menschen, für die allein diese Vorstellung schlimmer ist als der Gedanke an den Tod.

Oder was ist, wenn Ihnen die Privatsphäre, oder zumindest ein Teil davon, verloren geht? Oder wenn die Macht und der Einfluss, die Sie jetzt haben, für Sie zur Versuchung werden? Das alles sind Ängste vor Erfolg und keine Versagensängste.

Die zitierte Untersuchung zeigt, wie Angst einem den Mut nehmen kann, es „immer wieder zu versuchen“, aus welchen Gründen auch immer die bisherigen Versuche gescheitert sein mögen. In der Umfrage werden als Top-Ängste, von denen Menschen davon abgehalten werden, ein Ziel beim zweiten Versuch zu erreichen, die

Versagensangst (43 Prozent), die Angst, zu alt zu sein (37 Prozent), und die Angst vor mangelnder Unterstützung durch Familie und Freunde (37 Prozent) genannt.[13]

Wir leben in einer Gesellschaft, in der Scheitern und Versagen nur sehr ungern eingestanden werden, besonders angesichts von Photoshop und Videoclips in den sozialen Medien. Über unsere Erfolge reden wir gern, doch nur wenige sprechen über ihr Scheitern und Versagen – und wenn doch, dann normalerweise nur, nachdem sie es schlussendlich doch geschafft haben. Aber wohl jeder Mensch erlebt auf die eine oder andere Weise Scheitern und Versagen.

Wenn Sie etwas versucht haben und dabei gescheitert sind, dann befinden Sie sich in guter – und großer – Gesellschaft. Was Menschen ohne Reue und Bedauern von denen unterscheidet, die beides empfinden, ist die Reaktion auf ihr Scheitern und Versagen.

Eine bisher unbekannte Autorin namens Joanne hatte ein Kinderbuch geschrieben, von dem sie selbst sehr überzeugt war. Leider sahen die Verlage das anders, und Joanne hatte schon etliche Ablehnungsschreiben bekommen. Die erste Absage hatte sie als Motivation weiterzumachen an die Pinnwand in der Küche gehängt. Und Joanne machte weiter, bis sie bei einem Verlag eine Chance bekam.

Die besagte Autorin ist heute unter dem Namen J. K. Rowling bekannt, und ihre Harry-Potter-Bücher wurden zum Phänomen im Bereich Literatur für junge Erwachsene, wie es das im Zeitalter der Moderne noch nicht gegeben hat.[14]

Ein Basketballspieler sagte einmal in einem Werbespot:

> In meiner Karriere habe ich über 9 000 Würfe verfehlt. Ich habe fast 300 Spiele verloren. 26-mal wur-

> de mir der spielentscheidende Wurf anvertraut und ich habe nicht getroffen. Ich habe immer und immer wieder in meinem Leben versagt. Deshalb bin ich erfolgreich.[15]

Und erfolgreich war er wirklich. Nach Aussage des Sportsenders ESPN war Michael Jordan der größte NBA-Spieler aller Zeiten.[16]

Vielleicht denken Sie jetzt: *Na ja, aber was hat das mit mir zu tun? Ich bin weder J. K. Rowling noch Michael Jordan.* Das stimmt, ja. Sie werden wahrscheinlich nie eine Autorin sein, die auf einem englischen Landsitz lebt, oder ein Basketballstar, nach dem ein Sportschuh benannt ist. Aber das brauchen Sie auch gar nicht zu sein. Sie haben eine Aufgabe und sind dafür bestimmt und dazu geschaffen, in dieser Welt einen Beitrag zu leisten, den nur Sie leisten können, weil Sie Sie sind. Wenn Sie aber zulassen, dass Ihre Angst Sie davon abhält, dann wäre das unendlich schade.

Sie haben eine Aufgabe und sind dafür bestimmt und dazu geschaffen, in dieser Welt einen Beitrag zu leisten, den nur Sie leisten können.

Solche Promi-Geschichten werden oft erzählt, damit Menschen nicht aufgeben und zum Weitermachen motiviert werden. Aber sie beinhalten noch eine grundlegendere Botschaft für uns: Bevor wir weitermachen können, *müssen wir die Angst überwinden, die uns dazu bringen könnte, aufzugeben.*

Selbstsabotage

Randy ist ein Familienmensch. Er ist Mitte vierzig und arbeitet als Leiter in der Produktentwicklung. Er arbeitet hart und sorgt für den Lebensunterhalt der Familie, aber er würde sofort zugeben, dass seine Arbeit nicht das ist, wozu er sich berufen fühlt, und er nicht so viel leistet, wie er eigentlich könnte. Vor Kurzem hat er mir sogar anvertraut, dass er tagtäglich mit Versagensängsten zu kämpfen hat und er sich in jedem guten Job, den er jemals hatte, selbst sabotiert hat – nicht weil seine Angst ihn daran hindern würde, es zu versuchen, sondern weil die Angst ihn davon abhält, wirklich voranzukommen und erfolgreich zu sein.

„Als kleiner Junge habe ich ständig zu hören bekommen, dass ich zu nichts zu gebrauchen sei und es nie zu etwas bringen werde", erzählte er mir. „Und wohin mich das Leben auch führt und egal, was ich alles schaffe und was mir gelingt, ich werde einfach nicht los, was da immer wieder über mich gesagt wurde, und zwar von den Menschen, die ich am meisten liebte. In meinem Kopf ist es immer nur eine Frage der Zeit, bis ich alles vermassele."

Er erklärte mir auch, dass sein beruflicher Erfolg diese Überzeugungen nicht auslöscht, sondern sie sogar noch verstärkt. „Egal, wie gut meine Leistungen und Fortschritte in einer Firma waren, und egal, wie viel Gutes mein Chef über mich zu sagen hatte: In meinem tiefsten Inneren glaubte ich immer noch, dass ich zu nichts zu gebrauchen bin. Selbst wenn alles bestens lief und ich in meinem Job hervorragende Leistungen brachte, lebte ich in ständiger Angst, dass mein Arbeitgeber herausfinden könnte, dass ich in Wirklichkeit zu nichts nutze bin. Wegen dieser Angst habe ich oft Chancen nicht genutzt, mich in der Firma weiterzuentwickeln und beruflich weiterzukommen. Es schien so, als ob ich immer mehr Angst hatte, durchschaut und ertappt zu werden, je höher ich in der Firma aufstieg."

Randys Versagensangst (durch die Botschaft, die über ihn als Kind ausgesprochen wurde) verhindert, dass er Erfolg hat in einer Rolle, für die er wie geschaffen ist. „Das verfolgt mich jeden Tag", sagte er. „Ich habe jeden großartigen Job, den ich jemals hatte, aufgegeben, und zwar nicht, weil ich ihm nicht gewachsen war, sondern aus Angst."

Die Geschichte meines Freundes zeigt, wie Versagensangst verhindern kann, dass wir unser Potenzial voll entfalten, selbst wenn wir es schon geschafft haben, uns ein Ziel zu suchen, und bereits angefangen haben, darauf hin zu arbeiten.

Täuschen Sie sich nicht – eine Ablenkung bedingt durch Angst kann Sie erheblich davon abhalten, Ihr eigenes Potenzial voll auszuschöpfen, während diejenigen, die Ihnen am nächsten sind, darauf angewiesen sind, dass Sie vorankommen.

Eine Ablenkung bedingt durch Angst kann Sie erheblich davon abhalten, Ihr eigenes Potenzial voll auszuschöpfen.

Wie Versagensangst Fortschritte blockiert

Versagensängste behindern uns an drei Stellen:

- wenn wir anfangen,
- wenn wir nach einem Scheitern einen weiteren Anlauf wagen und
- wenn wir Fortschritte machen.
  (Letzteres war Randys Untergang.)

Theo Tsaousides, Neuropsychologe und Autor des Buches *Brainblocks*, sagt, dass Versagensangst kurzfristig beeinflusst, welche Ziele wir uns setzen und wie wir versuchen, diese Ziele zu erreichen. Zum Beispiel kann es sein, dass Menschen mit Versagensangst …

- ihre Bemühungen eher darauf richten, Verluste zu verhindern, als Erfolge zu erzielen.
- Situationen meiden, in denen sie damit rechnen, bewertet oder beurteilt zu werden.
- die Messlatte für sich selbst niedriger legen.
- Hindernisse schaffen, um ihre eigenen Bemühungen zu untergraben, damit sie dann später die Hindernisse fürs Scheitern verantwortlich machen können.

Das sind nur ein paar der kurzfristigen Folgen von Versagensängsten. Wenn wir nichts gegen unsere Versagensangst unternehmen, dann kann das mehr anrichten, als nur Leistung zu verhindern. Es kann dann nämlich unsere Persönlichkeitsentwicklung hemmen. Tsaousides schreibt dazu:

> Langfristig kann Versagensangst sogar zu noch größeren Problemen führen, durch die die körperliche und geistige Gesundheit eines Menschen beeinträchtigt wird. Menschen mit Versagensangst leiden oft unter Fatigue und verminderter Energie. Sie fühlen sich emotional ausgelaugt, sind unzufriedener mit ihrem Leben, erleben chronische Sorgen und Hoffnungslosigkeit, und ihre Leistungsfähigkeit in wichtigen Bereichen nimmt objektiv ab.[17]

Die Angst benennen

Wenn Sie diese Aussagen darüber lesen, wie Angst Sie von Ihrem Potenzial und Ihren Aufgaben und Zielen ablenken kann, nicken Sie dann zustimmend? Von welchen Ängsten sind Sie betroffen?

Mittlerweile wissen Sie ja, dass ich nicht von Platzangst, Höhenangst oder Angst vorm Anblick von Blut spreche. Welche Ängste halten Sie davon ab, Ihr Potenzial voll auszuschöpfen und der Welt Ihr Bestes zu geben?

Es genügt nicht, wenn Sie sich eingestehen, dass Sie Ängste haben. Wenn Sie Ihre Ängste in die Schranken weisen, sie überwinden und letztlich über sie hinauswachsen wollen, dann müssen Sie sie benennen.

Ich mache dabei gern den Anfang.

Bei mir gibt es zurzeit eine Angst, bei der ich mir Sorgen mache, dass sie mich davon abhalten könnte, Dinge anzugehen und zu erreichen, die wichtig sind. Es ist die Angst vor Unbequemlichkeit. Lassen Sie mich das erklären.

Wenn ich ehrlich bin, führe ich ein sehr angenehmes Leben. Damit meine ich nicht materiellen Besitz, weil ich als Minimalist ja gar nicht so viel besitze. Viel wichtiger ist mir, selbstbestimmt zu arbeiten, also selbst zu entscheiden, wie viel und was ich arbeite. Meine Zeit und meine Entscheidungen gehören mir. Und das ist schön! Warum sollte ich daran etwas ändern und dadurch vielleicht alles durcheinanderbringen?

Für manche Menschen ist es ein Zeichen von Erfolg, frei über ihre Zeit bestimmen zu können. Aber ich sehe das anders.

Ein Grund dafür ist vielleicht, dass es Wichtigeres gibt, als Unbequemlichkeit zu vermeiden.

Kürzlich wurden meine Frau Kim und ich gefragt, ob wir bereit wären, eine Eheberatung für Paare anzubieten, die gerade so heftige Konflikte hätten, dass dadurch ihre Ehe gefährdet sei. Kim fand es wichtig, diese Chance zu nutzen. Unsere Ehe ist intakt, und aus meiner langjährigen Tätigkeit als Pastor weiß ich, wie wichtig es ist, Paare dabei zu unterstützen, starke und stabile Ehen aufzubauen, wo immer das möglich ist. Trotzdem spürte ich sofort einen inneren Widerstand gegen diese Idee.

Irgendwann trat ich innerlich einen Schritt zurück und fragte mich, *warum* ich so reagierte. Die Antwort war, dass eine solche Art von Eheberatung viel von meiner freien Zeit in Anspruch nehmen und mich zudem noch in die Probleme und das Chaos anderer Leute mit hineinziehen würde. Anderen Menschen zu helfen, bedeutet ja nicht immer, dass sie sich an den Zeitplan halten, den man für sie vorgesehen hat. Und daran ist dann gar nichts mehr bequem. Meine Angst vor etwas Unbequemem könnte mich – leider – davon abhalten, etwas zu tun, was wirklich wichtig ist.

Wie wir ja bereits beim Angst-Faktor-Index gesehen haben, ist Versagensangst die Angst, die Menschen am häufigsten davon abhält, das zu tun, was wichtig ist. Aber es kommen dabei auch noch viele andere Ängste ins Spiel. Gestehen Sie Ihre eigenen Ängste ein. Dazu können gehören:

- Angst vor Ablehnung,
- Angst vor dem Unbekannten,
- Angst, nicht zu genügen,
- Angst, das zu verlieren, was man hat,
- Angst, etwas zu verpassen,
- Angst vor Veränderung,
- Angst, die Kontrolle zu verlieren (trifft auf mich zu),
- Angst vor etwas Unbequemem (trifft auf mich zu),
- Angst, so zu sein, wie man ist,
- Angst, dass etwas misslingt,
- Angst, beurteilt oder ausgelacht zu werden,
- Angst, verletzt zu werden,
- Angst, die Leitung zu übernehmen,
- Angst vor Bloßstellung oder dem Verlust der Privatsphäre,
- Angst vor Erfolg.

Das sind viele Ängste, und diese Liste ist nicht einmal vollständig. – Um Ihnen an diesem Punkt ein wenig Mut zu machen, lassen Sie mich Ihnen sagen, dass 85 bis 90 Prozent der Dinge, über die Menschen sich Sorgen machen, gar nicht eintreten. Und das ist nicht meine Meinung, sondern eine erwiesene Tatsache. Und selbst wenn Sorgen sich als berechtigt erweisen, ist der Ausgang oft besser, als wir erwartet haben.[18] Anders ausgedrückt: Der mögliche Lohn ist normalerweise das Risiko wert – besonders wenn es darum geht, die Dinge zu erreichen, auf die es ankommt.

Meiner Erfahrung nach ist es außerdem so, dass sich im Laufe der Zeit mehr Mut entwickelt, wenn man sich seinen Ängsten stellt und sie überwindet. Eine Angst, die einmal aussah wie ein riesiger Berg, der vor uns aufragte, sieht aus wie eine Temposchwelle, wenn wir uns jetzt umdrehen und zurückblicken. Dadurch wächst unsere Zuversicht, auch die größeren Berge zu überwinden, die vor uns emporragen.

Wenn Therapeuten Ängste behandeln, dann ermutigen sie häufig zum sogenannten Habituationstraining. Das ist ein Prozess, in dem sich der Klient immer wieder dem aussetzt, wovor er oder sie Angst hat, und sich mit der Zeit immer mehr daran gewöhnt. Auf diese Weise ist die Angst dann immer besser zu handhaben. Aber das gilt auch umgekehrt: Wenn wir ständig das meiden, wovor wir Angst haben, dann vergrößert die Angst sich immer mehr.[19]

Deshalb ist es besser, uns unseren Ängsten zu stellen, auch wenn wir wissen, dass es nicht leicht wird und dass eine weitere Angst direkt dahinter oder darunter liegen kann, wenn wir die eine überwunden haben. Aber wenigstens kommen wir auf diese Weise voran! Ich möchte Ihnen helfen, Angst ganz neu zu sehen, damit Sie schneller und leichter Fortschritte machen.

Priorisierung von Ängsten

Der Anthropologe Ernest Becker (1924–1974) entwickelte in seinen Büchern eine Philosophie, nach der das Handeln der meisten Menschen auf ihrer Angst vor dem Tod beruht. Aber laut Becker ist es nicht der physische Tod, den die Menschen fürchten. Er behauptet, die größte Angst des Menschen sei es, zu sterben, ohne dass das eigene Leben eine Bedeutung gehabt hat. Er sagt: „Was die Menschheit wirklich fürchtet, ist nicht so sehr auszusterben, als vielmehr *in Bedeutungslosigkeit* auszusterben. Der Mensch möchte wissen, dass sein Leben auf irgendeine Weise einen Sinn hat – wenn nicht für ihn selbst, so doch wenigstens im größeren Plan der Dinge; dass er eine Spur hinterlässt, eine Spur, die etwas bedeutet und einen Sinn hat.“[20] Ich glaube, das ist absolut zutreffend.

Doch diese Angst ist für uns vielleicht nicht ganz so unmittelbar und offensichtlich wie andere Ängste – zum Beispiel die Versagensangst. Jetzt denken Sie vielleicht: *Wer kann denn schon sagen, dass ich mein Potenzial nicht voll ausgeschöpft habe? Andererseits merkt es heutzutage jeder, wenn ich versage.* Aber *Sie selbst* werden es merken. *Sie sind es,* die vielleicht am Ende Ihres Lebens Reue und Bedauern über ungenutzte Chancen empfinden.

Der entscheidende Punkt bei der *Kraft des Seinlassens* ist, dass wir uns auf diese „Angst vor einem Tod in Bedeutungslosigkeit konzentrieren“ und angemessen darauf reagieren. Die Angst vor einem Tod in Bedeutungslosigkeit ist eine nützliche Angst, wenn sie uns dazu motiviert, sinnvolle Ziele anzustreben. Und je reifer wir innerlich werden, desto stärker empfinden wir den Gedanken an einen solchen Tod als Last.

An welchem Punkt Sie auch immer gerade sein mögen beim Verfolgen Ihrer Ziele und welche Art von Angst Ihnen zusetzen mag, ich habe für Sie alle den gleichen Rat: Stellen Sie sich möglichst genau und bildlich vor, wie Sie am Ende Ihres Lebens ankommen, ohne Ihr Potenzial ausgeschöpft zu haben. Also, wenn *das* nicht beängstigend ist! Bei dem Gedanken an diese Möglichkeit sollten Sie weiche Knie bekommen. Wir alle sollten weiche Knie bekommen bei dem Gedanken, dass Sie sich von Ihrer Angst geschlagen geben, denn wir alle brauchen Sie und das, was nur Sie allein durch Ihre Persönlichkeit zu dieser Welt beizutragen haben.

Diese Visualisierungsübung kann Ihre Perspektive verändern. Sie werden weniger an Ihre Ängste denken, die Sie davon abhalten, weiterzumachen und voranzukommen. Stattdessen werden Sie mehr an die völlig berechtigte Angst denken, durchs Leben zu gehen und nie das zu erreichen, was Ihnen am Herzen liegt.

Vor Folgendem sollten Sie Angst haben:
Ihr Leben zu vergeuden.

Wenn Ihre Angst, Ihre Ziele nicht zu erreichen, größer ist als Ihre Angst, es zu versuchen, dann werden Sie anfangen, die Ablenkung bedingt durch Angst zu besiegen.

Ihre größte Angst

Eine Person, die diese Abwägungen gut nachvollziehen kann, ist eine junge Britin namens Melanie Kirk. Sie erzählt ihre Geschichte in dem Artikel „Die größte Angst in meinem Leben“. – Was für eine Angst das ist? *Es ist die Angst, nichts Sinnvolles mit ihrem Leben anzufangen.* Sie möchte am Ende ihres Lebens nicht denken, dass sie nicht das Bestmögliche aus diesem Leben herausgeholt hat.

Melanie schloss ein Studium ab, kam dann aber zu dem Schluss, dass sie das Fach, das sie studiert hatte, gar nicht mochte. Deshalb schwor sie sich schon vor ihrem Examen, niemals in einem Job zu arbeiten, in dem sie sich gefangen fühlte. Und diesen Schwur hält sie, indem sie ihre Arbeitszeit und -kraft nur für die Dinge einsetzt, von denen sie überzeugt ist. Zum Beispiel für den biologischen Landbau.

Vor Kurzem ist eine Verwandte von Melanie ganz plötzlich verstorben, die jünger war als sie. Das hat Melanie noch einmal in Erinnerung gerufen, dass es keine Garantie für ein langes Leben gibt. Ihr steht nur begrenzte Zeit zur Verfügung, um das zu tun, was Sie tun möchte.

Deshalb hat sie noch etwas geschworen:

> Ich schwöre, jeden Tag so zu leben, als wäre er meine einzige Chance, ein Zeichen zu setzen, weil *das tatsächlich so ist.*
>
> Ich schwöre, …
>
> - das Leben bewusst und zielgerichtet zu leben.
> - aufzuhören, Zeit mit Dingen zu vergeuden, die unwichtig sind.
> - meine Komfortzone zu verlassen.
> - mit der Leidenschaft und dem Mut meiner Überzeugungen zu leben.
> - aufzuhören mit dem „Was, wenn …".
> - nicht aufzugeben, auch wenn es mal hart wird.
>
> Weil am Ende des Tages das Leben ein viel zu kostbares Geschenk ist, als dass man es vergeuden dürfte."[21]

Lesen Sie Melanies Manifest noch einmal … langsam. Mit welchem dieser Versprechen können Sie sich nicht identifizieren? Beschreibt sie nicht das Leben, das wir alle gern führen würden? Stellen Sie sich vor, wie die Welt sich verändern könnte, wenn wir uns alle zu etwas Ähnlichem verpflichten würden. Stellen Sie sich vor, wie sich Ihr Leben dann verändern würde.

Die Angst in die Schranken weisen

Wenn wir Menschen anschauen, die etwas Sinnvolles tun, dann denken wir manchmal: *Na ja, es fällt ihnen eben leicht.* Ich glaube nicht, dass das stimmt, sondern dass die meisten – *fast alle* – erfolgreichen Menschen Ängste überwinden mussten auf dem Weg, auf dem sie zu denen wurden, die sie jetzt sind. Wenn es in Ihrem Leben ein Vorbild oder einen Mentor oder eine Mentorin gibt, dann fragen Sie sie bzw. ihn doch einmal danach. Ich glaube, Sie werden erfahren, dass die betreffende Person schon mit Ängsten zu tun hatte (und wahrscheinlich immer noch hat). Fast jeder Mensch hat Ängste, Selbstzweifel und Sorgen. Aber die Menschen, die etwas Sinnvolles tun, stellen sich den Ängsten. Und sie merken, dass die Ängste zu bewältigen sind.

Im Jahr 2008 startete ich mein Blog *Becoming Minimalist*, und zwar in derselben Woche, in der ich anfing, minimalistisch zu leben. Damals war ich Pastor. Ich *liebte* meinen Beruf und war überzeugt, dass ich ihn für den Rest meines Lebens ausüben würde. Aber die Leserschaft meines Blogs wuchs schnell und stark. Eigentlich wollte ich mit dem Blog nur meine Geschichte erzählen und dadurch so vielen Menschen wie möglich dabei helfen, mit weniger zu leben. Doch die Reaktionen überstiegen meine kühnsten Erwartungen und ich stellte mir langsam die Frage: *Sollte ich das vielleicht zu meinem Beruf machen? Schließlich gibt es viele bessere Pastoren als mich, aber anscheinend nicht so viele Leute, die besser dazu inspirieren können, weniger zu besitzen und minimalistisch zu leben.*

Nachdem ich mir darüber sehr viele Gedanken gemacht hatte und meine Frau und einige enge Freunde mir Mut machten, beschloss ich, den Sprung zu wagen.

Nun könnte man vielleicht meinen, dass mein Wechsel vom Pastor zum Vollzeit-Blogger ein Selbstläufer gewesen wäre, aber dem war nicht so. Tatsache ist, dass es ein qualvoller Prozess von dreieinhalb Jahren war. Bis zum endgültigen Wechsel hatte ich jeden Tag Angst, und seit dem Wechsel lebe ich jeden Tag in Angst, dass die ganze Sache zusammenbricht.

Ich möchte Ihnen jetzt einmal erzählen, wie ich eines Tages meine sieben Jahre alte Tochter zum Weinen brachte. Es ist eine Geschichte, auf die ich wirklich nicht stolz bin, aber sie zeigt, wie Angst jeden packen kann – sogar die Person, die gerade ein Kapitel darüber schreibt, wie man sie überwinden kann.

Eines Abends beim Essen unterhielten sich unsere Tochter Alexa und unser Sohn Salem (vier Jahre älter) über das Mittagessenangebot in ihrer Schule. Wie anscheinend die meisten Schüler und Schülerinnen waren auch sie nicht besonders angetan von der Auswahl in der Schulcafeteria.

Ich scherzte: „Na, dann gewöhnt euch mal lieber an das Angebot. Wenn die Sache mit dem Bloggen nämlich nicht klappt, dann müsst ihr vielleicht sogar noch etwas davon im Rucksack mit nach Hause bringen, damit wir alle etwas zum Abendessen haben."

Ich fand das lustig, aber …

Alexa fing an zu weinen.

Salem stand schweigend vom Tisch auf und ging weg.

Später sagte meine Frau dann: „Vielleicht solltest du vor den Kindern nicht so reden, Joshua." Das war noch sehr moderat formuliert. Diese Szene war die Krönung unzähliger kleiner Witze und Sprüche, die ich im Laufe der vergangenen zwei Jahre darüber gemacht hatte, dass ich es als Blogger vielleicht nicht schaffen würde. Erst bei diesem Abendessen wurde mir klar, wie sehr das unsere Kinder belastete. Salem und Alexa hatten wirklich Angst, dass der Versorger der Familie – also ich – uns alle nicht mehr würde versorgen können. Und wie sollten wir es dann als Familie schaffen?

Das Verrückte an der ganzen Situation war, dass Salem und Alexa nicht die Einzigen waren, die Angst hatten, denn auch Kim und ganz besonders ich waren ziemlich nervös in Bezug auf unsere künftige finanzielle Situation. Ich hatte ein Ziel festgesetzt – ich wollte einen neuen Beruf ergreifen, der darauf beruhte, per Internet für einen einfachen Lebensstil zu werben – und ich war bereit, dieses Ziel zu verfolgen, weil ich es für wichtig hielt. Doch das barg auch Risiken. Vielleicht war dieses Minimalismus-Bloggen nur als Nebenjob geeignet. Vielleicht war es ja gar nicht möglich, diesem Beruf in Vollzeit nachzugehen und damit meine Familie zu ernähren. Ich hatte bis zu diesem Zeitpunkt immer für Organisationen gearbeitet, von denen ich ein geregeltes Gehalt bezog, und das würde ich aufgeben. Ganz zu schweigen von der Frage, was passieren würde, wenn ich mir selbst ein schrecklicher Chef wäre.

Ich machte mir solche Sorgen wegen des finanziellen Risikos, das ich mit dem Berufswechsel einging, dass ich den Übergang zum Vollzeit-Blogger sehr langsam vollzog. Anderthalb Jahre lang dachte ich über die Möglichkeiten nach, hauptberuflich als Blogger zu arbeiten, ging das Ganze aber nur als eine Art Hobby an, während ich fest angestellt für eine Gemeinde in Vermont arbeitete. Dann nahm ich eine andere Stelle in einer Gemeinde in Arizona an, weil die Stelle in Vermont auf zwei Jahre befristet war. An diesem Punkt sollte laut meinem Plan das Blog *Becoming Minimalist* eigentlich den nächsten Entwicklungsschritt vollziehen und mein Einkommen generieren. Und genau so entwickelte es sich dann auch.

Rückblickend kommen mir die Ängste, mit denen ich mich im Laufe der dreieinhalb Jahre dieses Übergangsprozesses beschäftigte, ein bisschen verrückt vor. Ich habe ja schon ausgeführt, dass die riesigen Angstberge, die einmal so bedrohlich vor uns aufragten, rückblickend oft nur wie Temposchwellen aussehen. Und das war so eine Situation. Mein Minimalismus-Job steht mittlerweile auf sicheren finanziellen Füßen, und meine Kinder brauchten nie in der Schule ein Mittagessen für die Familie mitgehen zu lassen.

Ich will noch ein paar Details dazu weitergeben, wie ich kleine, aber konkrete Schritte machte, um meine Ängste zu überwinden.

Als *Becoming Minimalist* meine Vollzeitarbeit wurde, verdiente ich 2 000 Dollar im Monat. Kim und ich einigten uns darauf, dass unsere vierköpfige Familie im Monat für den Lebensunterhalt 4 000 Dollar brauchte, einschließlich der Raten für unseren Hauskredit (aber ohne Urlaub und andere nicht lebensnotwendige Ausgaben – danke, Minimalismus). Wir hatten damals fast 18 000 Dollar Ersparnisse, die wir uns im Laufe der vergangenen drei Jahre hart erarbeitet hatten, also ein Polster für neun Monate, mit dem wir die fehlenden 2 000 Dollar pro Monat ausgleichen konnten.

Für mich selbst fasste ich einen Entschluss: Wenn wir nicht innerhalb der nächsten neun Monate von den Einnahmen aus *Becoming Minimalist* leben konnten, würde ich das Blog nicht als meine Vollzeitarbeit weiterbetreiben. Zehn Jahre später betreibe ich das Blog immer noch in Vollzeit und könnte nicht glücklicher sein. Ich glaube, dass diese Arbeit meine Berufung ist, und ich bereue meine Entscheidung keinen Moment lang, obwohl es damals unglaublich schwierig war.

Natürlich ist es einfacher, die Angst vorm Scheitern bei der Gründung von etwas, das einem wichtig ist, zu überwinden, wenn man ein Sicherheitsnetz hat – finanziell oder in Form von Beziehungen. Es ist wunderbar zu wissen, dass einen die Schwiegerfamilie jederzeit aufnehmen würde, wenn die neue Firma floppt. Oder wenn vielleicht Ersparnisse für den Ruhestand vorhanden sind, die man sich gegebenenfalls schon auszahlen lassen könnte. Oder wenn man im Fall eines Scheiterns wieder in den alten Job zurückkönnte. Das kann einem durchaus die Angst etwas nehmen, es zu versuchen.

Angst zu überwinden heißt nicht, unkluge Entscheidungen zu treffen. Also spannen Sie sich ein Sicherheitsnetz, wenn Sie es brauchen. Soll heißen: Seien Sie dabei gleichermaßen selbstkritisch wie auch zielgerichtet. Es ist ein Unterschied, ob Sie sich scheuen, es zu wagen, weil Sie wirklich nicht bereit sind oder weil der Zeitpunkt ungünstig ist oder ob der Grund dafür Angst ist. Der Wunsch nach Sicherheit kann auf Angst beruhen, aber Vorsicht kann auch zur Ausrede für Aufschieberei werden.

Gehen Sie auf jeden Fall klug vor. Überschlagen Sie die Kosten, bevor Sie eine neue Zukunft planen oder eine große Veränderung in Ihrem Leben vornehmen. Aber lassen Sie sich nicht von der Unsicherheit abhalten, wenn es tatsächlich an der Zeit ist, es zu versuchen. Wir brauchen so viel wie möglich von dem, was Sie in dieser Welt beizutragen haben. Und auch *Sie* brauchen diesen größtmöglichen Beitrag.

Die Anzahl der Leben, die Sie für das Beste in Ihrem Leben investieren können: eins

Angst und Sehnsucht sind Gefühle, die eng miteinander verwandt sind. Wenn man beispielsweise Angst hat zu hungern, wünscht man sich höchstwahrscheinlich Reichtum. Wenn man Angst vor Veränderung hat, dann wünscht man sich Stabilität. Wenn man

Angst vor Einsamkeit hat, wünscht man sich Gesellschaft und Beziehung. Wenn man Angst vorm Scheitern hat, wünscht man sich wahrscheinlich ein bequemes Leben. Die Liste ließe sich endlos fortsetzen.

Nicht jede Angst ist falsch, aber jede Angst bringt einen entgegengesetzten Wunsch mit sich. Angst lässt sich niemals vollständig beseitigen, aber Ängste lassen sich priorisieren. Auf diese Weise überwiegt unsere Angst, unser Potenzial nicht vollständig auszuschöpfen, jede andere Angst, die vielleicht auftaucht und uns davon abhalten könnte zu handeln und etwas zu verändern. Mut zu haben, bedeutet nämlich nicht, etwas zu tun, wenn man keine Angst hat, sondern man tut etwas, obwohl man Angst hat. Oder, um es mit den unsterblichen Worten des Zauberers von Oz auszudrücken: „Wahrer Mut ist, der Gefahr entgegenzutreten, wenn man Angst hat, und von dieser Art Mut hast du viel.“[22]

> *Das bedeutet Mut: Nicht etwas zu tun, wenn man keine Angst hat, sondern etwas zu tun, obwohl man Angst hat.*

Also lassen Sie mich zum Abschluss folgende Frage stellen, bevor ich zu den äußeren Ablenkungen komme, die Sie von einem sinnhaften Leben abhalten: Glauben Sie, dass Sie es bereuen würden, wenn Sie den gesamten Rest Ihres Lebens keinerlei Risiko eingehen würden?

Wahrscheinlich schon, oder?

Angst hat ihre ganz eigene schädliche Art, uns abzulenken und uns davon abzuhalten, unsere Ziele zu verfolgen, unser Potenzial voll auszuschöpfen und das Beste, was wir der Welt zu geben haben, aus uns herauszuholen. Sie möchten nicht sein wie Jiao (die Parfümerieverkäuferin, die keine andere Möglichkeit für sich sah, als in diesem Job zu bleiben) und unzählige andere Menschen, die es bereuen, nie versucht zu haben, mit ihrem Leben etwas Bedeutsameres und Lohnenderes anzufangen.

Wenn Angst Sie davon abhält, das sinnvolle und zielgerichtete Leben zu führen, das Sie sich immer gewünscht haben, dann versuchen Sie, Ihre verborgenen Ängste aufzuspüren und sie ganz bewusst umzulenken. Und für den Anfang: Fürchten Sie die Vorstellung, das eine Leben zu vergeuden, das Sie haben.

4

Verletzt

Die Ablenkung durch Fehler und Verletzungen aus der Vergangenheit überwinden

> „Es gibt immer eine Spannung zwischen den Möglichkeiten, die wir anstreben, und unseren verletzten Erinnerungen und Fehlern aus der Vergangenheit."
>
> *SEÁN BRADY*

Deanna Hutchinson ist eine erfolgreiche Bloggerin und Rednerin. Sie lebt im Frieden mit ihrem Gott, freut sich als frischgebackene Ehefrau auf die Zukunft und hat eine Arbeit, die sie erfüllt. Doch lange sah es so aus, als ob Fehler, die sie in der Vergangenheit gemacht hatte, sie alles kosten würden, einschließlich ihres Lebens.

Bei ihr war es wie bei vielen Menschen, dass sich ihre Probleme bis in ihre Kindheit zurückverfolgen ließen. Sie war bei beiden Eltern aufgewachsen. Ihr Vater arbeitete als Vertreter, ihre fürsorgliche Mutter war zu Hause. Der Vater war durch seinen Beruf viel unterwegs, und wenn er nach Hause kam, war er oft gestresst von dem, was er bei der Arbeit erlebt hatte. Er liebte Deanna zwar, aber er war oft so jähzornig, dass er ihr vorkam wie ein wutentbrannter, strenger Lehrer. Ihr fehlte emotionale Sicherheit.

Über ihre Zeit als junge Erwachsene erzählte sie mir: „Mein Kopf war voll mit negativen Selbstgesprächen und Lügen über mich selbst. Nie hatte ich das Gefühl, gut genug zu sein, sondern dachte immer, ich wäre nichts wert und würde nur Chaos produzieren. Das lief in Endlosschleife in meinem Kopf ab, selbst dann noch, als ich längst kein Kind mehr war. Ich glaubte wirklich, dass ich dumm wäre."

Die Folge von Deannas gestörtem Selbstbild war, dass sie ihren Wert und ihre Bestätigung in einer Menge unguter Dinge suchte. Sie fing an zu trinken, konsumierte Drogen und hatte Beziehungen mit Männern, die ihr nicht guttaten. Mit Mitte dreißig war sie Alkoholikerin und drogensüchtig, und es schien keine Zukunft für sie zu geben.

Als Kind und Jugendliche hatte sie immer den Wunsch gehabt, irgendwann zu heiraten und fünf Kinder zu bekommen, aber ihre Zweifel wuchsen, ob dieser Wunsch jemals in Erfüllung gehen würde. Sie hatte auch schon immer Lehrerin werden wollen und war sogar eine Zeit lang tatsächlich als Lehrerin an einer High School tätig gewesen – bis sie die Arbeit wegen ihrer Süchte hatte aufgeben müssen. Am Ende war sie allein, depressiv und hoch verschuldet. Sie war überzeugt, dass sie entweder sterben oder aber den Verstand verlieren würde, wenn sich nicht bald etwas änderte.

Sie reflektierte genau, wie es mit ihr so weit hatte kommen können, und fragte sich: Wie konnte es passieren, dass ich mit Mitte dreißig eine Süchtige bin? Wieso habe ich mich so schlecht von Männern behandeln lassen? Und was ist aus dem kleinen Mädchen geworden, das so viele Träume hatte? Sie beschloss, alles Erforderliche zu tun, um darauf Antworten zu finden.

Deanna kam zu dem Schluss, dass ihre Probleme ihren Ursprung in der gestörten Beziehung zu ihrem Vater hatten. Einen Wendepunkt erlebte sie, als sie ihre Beziehung zu Gott klärte.

Andere Menschen erleben andere Wendepunkte im Leben, nach denen sie das, was ihnen in der Vergangenheit schadete, hinter sich lassen können, aber bei Deanna war der Wendepunkt in erster Linie geistlicher Art.

Mit sechsunddreißig stellte sich Deanna dann im Jahr 2009 der schweren Aufgabe des Entzugs und der Suchttherapie. Auch ordnete sie ihre Finanzen und ihre beruflichen Vorstellungen. Sie ist bis heute mit Herausforderungen konfrontiert, die mit ihrer Vergangenheit zu tun haben, aber es gibt auch jede Menge Erfolge.

Und sie spricht eine Warnung aus: „Wenn wir nicht in unsere Vergangenheit schauen und die Stellen identifizieren, an denen wir ungute Mechanismen entwickelt haben, mit unserer Verletztheit umzugehen, und wenn wir nicht den Mut finden, heil zu werden und zu vergeben und neue Wege im Umgang mit Schmerz und Konflikten zu suchen, dann kann es uns allen passieren, dass wir immer wieder entsprechend der Verletzungen aus der Vergangenheit reagieren.“[23]

Selbst begangene Fehler und Verletzungen durch andere

Deanna hat recht. Wenn wir das verfolgen, was uns am wichtigsten ist, können Fehler und Verletzungen aus der Vergangenheit wirklich ein Klotz am Bein sein, uns ablenken und uns dann abschrecken, uns weiterzuentwickeln.

Mit „Fehlern aus der Vergangenheit“ meine ich alles Negative, das Sie selbst getan haben oder das Ihnen zugefügt wurde und das sie daran hindert, sich weiterzuentwickeln oder etwas zu erreichen. Manchmal ist der Begriff „Fehler“ hier aber auch nicht eindeutig genug, wie beispielsweise bei Kindesmisshandlung oder

Missbrauch. Manchmal ist das, was getan wurde, einfach nur böse. Aber egal, ob solche Fehler klein oder groß sind, ob sie von uns oder anderen begangen werden – Fehler und Verletzungen aus der Vergangenheit belasten und behindern viele Menschen bis in die Gegenwart.

Jeder von uns steht auf die eine oder andere Weise noch immer unter dem Einfluss von Problemen aus seiner bzw. ihrer Vergangenheit. Oft kann ein früherer Fehler oder eine frühere Notlage auch wie eine Hand sein, die uns am Knöchel gepackt hat und zurückhält. Eine solche Ablenkung ist dann noch schwieriger zu überwinden, weil oft nicht nur ein einzelnes Problem, sondern eine Kombination aus Fehlern und schlechter Behandlung für das verantwortlich ist, was in unserem Leben schiefläuft. Wir empfinden Scham und Schuldgefühle.

Manche Fehler und Verletzungen aus der Vergangenheit sind zwar leicht zu vergessen, andere aber können auch viel Macht und langfristige Auswirkungen haben. Diese Fehler und Verletzungen können verhindern, dass wir überhaupt die Sicht haben, Dinge zu tun, die wichtig sind und auf die es ankommt. Sie können zu einigen der Ängste beitragen, von denen im vergangenen Kapitel die Rede war. Oder sie können uns verfolgen und uns dabei behindern oder ganz daran hindern, unsere Lebensziele im Auge zu behalten und zu erreichen. Ich bezeichne diese Faktoren als *Ablenkung*, aber manchmal sehen sie auch aus wie eine *Entgleisung* – wie etwas, das aus einem Leben ein Wrack macht. Und am Ende bedauern und bereuen wir vielleicht die Chancen und Möglichkeiten, die wir deshalb verpasst haben.

- Wenn wir uns eigentlich auf Veränderung einlassen und sie begrüßen sollten, dann lassen uns solche Fehler und Verletzungen aus der Vergangenheit zögern.

- Wenn wir mutig sein sollten, machen uns Fehler und Verletzungen aus der Vergangenheit ängstlich.
- Wenn wir an uns selbst glauben sollten, geben uns Fehler und Verletzungen aus der Vergangenheit das Gefühl, nichts wert zu sein.
- Wenn wir große Träume haben sollten, dann bringen uns Fehler und Verletzungen aus der Vergangenheit dazu, ganz klein zu denken.
- Wenn wir Ja sagen sollten, dann überzeugen uns Fehler und Verletzungen aus der Vergangenheit, dass wir nur ein Nein äußern.

Es gibt so viele Menschen, die ihre Zeit damit vertun, über Fehler und Verletzungen aus der Vergangenheit zu grübeln oder sich wegen ihnen selbst abzuwerten und zu disqualifizieren. Die eben genannten Punkte sind die häufigsten Gründe, warum so viele Menschen nie dazu kommen, die Dinge zu tun, die ihnen wichtig sind. Und wie sieht es bei Ihnen aus? Wenn ich jetzt ausführlicher beschreibe, wie solche Fehler und Verletzungen aus der Vergangenheit aussehen können, dann denken Sie mal über Ereignisse oder Muster nach, die sehr stark den Kurs Ihres Lebens bestimmt haben.

Fehler und Verletzungen aus der Vergangenheit sind unterschiedlich groß und sehen unterschiedlich aus. Es ist auch wichtig zu beachten, dass das, was manche Menschen als Fehler in ihrem Leben betrachten, für andere kein Fehler ist. Manche haben es in ihrem Leben so eingeordnet, dass sie es gar nicht mehr als Fehler bezeichnen würden.

Ich liste hier im Folgenden einige Fehler auf, die Menschen aus der Bahn werfen können:

- ein Schulabbruch,
- ein törichtes oder leichtsinniges Geschäftsvorhaben,
- bankrottgehen,
- Untreue in der Ehe,
- eine andere Person schlecht behandeln,
- ein Unfall, bei dem jemand zu Schaden gekommen ist,
- eine Blamage in der Öffentlichkeit,
- einem Kind gegenüber die Beherrschung verlieren, wodurch es sich entfremdet,
- ein Verbrechen begehen, für das Sie Ihr Leben lang bezahlen.

Und es geht dabei ja nicht nur um einmalige Fehler. Es gibt auch noch wiederkehrende Muster – schädliche Angewohnheiten, Süchte, negative Veranlagungen –, die so tief sitzen, dass sie anscheinend ein Teil unserer Persönlichkeit geworden sind.

Vielleicht …

- sind Sie bei den Anonymen Alkoholikern und endlich weg von dem Zeug, wissen aber genau, dass Sie bei den Tagen, die Sie nüchtern sind, schon einmal oder öfter wieder bei eins anfangen mussten.
- sind Sie unsicher und ungeschickt im Umgang mit Menschen.
- sind Sie chronisch unorganisiert, unordentlich und chaotisch.
- werden Sie einfach Ihre Schulden nicht los.
- sabotieren Sie sich schon seit Ewigkeiten immer wieder selbst.
- gelingt es Ihnen nicht, Grenzen zu setzen, und Sie lassen sich dadurch immer wieder ausnutzen.

- können Sie sich nicht entscheiden.
- sind Sie perfektionistisch.
- sind Sie ängstlich und pessimistisch.

Und dann sind da noch die Annahmen, die wir über unsere Fähigkeit haben, uns zu verändern. Als wir in diesem Buch über Lebensziele nachgedacht haben, haben Sie dabei irgendetwas von Folgendem gesagt oder gedacht?

- „Ich weiß nie, wo ich anfangen soll."
- „Es ist sowieso zu spät."
- „Ich bin zu alt."
- „Ich bringe nicht mit, was ich dafür brauche."
- „So etwas habe ich noch nie gemacht."
- „Mir genügen kleine Ziele."
- „Ich kann nicht leiten."
- „Ich habe nicht die richtige Ausbildung (oder Erfahrung oder Empfehlungen …)."
- „Ach, ich könnte nie …"

Und als Letztes und möglicherweise am schmerzlichsten ist da noch der Schaden, der Ihnen von der Natur oder von anderen Menschen zugefügt worden ist. Bei Deanna Hutchinson war es der Jähzorn ihres Vaters, der bei ihr die Abwärtsspirale in Gang gesetzt hatte. Andere Arten von „Fehlern", die uns beeinträchtigen, für die wir aber selbst gar nicht verantwortlich sind, können Verluste sein, Angriffe, Verrat oder auch Verbrechen oder Naturkatastrophen.

Wenn Sie nach vorn schauen und überlegen, wie Sie Ihre Ziele verfolgen können, müssen Sie dann irgendetwas von Folgendem berücksichtigen?

- eine Behinderung,
- Verlassenwerden oder Vernachlässigung,
- eine chronische Krankheit,
- verbale, sexuelle oder körperliche Gewalt,
- Rassismus,
- Verlust eines geliebten Menschen.

Ich versichere Ihnen, dass ich keine der Kategorien von Fehlverhalten aus der Vergangenheit leichtnehme. Aber es gibt so viele Menschen, die wegen solchen selbstverschuldeten oder erlittenen Fehlverhaltens festsitzen. Sie stellen sich dem nicht und überwinden es nicht – und sind deshalb nicht in der Lage, weiterzukommen. Wenn wir darauf warten, erst gesund, perfekt und auf jede nur denkbare Weise vorbereitet zu sein für das, was wir anstreben, dann werden wir nie etwas erreichen. Alles Wesentliche und Wertvolle, das je erreicht wurde, ist von Menschen mit kleinen und großen Fehlern und Wunden erreicht worden. Perfekte Menschen gibt es nicht.

Wenn wir darauf warten, erst gesund, perfekt und auf jede nur denkbare Weise vorbereitet zu sein für das, was wir anstreben, dann werden wir nie etwas erreichen. Alles Wesentliche und Wertvolle, das je erreicht wurde, ist von Menschen mit kleinen und großen Fehlern und Wunden erreicht worden.

Wieder auf die Beine kommen

Wie weit verbreitet ist nun diese Art der Ablenkung im Leben von Menschen? In unserer *Things-That-Matter*-Umfrage haben wir gefragt: „Wie stark halten Fehler aus der Vergangenheit Sie davon ab, die Zukunft zu erreichen, die Sie sich vorgestellt haben?“ Eine klare Mehrheit – nämlich 61 Prozent der Befragten – antwortete, dass eigene Fehler in der Vergangenheit sie von „ein wenig“ bis „sehr stark“ abhielten.

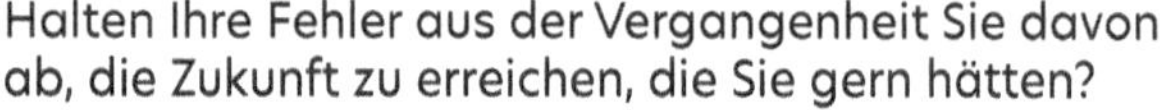

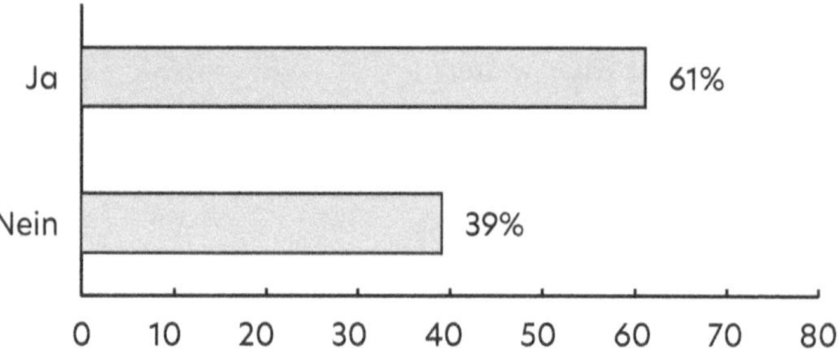

Zusätzlich fragten wir noch: „Wie stark hält Unrecht, das Ihnen in der Vergangenheit zugefügt wurde, Sie davon ab, die Zukunft zu erreichen, die Sie sich vorgestellt haben?“ Hier antwortete etwa die Hälfte der Befragten – 55 Prozent – „ein wenig“ bis „sehr stark“.

Das ist sehr viel blockiertes Potenzial. Wie traurig! Fast zwei von drei Personen sagen, dass ihre Vergangenheit sie auf die eine oder andere Weise an einer Zukunft hindert, wie sie sie sich wünschen würden. Und bei jeder Person, auf die das zutrifft, bricht mir das Herz. Nicht nur bei denjenigen, die auf diese Weise ausgebremst werden, sondern auch bei denen, die davon profitieren würden, wenn wir heil und intakt leben und wirken könnten.

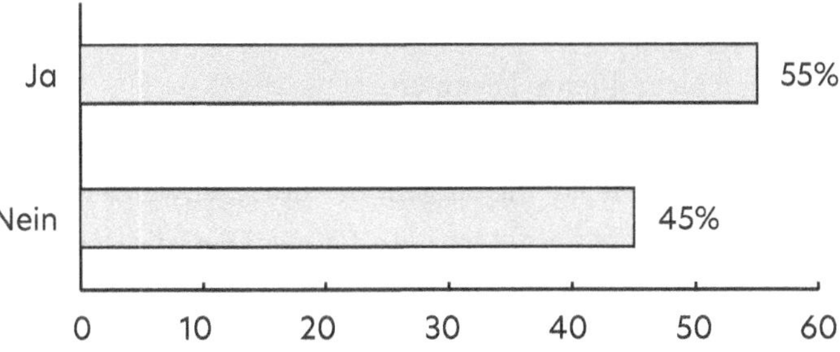

Besteht denn die Hoffnung, dass wir uns aus dem Griff von Fehlern und Verletzungen aus der Vergangenheit befreien können? Ja, es gibt Hoffnung, und mehr als das. Unzählige Beispiele zeigen, dass wir über die Leiden in unserer Vergangenheit hinauswachsen können. Das ist keine neue Ablenkung, die Menschen von den Dingen abhält, die wirklich wichtig sind, sondern sie ist so alt wie die Menschheit selbst.

Im Jahr 1962 schrieben Victor und Mildred Goertzel ein Buch mit dem Titel *Cradles of Eminence* („Wiege der Berühmtheit"), in dem sie die Lebensgeschichten von über 400 besonders erfolgreichen prominenten Menschen untersuchten, unter anderem Louis Armstrong, Frida Kahlo, Eleanor Roosevelt und Henry Ford. Das Buch wird bis heute zitiert wegen der Ergebnisse, zu denen die Autoren gelangten: 75 Prozent der von den Goertzels untersuchten Personen „wuchsen in einer Familie mit schwerwiegenden Problemen auf: Armut, Misshandlung, ohne Eltern, Alkoholismus, schweren Krankheiten oder einem anderen schweren Schicksal"[24].

Fünfundfünfzig Jahre nach Erscheinen des Buches schrieb Meg Jay vom *Wall Street Journal*: „Würden die Goertzels ihre Untersuchung heute wiederholen, fänden sie noch viel mehr Beispiele von Frauen und Männern, die es nach einer schwierigen Kindheit und Jugend zu etwas Großartigem gebracht haben: Oprah Winfrey, Howard Schultz, LeBron James und Sonia Sotomayor, um nur ein paar von ihnen zu nennen. Heute beschreibt man solche Menschen als resiliente Personen.“[25]

Resilienz. Entschlossenheit. Die Bereitschaft zu kämpfen. Das unterscheidet laut Jay diejenigen, die über Schweres in der Kindheit und Jugend triumphieren, und diejenigen, die das nicht tun.

Vielleicht sind Sie es leid, so etwas zu hören. Vielleicht sind Sie es leid zu kämpfen. Aber Sie müssen es hören. Wir brauchen Sie als Kämpfer bzw. Kämpferin. Es ist wichtig, dass Sie mit Ihrem Leben sichtbar werden, und zwar ungeachtet all Ihrer Verletzungen und all Ihres Schmerzes in der Vergangenheit. Ihr Potenzial darf nicht länger verkümmern oder ganz blockiert sein.

Und Resilienz kann man nur auf eine Art erlangen: „Die Widrigkeiten aus der Kindheit zu überwinden, ist in der Tat ein phänomenaler Kampf. Es ist ein geradezu heldenhaftes, machtvolles, gefährliches, oft Jahrzehnte dauerndes Unterfangen, aber eines, das im Laufe der Zeit zu ganz gewöhnlichem, aber auch zu außergewöhnlichem Erfolg führen kann.“[26]

Lassen Sie die Vergangenheit hinter sich.

Sie können die Vergangenheit nicht ändern – aber Sie können die Intensität lockern, mit der sie Sie im Griff hat. Und vielleicht sind Sie durch das Leid in Ihrer Vergangenheit sogar so fähig, wichtige und sinnvolle Dinge zu tun, wie sie es ohne diese Erfahrungen nie hätten sein können.

Ihr Wegweiser

Ich kannte einmal einen erfolgreichen Manager, der immer zu mir sagte: „Große Leiter rennen auf Probleme zu." Das ist nicht nur für Leiter ein guter Rat, die es mit organisatorischen Problemen zu tun haben, sondern für uns alle bei unseren Herausforderungen und Schwierigkeiten. Wir sind viel zu oft versucht, unsere Probleme zu leugnen, zu ignorieren oder uns vor ihnen zu verstecken. Dadurch können Scham- und Schuldgefühle aus unserer Vergangenheit einen sehr starken Einfluss auf unser Leben bekommen. Das führt dazu, dass wir gar nicht mehr versuchen, das anzustreben und zu erreichen, was unser Leben jetzt in der Gegenwart erfüllter machen würde.

Lassen Sie uns auf unsere Probleme *zurennen*. Stellen wir uns unseren Problemen und tun wir etwas gegen sie.

Vielleicht haben Sie sich ja schon mit den Problemen aus Ihrer Vergangenheit auseinandergesetzt. Wenn sie Sie aber immer noch ausbremsen oder ganz blockieren, dann ist das ein Zeichen dafür, dass Sie noch stärker von ihnen beeinträchtigt werden als nötig. Ich möchte Sie inständig bitten, im Hinblick auf Fehler und Verletzungen der Vergangenheit Ihren eigenen Wendepunkt zu schaffen. Stellen Sie ein Schild auf, auf das Sie zurückschauen und sagen können: *Da habe ich kehrtgemacht.* Und wenn Sie Ihre Fehler und Ihr Leid erst einmal im Rückspiegel sehen, dann werden Sie feststellen, dass Sie Freiheit haben, weiter auf das Ziel zuzugehen, das Sie für sich gewählt haben.

Lassen Sie uns auf unsere Probleme zurennen. Stellen wir uns unseren Problemen und tun wir etwas gegen sie.

Wenn Sie anderen Schaden zugefügt haben,

- gestehen Sie sich selbst ein, was Sie getan haben, und auch den Schaden, den dadurch andere erlitten haben. Versuchen Sie herauszufinden, warum Sie es getan haben, was das über Ihre Schwächen aussagt und woran Sie bei sich selbst noch arbeiten müssen.
- lassen Sie zu, dass Sie Bedauern und Reue empfinden.
- wünschen Sie sich vielleicht Gottes Vergebung, wenn Sie an ihn glauben. Denken Sie daran: Wenn Gott Ihnen vergibt, dürfen Sie sich auch selbst vergeben.
- entschuldigen Sie sich bei denen, die Sie verletzt haben, und bitten Sie sie um Vergebung, sofern das möglich ist und dadurch nicht alles noch viel schlimmer wird. Wenn der Mensch, den Sie verletzt haben, nicht mehr da ist, ist es vielleicht eine Hilfe, die Entschuldigung für sich allein laut auszusprechen oder einen Brief zu schreiben. Dann haben Sie getan, was Sie konnten, um sich zu entschuldigen.
- leisten Sie, wenn möglich, der von Ihnen verletzten Person Wiedergutmachung. Wenn das nicht möglich ist, gibt es vielleicht eine Möglichkeit, durch eine andere gute Tat einen Ausgleich herzustellen. Das verstärkt und stabilisiert das Schild, das Sie am Wendepunkt aufgestellt haben.
- sagen Sie zu sich selbst: Was ich getan habe, war falsch und hat Schaden angerichtet, aber es ist jetzt vorbei. Es ist Vergangenheit. Ich bin darüber hinausgewachsen, und es wird mich nicht daran hintern, künftig ein besseres Leben zu führen. Wiederholen Sie das so oft wie nötig.

Wenn Ihnen Schaden zugefügt wurde,

- erkennen Sie den Schaden an und auch das, was er bei Ihnen angerichtet hat. Benennen Sie, wer (wenn es jemanden gibt) verantwortlich ist.
- vergeben Sie den Menschen, sofern konkrete Personen für diesen Schaden verantwortlich sind. Das soll das Verhalten dieser Menschen nicht entschuldigen oder verharmlosen, sondern es soll Sie selbst von dem inneren Groll befreien, den Sie gegen diese Personen hegen, und dient damit Ihrem eigenen Wohl. Sie können auch dann vergeben, wenn die andere(n) Person(en) ihre Schuld nicht eingestehen oder gar nichts davon wissen.
- wenn der Schaden, der Ihnen zugefügt wurde, durch die Natur oder das Schicksal (wie beispielsweise eine Behinderung oder eine Naturkatastrophe) entstanden ist, dann gibt es niemandem, dem bzw. der man vergeben könnte. Stattdessen müssen Sie es akzeptieren. Leugnen Sie nicht, was geschehen ist, und geben Sie auch nicht sich selbst oder jemand anderem die Schuld. Es ist eben passiert. Sie brauchen es nicht herunterzuspielen oder übermäßig aufzuplustern.
- sagen Sie zu sich selbst: Was mir passiert ist, war schlimm und hat mir geschadet. Aber ich lasse meinen Zorn darüber los und ich werde mich dadurch nicht davon abhalten lassen, in Zukunft ein besseres Leben zu führen.

In vielen Fällen werden negative Auswirkungen bleiben, auch wenn wir uns bewusst von den Fehlern und Verletzungen der Vergangenheit abgewandt haben. Aber diese Auswirkungen brauchen uns jetzt nicht mehr zu *beherrschen*. Wir haben einen Weg gefunden, dem Würgegriff der Fehler und Verletzungen aus der Vergangenheit zu entkommen.

Wie auch immer Ihre Vergangenheit oder Ihre Persönlichkeit aussehen mag, Sie können (und sollen) eine pessimistische Lebenseinstellung überwinden. Wenn Sie das nicht tun, dann lassen Sie irgendwann zu, dass die Fehler und Verletzungen der Vergangenheit Ihre Gegenwart und Ihre Zukunft sabotieren, und damit ist niemandem geholfen.

Kein Mensch ist so schuldig oder so geschädigt, dass er aus seiner Zukunft nicht etwas anderes machen und in der Welt etwas Sinnvolles tun kann.

Ich glaube wirklich, dass kein Mensch so schuldig oder so geschädigt ist, dass er aus seiner Zukunft nicht etwas anderes machen und in der Welt etwas Sinnvolles tun kann. Einer der Gründe für meine Zuversicht lautet: Das, was zerstörerisch war, kann sogar zu etwas Konstruktivem werden. Das ist keine leichte Aufgabe, aber sie lohnt sich.

Wann sollten Sie sich professionelle Hilfe suchen?

Christine Wilkens, ausgebildete Therapeutin und Traumaexpertin, hat folgende Fragen zusammengestellt, um festzustellen, ob man sich professionelle Hilfe suchen sollte:

- Wurde mir in meiner Kindheit (vor der Pubertät), einer entscheidenden Zeit für die Entwicklung des Gehirns, Unrecht zugefügt?
- Habe ich etwas erlebt, wobei ich Angst um mein Leben oder das eines mir nahestehenden Menschen hatte?
- Grübele ich permanent über oder denke an das Trauma oder das Unrecht aus der Vergangenheit?

- Bin ich mit meinem Leben nie zufrieden? Fällt es mir schwer, mich zu entspannen?
- Bin ich unfähig, Beziehungen aufrechtzuerhalten?
- Habe ich das Gefühl, dass Menschen sich nicht genug Zeit für mich nehmen? Fühle ich mich ständig abgewiesen?
- Habe ich das Bedürfnis, mich ständig neu zu erfinden?
- Bin ich schon einmal wegen einer Angststörung oder Depressionen behandelt worden oder frage mich, ob das noch einmal neu beurteilt werden muss?
- Habe ich einen Behandlungsplan, schaffe es aber häufig nicht, mich daran zu halten?
- Stelle ich immer wieder fest, dass ich Pläne für ein erfolgreiches Leben meide?

Wenn Sie laut Christine auf eine dieser Fragen mit Ja antworten und Sie neugierig sind, ob das Leben nicht noch besser werden könnte, empfiehlt sie, mit einem ausgebildeten Therapeuten oder einer Therapeutin zu sprechen, um festzustellen, ob eine Therapie oder eine andere Behandlung richtig für Sie sein könnte.[27]

Eine Überwinderin

Von frühester Kindheit an ging es in Jadas Leben ums Überwinden. Manchmal ging es auch darum, sich anderen gegenüber zu beweisen. Und das war so, weil sie keine andere Wahl hatte.

Als Jada fünf Jahre alt war, wurde sie von ihrer alleinerziehenden Mutter in staatliche Obhut gegeben, weil sie nicht mehr in der

Lage war, Jada und ihre Geschwister zu versorgen. In den darauffolgenden acht Jahren lebte Jada in mehreren Heimen mit unguten Beziehungen und wurde sexuell missbraucht.

Irgendwann kam Jada zurück zu ihrer Mutter, aber mittlerweile hatten die Vernachlässigung und die Misshandlungen bereits ihre Spuren hinterlassen. „Ich versuchte meine Vergangenheit zu überwinden, indem ich zur Perfektionistin wurde", erzählte sie mir. Indem sie sich über die Maßen anstrengte, wurde sie eine Spitzenschülerin und außerdem ein Leichtathletikstar an ihrer Highschool. Dann verpflichtete sie sich beim Militärdienst, wo sie sich selbst dazu antrieb, Spitzenleistungen zu erbringen.

Nach ihrer Zeit in der Armee wollte Jada bei der Polizei arbeiten und musste dafür Diskriminierungen wegen ihres Geschlechts und ihrer Hautfarbe überwinden. „Jedes Mal, wenn mir jemand sagte, dass ich irgendetwas nicht machen könne", sagte sie, „wollte ich es umso mehr."

Aber ihr Wunsch, immer mehr zu erreichen, nahm irgendwann negative Züge an. Sie bekam mit, wie andere Polizeibeamte sich durch Korruption bereicherten, und wollte auch ein Stück vom Kuchen. Sie trat aus dem Polizeidienst aus und begann mit Drogen und Waffen zu handeln. „Ich war gut darin", erinnerte sie sich. „Mit dem Geld, das ich damit verdiente, kaufte ich meiner Mutter ein Haus. Ich wurde sehr materialistisch, kaufte Gold und Diamanten und alles, was man kaufen kann, um endlich meinen ‚Erfolg' zeigen zu können."

Ihr Weg führte vom Dealen zur Sucht. Irgendwann holten ihre Entscheidungen sie ein und sie landete drei Mal im Gefängnis. Bei ihrem dritten Gefängnisaufenthalt versuchte sie nicht, alle Möglichkeiten für eine vorzeitige Entlassung auszuschöpfen, sondern entschied sich dafür, die Strafe vollständig abzusitzen. Dabei erlebte sie eine persönliche Verwandlung, in deren Rahmen sie denen vergab, die ihr Unrecht getan und sie schlecht behandelt hatten, und sie selbst Wiedergutmachung empfing. „Von dem Tag an hat sich mein Denken über mich selbst verändert. Es war der Tag, an dem ich erkannte, wer ich werden und was ich an Gutem in diese Welt bringen konnte.“

Nach der Haft zog Jada nach Arizona, um dort ihr neues Leben zu beginnen. Nachdem sie erst unterschiedliche Jobs hatte, um ihren Lebensunterhalt zu verdienen, fing sie an, Arbeit in örtlichen Non-Profit-Organisationen zu suchen. Dadurch wollte sie etwas zurückgeben und anderen helfen. Wegen ihrer Vorstrafen war es nicht einfach, das Führungszeugnis zu bekommen, das sie brauchte, um dort mitzuarbeiten, aber ein Polizist half ihr dabei. Sie musste ihre Fehler aus der Vergangenheit eingestehen und dort, wo es möglich war, Wiedergutmachung leisten (es gab immer noch offene Haftbefehle für Jada in Nachbarbundesstaaten).

Sie berichtete mir: „Es war einer der emotionalsten Tage meines Lebens. Der Weg war nicht einfach, und es gab viele Aufs und Abs. Aber als ich dann meine Fingerprint Clearance Card bekam, die man in Arizona braucht, um in Non-Profit-Organisationen mitzuarbeiten, war das für mich ein Symbol dafür, dass ich meine Vergangenheit überwunden und ein neues Leben begonnen hatte.“

Seitdem widmet Jada ihr Leben der Aufgabe, Menschen in Not zu helfen, unter anderem obdachlosen Menschen und Menschen mit Behinderung. Und sie wird sogar von Schulen und Schulbehörden um Rat gefragt, weil bekannt ist, dass sie weiß, wie man Teenager unterstützen kann, die in Armut aufwachsen. Für Jada hat sich der Kreis geschlossen. Vor Kurzem ist sie wieder zu ihrer Mutter gezogen, die alt und auf Hilfe angewiesen ist, um sich um sie zu kümmern. Außerdem arbeitet sie in einem Heim für problembelastete Jugendliche in New York mit, um ihnen zu helfen, nicht die gleichen Fehler zu machen wie sie.

Die Vergangenheit hinter sich lassen

Wenn wir so wie Jada Reid unsere Vergangenheit hinter uns lassen und über sie hinauswachsen, lassen Sie uns dabei den Mut haben, auf unseren Schmerz zu hören. Er kann uns nämlich manchmal zeigen, wo wir an uns selbst arbeiten müssen, damit wir besser unsere Ziele und Anliegen verfolgen können. Und überraschenderweise können wir hin und wieder mitten in unserem Schmerz sogar große Lebensziele finden.

Erinnern Sie sich noch an Deanna Hutchinson, die Frau, deren gestörte Beziehung zu ihrem Vater in ihrer Kindheit und Jugend zu so vielen Problemen führte? Als sie endlich frei war von Drogen und selbstzerstörerischen Verhaltensmustern, musste sie unbedingt an einem Problem arbeiten: an ihren Schulden. Es dauerte dreieinhalb Jahre, bis sie sich aus dem finanziellen Loch herausgearbeitet hatte, das sie sich selbst gegraben hatte. Mit Durchhaltevermögen und Entschlossenheit schaffte sie es und ging dann noch einen Schritt weiter. Aus eigener Erfahrung wusste Deanna, wie schwer es ist, die eigenen Finanzen nach einem erfolgreichen Drogenentzug in Ordnung zu bringen. Deshalb beschloss sie, anderen Frauen in ähnlicher Lage zu helfen. „Was ich durchgemacht habe, ermöglicht mir, anderen Frauen dabei zu helfen, wieder auf die Beine zu kommen", sagte sie. Heute arbeitet sie mit „cleanen" Frauen, die lernen möchten, besser mit Geld umzugehen und „inneren Reichtum" zu gewinnen.

Das ist ein Muster, das ich immer wieder beobachte. So oft öffnen uns die Erfahrungen aus der Vergangenheit, die uns geschadet haben, die Augen für andere leidende Menschen und schenken uns ein Herz und Mitgefühl für sie oder zeigen uns, wo wir helfen können.

Hier noch ein Beispiel:

Emilia arbeitet ehrenamtlich in einer Non-Profit-Organisation, die sich um ehemalige Soldaten mit einer posttraumatischen Belastungsstörung (PTBS) kümmert. Viele Soldaten, die in Kriegsgebieten eingesetzt waren, leiden nach ihrer Rückkehr in die Heimat unter Flashbacks, Albträumen, Ängsten und extremen Stimmungsschwankungen. Das macht die Rückkehr in die Familie und den Wiedereintritt in die Gesellschaft oft schwierig. Emilia arbeitet als Helferin für zurückgekehrte Veteranen und berät sie bei der Wiedereingliederung in ihrem Wohnort und der Familie. Obwohl sie selbst keine ehemalige Soldatin ist, hat sie den Ruf, die posttraumatische Belastungsstörung gut zu verstehen und den Veteranen, die darunter leiden, während der oft langen Genesungszeit hilfreich zur Seite zu stehen.

Diese ehrenamtliche Aufgabe ist so ganz anders als der Beruf der Immobilienmaklerin, mit dem Emilia ihren Lebensunterhalt verdient. Ich habe sie gefragt, wie sie zur Spezialistin auf diesem ehrenamtlichen Gebiet geworden ist.

„Ich war verheiratet“, sagte sie traurig. „Mein Mann Daniel kam mit einer schweren posttraumatischen Belastungsstörung aus dem Einsatz zurück. Er war ein völlig anderer Mann als zu dem Zeitpunkt, als er in den Einsatz ging. Er hat wirklich gekämpft und so hart dafür gearbeitet, sich wieder zu Hause einzugewöhnen, aber er hat das Trauma einfach nicht überwinden können. Es ist, als ob die PTBS ihn besiegt hat und aus ihm jemand wurde, der er nie sein wollte. Das schwappte dann immer mehr in unsere Ehe über, auch in Form von häuslicher Gewalt und enorm viel Aufruhr und Chaos. Deshalb musste unsere Ehe beendet werden.“

Emilia ist eine Frau, die durch unbehandelte PTBS bei einem geliebten Menschen großes Leid erlebte – ja, man kann sogar sagen, dass ihr ganzes Leben dadurch zerbrach. Aber statt zuzulassen, dass es sie unter sich begrub, nutzte sie es als Sprungbrett, um anderen Soldaten und deren Familien zu helfen, die von PTBS betroffen waren, damit anderen Frauen der Schmerz erspart blieb, den sie durchmachen musste. Heute führt Emilia ein Leben, das sie bestimmt nicht bereuen wird.

Wenn Sie bisher geglaubt haben, dass Fehler und Verletzungen aus der Vergangenheit sie daran hindern, Dinge zu verfolgen, die Ihnen wichtig sind und etwas bedeuten, dann möchte ich Ihnen Mut machen, Ihr Denken an dieser Stelle zu korrigieren. Es könnte nämlich sein, dass genau diese Umstände Sie sogar qualifizieren, ein besonderes Ziel anzugehen oder eine bestimmte Aufgabe zu übernehmen. Sie können auf diese Weise Dinge lernen, zu denen Sie auf andere Weise vielleicht nie Zugang bekommen hätten. Sie können also Ihr eigenes Leid nutzen, um das Leid von jemand anderem zu lindern. Und auf diese Weise ist es möglich, nicht nur der Versklavung durch die Vergangenheit zu entgehen, sondern die Vergangenheit zu nutzen, um Gutes zu tun, das wirklich wichtig ist.

Ich behaupte nicht, dass aus jedem Fehler eine Aufgabe wird. Aus der Ablenkung durch Fehler und Verletzungen aus der Vergangenheit kann nicht immer ein Ziel werden. Aber wir sollten zumindest aufmerksam sein für diese Möglichkeit. Und wenn es dann tatsächlich dazu kommt, dann ist das wunderschön zu erleben.

Stolz entwickeln

Erinnern wir uns noch einmal an unser Ziel, das anzustreben und zu erreichen, worauf es wirklich ankommt. Es geht darum, am Ende unseres Lebens zufrieden damit zu sein, wie wir unsere Zeit auf dieser Erde genutzt haben, und weniger Reue zu verspüren über die Entscheidungen, die wir getroffen haben. Das ist aber erst dann möglich, wenn wir uns mit den Ablenkungen und der Reue, die sich schon bei uns angesammelt hatte, auseinandergesetzt und sie bewältigt haben. Mir ist klar, dass das schwer scheint.

Tatsache ist, dass wir es alle mit unterschiedlichen Fehlern, Verletzungen oder Neigungen aus der Vergangenheit zu tun haben. Das geht von kleineren Missständen bis hin zu Traumata. Wenn wir anfangen, uns damit auseinanderzusetzen und sie zu überwinden, gibt es einen Moment, in dem uns bewusst wird, wie sehr uns diese Fehler aus der Vergangenheit davon abhalten, die Dinge zu verfolgen, die wir lieben. Solche Gedanken können sich folgendermaßen anhören: *Ich fasse es nicht, wie viel Zeit und Energie ich wegen meiner Vergangenheit vergeudet habe. Ich schäme mich dafür. Wie soll ich die Schuldgefühle deshalb nur überwinden?*

Hier kommt meine Antwort: Sie überwinden die Schuld und die Scham, indem Sie stolz auf die Person entwickeln, die Sie werden, und auf das, was Sie heute alles verändern. Freuen Sie sich darauf, wie Ihr Leben aussehen wird.

Sie können die Vergangenheit nicht ändern, aber Sie können über sie hinaus wachsen in der Hoffnung auf eine bessere Zukunft. Sie können mehr Freiheit haben zu lieben, anderen zu helfen und ein Leben zu führen, das nicht in Reue und Bedauern mündet.

Wachsen Sie über Ihre Vergangenheit hinaus. Schaffen Sie einen Wendepunkt für sich selbst.

Sie können die Vergangenheit nicht ändern, aber Sie können über Sie hinauswachsen in der Hoffnung auf eine bessere Zukunft.

Wenn sich die Tür zu einer Gelegenheit öffnet und die Fehler und Verletzungen aus der Vergangenheit sagen: „Halt! Kein Zutritt!", dann können Sie jetzt darauf antworten: „Dieses Mal doch!"

TEIL 3

ABLENKUNGEN DURCH SCHEINBAR GUTES

5

Das Ich-Monster

Die Ablenkung des Glücklichseins überwinden

> „Ein Mensch beginnt erst dann zu leben, wenn er über die engen Grenzen seiner individualistischen Sorgen und Anliegen hinauswachsen kann zu dem umfassenderen Anliegen der gesamten Menschheit."
>
> *MARTIN LUTHER KING JR.*

Die Unabhängigkeitserklärung der Vereinigten Staaten ist dafür bekannt, dass darin das Recht auf „Streben nach Glück" verankert ist. Nun ist es ja aber nicht so, dass alle nur darauf gewartet haben, von Thomas Jefferson die Erlaubnis zu bekommen, nach Glück zu streben, sondern wir Menschen wollen es von Natur aus. Und daran ist auch absolut nichts auszusetzen.

So lange es die richtige Art von Glück ist. Andernfalls wäre das Streben nach persönlichem Glück nämlich lediglich eine Ablenkung.

Irgendwann im Laufe der Zeit (aber vielleicht ist es auch schon immer so gewesen) haben wir Menschen anscheinend angefangen, das Streben nach Glück mit dem Streben ausschließlich nach dem eigenen Glück zu verwechseln. Dadurch glauben wir, wir wären dann am glücklichsten, wenn wir uns ganz und nur auf uns selbst konzentrieren und unsere eigenen Bedürfnisse und Wünsche erfüllen – manchmal auch auf Kosten anderer. Das können wir überall um uns herum beobachten.

Man braucht nur einmal kleinen Kindern beim Spielen zuzuschauen und beobachten, wie sie ihr Lieblingsspielzeug ganz für sich allein behalten wollen. Daran erkennt man, wie menschlich es ist, sich egoistisch zu verhalten. Niemand braucht einem Kind beizubringen, *nicht* zu teilen.

Nun sind die meisten Menschen aber nicht absolut egoistisch in ihrem Streben nach Glück, sondern sie schließen ihre Liebsten mit ein. Und vielleicht noch ein paar wenige Menschen mehr. Aber das ist eine Liste mit nur wenigen Namen, auf der der eigene Name wieder an erster Stelle steht.

Wir sorgen von Natur aus zuerst für uns selbst – das war schon immer so. Aber wenn wir versuchen, unseren Wunsch nach Glück und Selbstverwirklichung zu erfüllen, dann erreichen wir kein Glück, das echt und von Dauer ist. Das Streben nach der Erfüllung egoistischer Wünsche mag zwar kurzfristig Vergnügen bereiten, aber langfristig ist diese Art von Glück nicht von Dauer. Wir haben das Streben nach Glück dann falsch verstanden und es wird zu einer Ablenkung, die uns daran hindert, sinnvollere und wichtigere Ziele anzugehen.

Das Streben nach Selbstverwirklichung und das Streben nach dauerhaftem Glück sind nicht das Gleiche. Manchmal sind sie sogar auf entgegengesetzten Wegen unterwegs.

Wären Sie am Ende Ihres Lebens stolzer darauf, Jahre damit verbracht zu haben, zu arbeiten und zu sparen, um sich ein zweites Haus kaufen zu können, *oder darauf,* alles in Ihrer Macht Stehende getan zu haben, um das Leid in Ihrem Wohnort zu lindern? Würde es Sie stolzer machen, mehr von Ihrer Freizeit mit Sportsendungen im Fernsehen oder mit Videospielen verbracht zu haben *oder* die kreative Arbeit zu tun, die Sie so einzigartig macht?

Der beste und direkteste Weg zu dauerhaftem Glück und anhaltender Erfüllung besteht darin, nicht nur auf die eigenen Interessen zu schauen, sondern auch auf die anderer Menschen. Wenn wir anfangen, unser Leben um anderer Menschen willen zu leben, wird es sofort bedeutungsvoller. Wir leben nicht mehr nur zum Wohl eines einzigen oder einiger weniger Menschen, sondern zum Wohl vieler.

Der beste und direkteste Weg zu dauerhaftem Glück und anhaltender Erfüllung besteht darin, nicht nur auf die eigenen Interessen zu schauen, sondern auch auf die anderer Menschen.

Der Psychiater und Philosoph Viktor Frankl sagt: „Glück (…) kann nicht angestrebt werden; es muss sich einstellen, und das tut es nur als unbeabsichtigter Nebeneffekt der Hingabe eines Menschen für eine Sache, die über ihn selbst hinausweist, oder als Nebenprodukt, sich einer anderen Person als sich selbst zu überlassen."[28]

Glück kann nicht *angestrebt* werden. Es muss sich *einstellen*.

Haben Sie schon mal versucht, einen Wildvogel mit der Hand zu füttern? Wenn Sie sich zu schnell nähern oder ihm Futter hinwerfen, dann bekommt er Angst vor Ihnen und fliegt davon. Wenn Sie aber geduldig sind und kein besonderes Interesse an dem Vogel zeigen, dann kann es sein, dass er sich langsam auf Sie zubewegt.

Lassen Sie uns nicht nach Glück streben. Lassen Sie uns nach Sinnhaftigkeit und einem Ziel streben … und so zulassen, dass sich bei uns Glück einstellt.

Sackgassen des Glücks

Mir ist sehr bewusst, dass ich wie ein Spielverderber oder vielleicht sogar Miesepeter daherkomme, wenn ich infrage stelle, ob es klug ist, sich selbst zum Mittelpunkt des eigenen Interesses zu machen und sich nur um sich selbst zu drehen. Die Gesellschaft von heute ist anscheinend ganz und gar auf das Streben nach Glück fixiert, und der normalerweise angesagte Weg zu diesem Ziel besteht darin, sich um sich selbst zu kümmern. Es leuchtet doch ein, dass wir nach dem streben müssen, was für uns wie Glück aussieht, wenn wir glücklich sein wollen. Es gibt doch unzählige Menschen in unserem Umfeld, die genau so leben. Und sie scheinen ja glücklich zu sein. Materialismus beruht auf dem Grundsatz, dass der Schlüssel zum Glück das Streben nach Selbstverwirklichung ist.

Aber die alternative Sichtweise – dass der beste Weg zu dauerhaftem Glück darin liegt, die Interessen der anderen im Blick zu haben –, ist nicht nur eine Meinung. Sie ist tatsächlich wissenschaftlich bewiesen. Die Glücksforschung (auch bekannt unter der Bezeichnung *Positive Psychologie)* ist inzwischen ein eigenes Forschungsgebiet.

Wir werden uns hier nur einen Teil der repräsentativen Ergebnisse anschauen, durch die die These gestützt wird, dass die echteste Form von Glück dann vorhanden ist, wenn wir für andere leben.

Lassen Sie uns als Erstes *Reichtum* anschauen. Ist das Anhäufen von möglichst viel Reichtum und materiellem Besitz ein Weg zum Glück? Unsere Gesellschaft sagt Ja. Die Wissenschaft sagt Nein.

Forscher der California University in Berkeley haben zum Zweck der Untersuchung Teilnehmer zusammengestellt, die gegeneinander Monopoly spielen sollten. Bei der Untersuchung ging es nicht darum, das Können der Spieler zu beobachten oder zu bewerten, sondern es ging einzig darum, zu sehen, welche Auswirkungen es auf die Spieler hatte, wenn sie das Spiel gewannen. Der Wirtschaftswissenschaftenprofessor Raj Raghunathan beschreibt es folgendermaßen:

> Das Spiel war so manipuliert, dass einer der Spieler sehr viel schneller reicher wurde als die anderen. Die Forscher beobachteten dann durch einen Einwegspiegel das Verhalten der Teilnehmenden. Es stellte sich heraus, dass die Teilnehmenden fieser und unfairer wurden, je mehr Geld sie anhäuften. Zum Beispiel begannen die reicheren Spielteilnehmenden eine dominantere Haltung einzunehmen und von oben herab mit ihren „ärmeren" Mitspielern zu reden. Außerdem verzehrten sie einen größeren Anteil der Salzbrezeln, die ihnen zum Teilen hingestellt worden waren, als ihnen zustand.[29]

Raghunathan erklärt, warum diese Ergebnisse wichtig sind: Sie zeigen uns, dass Reichtum Menschen a) *weniger großzügig* und b) *isolierter* macht. Und sowohl Großzügigkeit als auch die Verbundenheit in Beziehungen werden stark mit Glück assoziiert.[30] Auf die reale Welt übertragen könnten diese Ergebnisse erklären, weshalb Menschen immer reicher und gleichzeitig immer trauriger werden und gar nicht richtig verstehen, was eigentlich los ist.

Wenn also kein Verlass darauf ist, dass Reichtum glücklich macht, was ist dann mit *Erfolg* und *Berühmtheit?* Wir leben in einer Welt, in der Menschen immer nach etwas streben: Menschen versuchen, bei der Arbeit „voranzukommen" und vom Chef und anderen „gesehen zu werden". Funktioniert das? Auch hier kann die Wissenschaft Auskunft geben.

Eine Untersuchung der Rochester University in New York hat die Ziele und das Glück von 147 College-Absolventen ein Jahr nach ihrem Abschluss untersucht und dann noch einmal ein Jahr später. Die Ergebnisse? „Diejenigen, die ihre Ziele Reichtum und

Berühmtheit erreicht hatten, waren weniger glücklich (…) als diejenigen, die mehr ‚innere' Ziele erreicht hatten wie zum Beispiel sich persönlich weiterzuentwickeln." Der Grund dafür scheint in erster Linie zu sein: Die aufstiegsorientierten Menschen hatten das Gefühl, ihr Leben so zu führen, wie es von anderen vorherbestimmt wurde. Dagegen wiesen „diejenigen, die den Fokus auf innere Ziele legten, wie beispielsweise persönliche Entwicklung, dauerhafte Beziehungen und ehrenamtliche Mitarbeit in einer Gemeinschaft, ‚eine erhebliche Zunahme in der Lebenszufriedenheit, in Wohlbefinden und Glück auf.'"[31]

Jetzt wird es noch interessanter. Was ist mit *Sex*? Macht Sex Menschen glücklich? Es macht Menschen doch bestimmt glücklich, wenn sie sich Promiskuität gönnen können, oder? Das sagt zumindest unsere Gesellschaft (anscheinend jede Fernsehserie und jeder Spielfilm).

Professorin Marina Adshade zeigt anhand ihrer Forschungsergebnisse auf diesem Gebiet, dass Menschen mit mehr Sexualpartnerinnen und -partnern weniger glücklich sind als solche mit einem Partner bzw. einer Partnerin. Und Menschen, die ihren Partner bzw. ihre Partnerin betrügen, sind weniger glücklich als solche, die das nicht tun. „Das ist gegen unsere Intuition, überlegt Adshade, wenn unser erster spontaner Gedanke bei dieser Frage vielleicht der ist, dass ‚Sex glücklich macht' und ‚Abwechslung Würze ins Leben bringt, also mich auch mehr Sexualpartner zu haben glücklich macht'."[32] Aber ihre Forschungsergebnisse zeigen ganz eindeutig, dass Promiskuität nicht das Glück mit sich bringt, das diejenigen, die sie praktizieren, sich davon versprechen.[33] Warum ist das so? Weil sogar Sex langfristig befriedigender ist mit einer selbstlosen Haltung?

Lassen Sie es uns noch mit einem weiteren Aspekt versuchen, der glücklich machen könnte, und zwar mit *Schönheit*. Jeder

Mensch möchte gut aussehen. Macht es glücklich, uns ganz auf die Verbesserung unseres physischen Äußeren zu konzentrieren?

Vielleicht sind ja schönheitschirurgische Eingriffe hier als Indikator so gut wie alle anderen. Immer mehr Menschen sind bereit, Tausende von Dollars auszugeben und Angst und Schmerzen einer OP auf sich zu nehmen, um eine medizinisch nicht notwendige Nasenkorrektur oder Bauchstraffung an sich vornehmen zu lassen. Sorgt diese Form körperlicher Optimierung dafür, dass die betreffenden Menschen hinterher ein besseres Selbstgefühl haben?

Allem Anschein nach nicht. Laut einem Artikel in der Zeitschrift *Psychology Today* löst Schönheitschirurgie nicht grundlegende Selbstwertprobleme, Depressionen und Unglücklichsein.

> Zumindest bei jüngeren Menschen hat eine große Untersuchung ergeben, dass Patientinnen in der Schönheitschirurgie zu einem belasteteren Personenkreis gehören – und dass der Eingriff nicht hilft. Diese Untersuchung ist wichtig, weil dabei 1 500 weibliche Teenager 13 Jahre lang begleitet wurden, wobei die Forscherinnen und Forscher nicht wussten, wer in diesem Zeitraum tatsächlich eine Schönheits-OP durchführen lassen würde. Die 78 Mädchen, bei denen das der Fall war, waren im Untersuchungszeitraum eher ängstlich und depressiv, und das auch zunehmend, im Gegensatz zu den Patientinnen, die sich nicht operieren ließen.[34]

Reichtum. Erfolg. Berühmtheit. Sex. Schönheit. Es scheint, dass vieles, was wir erstreben und bei dem es nur um uns selbst geht, die Erwartungen an das Ergebnis nicht erfüllen.

Wir müssen also weitersuchen.

Sich aufs Dienen einlassen

Ich möchte noch einmal klarstellen, dass ich nichts gegen eine vernünftige Selbstfürsorge habe. Schließlich kann man aus einem leeren Becher nichts ausgießen, wie es in dem Sprichwort so schön heißt. Natürlich sollen wir unserem Wohlbefinden und unserer Gesundheit die notwendige Aufmerksamkeit schenken, indem wir Dinge finden, die uns guttun und uns Freude machen.

Aber es besteht ein großer Unterschied zwischen Selbstfürsorge und Selbstzentriertheit. Ständig nur Entscheidungen zu treffen, bei denen es um mich, mich und noch einmal mich geht, wird nie zum höchsten Level an Glück führen, und es wird auch nicht Reue und Bedauern am Ende des Lebens verhindern. „Glück" kann zur Ablenkung von Beschäftigungen und Vorhaben werden, die lebensstiftender sind. Und um dieses Lebenstiftende zu erreichen, müssen wir Höheres anstreben, und zwar Lebensziele, die auf das ausgerichtet sind, worum es wirklich geht.

Ich habe Folgendes festgestellt: Wenn Menschen den Fokus von sich selbst und eigenen Wünschen und Bedürfnissen weglenken und neu ausrichten wollen auf die Bedürfnisse anderer, ist Dienen die effektivste Hilfe ist. Das heißt, statt nur *uns selbst* zu dienen, dienen wir *anderen*.

Das ist so, weil es keine reine Kopfsache ist, selbstlos zu werden. Man wird nicht mit dem Kopf selbstlos. Und Selbstlosigkeit ist auch keine einzelne gute Tat, wie beispielsweise einen Scheck für einen wohltätigen Zweck auszustellen oder einen Karton ungetragener Kleider beim Roten Kreuz abzugeben, so gut und hilfreich das auch sein mag. Selbstlosigkeit ist eine Eigenschaft, die man nur bekommt, wenn man etwas für andere tut. Zunächst kommt einem das vielleicht eher gewollt als natürlich vor, aber mit der Zeit stellt sich dann langsam eine echte Selbstlosigkeit ein. Das

Tun schafft das Sein. Man vollzieht den Weg von der *Entscheidung zu helfen* dahin, wirklich ein *Helfer* bzw. eine *Helferin zu sein.*

Die Art des Dienens, durch die Sie verändert werden, braucht gar nichts mit Ihren wichtigsten Lebenszielen zu tun zu haben. Das Ziel besteht letztlich darin, die Ablenkung eines selbstbezogen Glücklichseins zu beseitigen, damit Sie effektiver die Dinge verfolgen und erreichen können, die Ihnen wichtig sind. Gleichzeitig ist das Ziel, mit *irgendeinem* Akt des Helfens zu beginnen, der Sie dabei unterstützt, das Monster der Ichbezogenheit zur Strecke zu bringen.

Tun Sie also etwas, das anderen Menschen hilft, und zwar im direkten und persönlichen Kontakt.

- Besuchen Sie einen Patienten oder eine Patientin in einem Krankenhaus.
- Helfen Sie in einer Suppenküche für Obdachlose bei der Essensausgabe.
- Hören Sie einem Freund oder einer Freundin zu, der/die Probleme hat.
- Begleiten Sie einen jungen Menschen als Mentor bzw. Mentorin.
- Entlasten Sie gestresste Eltern durch Babysitten.
- Helfen Sie ehrenamtlich bei der Nachmittagsbetreuung in einer Schule.
- Seien Sie ein barmherziger Samariter bzw. eine barmherzige Samariterin, indem Sie einem Fremden beim Wechseln eines platten Reifens helfen.

Bemerken Sie in Ihrem Umfeld irgendwo eine Not? Helfen Sie dabei, sie zu beseitigen. Das Leben, das sich dadurch am meisten verändert, ist vielleicht Ihr eigenes.

Mein Rat, das Ich-Monster zu schrumpfen, lautet: Gehen Sie einfach los und …

Dienen Sie jemandem.

Den Gestank habe ich immer noch in der Nase

Als junger Pastor war ich einmal in Ecuador, um dort als freiwilliger Helfer bei einem Baueinsatz für 50 Plätze in einer Schule zu helfen. Während der einen Woche, die ich dort war, bauten wir eine Schule, reparierten und renovierten Wohnhäuser und arbeiteten in anderen Projekten mit.

Eines Nachmittags forderte uns der Leiter der Non-Profit-Organisation, bei der wir mitarbeiteten, auf, alle in einen Bus zu steigen. An diesem Tag sollten wir einmal etwas ganz anderes tun. Wir fuhren eine ganze Weile, immer weiter aus der Stadt Quito hinaus, und schließlich hielten wir bei einer der großen Müllkippen der Stadt. Es handelte sich dabei nicht um eine organisierte, offiziell geführte Mülldeponie, wie Sie sie von sich zu Hause kennen, sondern um ein freies Feld, auf dem einfach Müll abgekippt wurde, und zwar so weit das Auge reichte.

Bei unserer Ankunft dort erklärte der Leiter: „Heute bringen wir den Familien, die hier leben, etwas zu essen und spielen mit den Kindern." Und weiter erklärte er, dass Hunderte von Familien davon lebten, tagtäglich im Müll nach Dingen zu suchen, die noch brauchbar waren oder anderweitig verwertet werden konnten. Manchmal verdienten die Leute damit nur ein paar Cent am Tag.

Das ist jetzt über zehn Jahre her, und ich erinnere mich immer noch genau an den letzten Schritt beim Verlassen des Busses in diese völlig andere Welt. Ich werde mich daran erinnern bis zu dem Tag, an dem ich sterbe. An die schmutzigen Gesichter der unterernährten Kinder mit ihren großen runden Augen. Ich sehe noch genau den verzweifelten Ausdruck in den Mienen ihrer Eltern vor mir, während sie auf der Müllkippe ums Überleben kämpften. Und nie, niemals werde ich den furchtbaren Gestank auf dieser Müllkippe vergessen, der noch durch die sengende Sonne verstärkt wurde, während mir plötzlich bewusst wurde, dass das hier das Zuhause dieser Menschen war.

Das ist eine Erfahrung, die ich niemals gemacht hätte, wenn ich nur ein Buch gelesen, eine Website geöffnet oder einen Scheck ausgestellt hätte. Es gibt bis heute auf der ganzen Welt Kinder, die auf Müllkippen leben und nach Essbarem oder Aluminiumdosen zum Recyceln suchen. Es ist das Eine, etwas über diese Realität zu lesen und mit dem Kopf zu verstehen, dass es das gibt, aber es ist etwas völlig anderes, es zu sehen und zu riechen und die Hände dieser Kinder zu halten. *Das* ist die Wirkung, die es für uns haben kann, wirklich loszugehen und anderen Menschen konkret zu helfen.

Dieser Nachmittag hat mich für immer verändert, und zwar durch den einfachen Akt, mich in die Not eines anderen Menschen hineinzubegeben und zu helfen. Aber Sie brauchen gar nicht in ferne Länder zu reisen, um sich die Finger schmutzig zu machen, während sie anderen helfen.

Ein Leben voller Güte

Dion Mitchell ist in guten Verhältnissen in Toledo, Ohio, aufgewachsen. In seiner Kindheit und Jugend kam er kaum mit armen Menschen in Berührung, und es gab in Dions Familie auch weder eine Tradition noch den moralischen Anspruch, Bedürftigen zu helfen. Aber es gab die Familientradition, jedes Jahr zum Thanksgiving-Fest armen Familien in der Stadt, die nicht genug Geld für mehr als Grundnahrungsmittel hatten, ein Thanksgiving-Essen zu bringen.

Als er mir von seinen Erfahrungen dabei erzählte, schien Dion im Kopf etwas nachzurechnen. „Ich glaube, das haben wir nur ungefähr vier bis sechs Jahre lang so gemacht, und es dauerte immer nur ungefähr zwei Stunden. Das sind also nur etwa zwölf Stunden meines gesamten Lebens. Aber weißt du was, Joshua? An Thanksgiving diese Familien zu besuchen, gehört mit zu den intensivsten Erinnerungen meiner gesamten Kindheit. Zu sehen, wie andere Familien lebten, und zu wissen, wie es sich anfühlt zu helfen, hat den Weg dazu geebnet, als Erwachsener dann auf umfassendere Weise anderen zu helfen."

Und anderen zu helfen, verändert uns.

Egal ob wir auf der ganzen Welt helfen oder einfach nur in der Nachbarschaft in unserer Heimatstadt – solche einfachen Hilfen müssen gar nicht besonders aufwendig sein, damit wir durch sie in unserem Inneren verändert werden. Auch das lässt sich anhand von Untersuchungen belegen.

Emily Esfahani Smith, Autorin des Buches *The Power of Meaning* („Die Macht eines Sinns"), sagt in einem Kommentar in der *New York Times*: „Die Vorstellung, dass ein bedeutsames Leben außergewöhnlich aussehen muss, ist nicht nur elitär, sondern auch falsch. (…) Ich beobachte immer wieder, dass die bedeutsamsten Leben oft gar nicht die außergewöhnlichen sind, sondern ganz normale, in Würde gelebte Leben." In ihrem Artikel zitiert sie zwei Untersuchungen, die zeigen, dass Selbstlosigkeit unser Leben verbessert. Bei einer der Untersuchungen kam heraus, dass es enorme positive Auswirkungen auf das Wohlbefinden von Teenagern haben kann, wenn sie im Haushalt helfen müssen, weil sie dabei einen Beitrag zu etwas leisten, das über sie selbst und ihre eigene Person hinaus geht. Die zweite Untersuchung ergab, dass eigennütziges Handeln sich in dem Moment, in dem es stattfindet, gut anfühlt, aber langfristig keine weiteren positiven Auswirkungen hat. Selbstloses Handeln dagegen, auch wenn es etwas so Simples war wie einen Freund oder eine Freundin aufzuheitern, zeigte genau das entgegengesetzte Muster, nämlich eine langfristige positive Wirkung.[35]

Ein selbstloses Leben führt allgemein zu größerer Lebenszufriedenheit.

Smith fasst abschließend zusammen: „Ein gutes Leben ist ein Leben, in dem Gutes getan wird, und das ist etwas, das wir alle anstreben können, unabhängig von unseren Träumen oder Lebensumständen."[36] Gut, dass sie uns daran erinnert. Es müssen nicht unbedingt großartige Dinge und hehre Ziele sein. Es können auch ganz einfache Dinge sein, die jeder bewältigen kann. Aber oft sind diese kleinen Dinge immer noch die beste Art, unsere Zeit hier auf der Erde zu verbringen, sodass wir nichts bedauern und/oder bereuen müssen, wenn wir am Ende unseres Lebens zurückblicken.

Ein selbstloses Leben führt allgemein zu größerer Lebenszufriedenheit.

Der Satiriker P. O. O'Rourke hat einmal gesagt: „Jeder möchte die Welt retten, aber keiner will Mama beim Geschirrspülen helfen."[37] Lassen Sie uns Mama helfen.

Die Freude des Helfens

In unserer *Things-That-Matter*-Umfrage wollten wir wissen: „Was bereitet Ihnen im Allgemeinen mehr Freude: sich eigene Wünsche zu erfüllen oder anderen Menschen zu helfen?“ Ich war sehr gespannt, wie die Antworten auf diese Frage ausfallen würden.

Wie weit verbreitet ist die Wahrnehmung, dass das Helfen glücklicher macht als eigennütziges Handeln? Ich war begeistert zu sehen, dass eine klare Mehrheit – nämlich 60 Prozent – antworteten, „anderen zu helfen“. Ich wette, das sagen Sie auch.

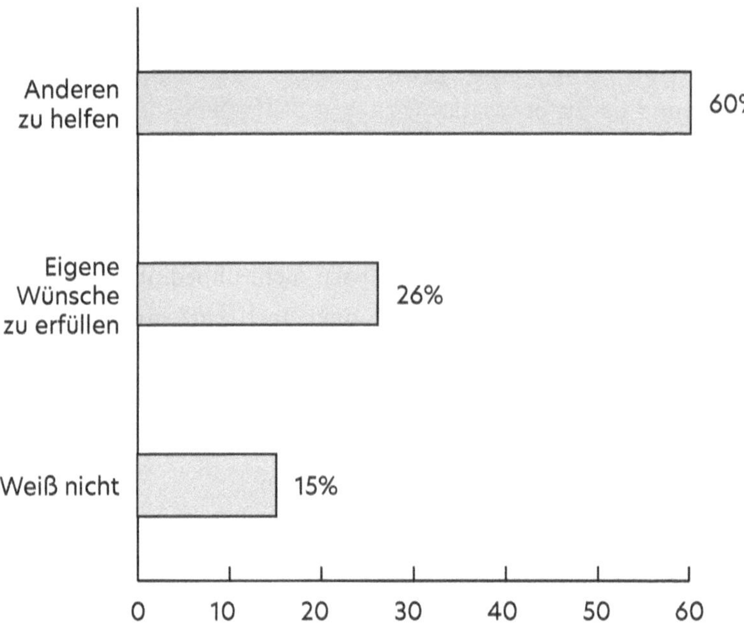

Empirische Daten stützen die intuitive Vermutung, dass es uns selbst helfen kann, anderen zu helfen. Ich möchte gern noch zwei weitere Ergebnisse von Untersuchungen zu diesem Thema weitergeben, die bestätigen, wie wichtig es ist, ein uneigennütziges Leben zu führen.

Forscher der Columbia University interessierten sich dafür, ob auch die Helfer davon profitieren, anderen Menschen in Bezug auf ihr seelisches Wohlbefinden zu helfen. Sie führten also eine Untersuchung durch und verwendeten dazu eine anonyme Onlineplattform, auf der Teilnehmer persönliche Geschichten über belastende Ereignisse in ihrem Leben teilen konnten. Auf dieser Plattform hatten sie auch die Möglichkeit, anderen Teilnehmern zu helfen, indem sie ihnen Feedback oder Rat in ihrer Situation gaben und sie ermutigten. Und das Ergebnis? „Bei Teilnehmern, die sich mehr engagierten, anderen zu helfen (statt sich nur selbst mitzuteilen und Unterstützung bei ihren eigenen Problemen zu bekommen), zeigte sich ein stärkerer Rückgang ihrer Depressionen. (…) Indem wir anderen helfen, verbessern wir möglicherweise unsere Fähigkeit zur Selbstregulation und unser seelisches Wohlbefinden.“[38]

Ein unabhängiger Psychologe, der diese Untersuchung für die Zeitschrift *Psychology Today* kommentierte, sagte:

> Die Ergebnisse zeigen, dass es bei den Teilnehmern zu besseren emotionalen und kognitiven Ergebnissen führte, anderen dabei zu helfen, ihre Emotionen zu regulieren (…) Nachfolgende Analysen zeigten darüber hinaus, dass sich eine solche Neuausrichtung im Leben von Menschen auch auf ihre Stimmung und auf ihr subjektives Glücklichsein auswirkte.[39]

Kurz gesagt: Wenn wir andere in ihrer emotionalen Genesung ermutigen, verbessern wir unsere eigene seelische Gesundheit.

In einer anderen Untersuchung gaben Forscher der Pittsburgh University fünfundvierzig Freiwilligen die Möglichkeit, etwas zu tun, von dem entweder sie selbst, eine gemeinnützige Einrichtung oder ein Freund bzw. eine Freundin profitieren würde. Bei dem Gehirnscan, der bei den Teilnehmenden durchgeführt wurde, stellten die Forscher dann fest, „dass die Teilnehmenden, die sich dafür entschieden, einer bestimmten Einzelperson zu helfen, nicht nur eine *verstärkte* Aktivität in zwei ‚Belohnungszentren' in ihrem Gehirn aufwiesen, sondern auch eine *geringere* Aktivität in drei anderen Bereichen, die die Reaktion des Körpers auf Stress durch Blutdruck und Entzündung melden." Mit anderen Worten: Die Menschen, die einem anderen Menschen geholfen hatten, waren dadurch glücklicher und weniger gestresst.[40]

Die Indizien dafür, dass selbstsüchtige Bestrebungen nicht so glücklich machen, wie wir es erwarten, sind eindeutig.

Wenn wir unser volles Potenzial entfalten wollen, sollten wir anderen helfen. Und die Welt braucht weiß Gott unseren Einsatz.

Ein Haus voller Elend

Vor ein paar Jahren war ich in der Stadt San Salvador in El Salvador zu Besuch in einem knapp zwanzig Quadratmeter großen Haus, das einer Frau namens Lucilia gehörte. Sie war vierzig Jahre alt, aber man hätte sie auch ohne Weiteres auf fünfzig schätzen können, weil die salvadorianische Sonne und die Belastungen ihres Lebens sie frühzeitig hatten altern lassen. Sie lebte zusammen mit ihren beiden fünfzehn und drei Jahre alten Töchtern in dem Haus, in dessen Hof ein paar Hühner herumpickten. Wahrscheinlich verkaufte Lucilia Eier, aber sicher nur ein paar wenige am Tag, um die Haushaltskasse ein wenig aufzubessern.

Während ihr Tränen über das sonnengegerbte Gesicht liefen, erzählte Lucilia mir die Geschichte ihrer fünfzehnjährigen Tochter Rachelle. Seit zwei Jahren litt Rachelle unter einer unheilbaren Krankheit, die ihre Knochen zerstörte. Dadurch war ihr Körper deformiert und sie konnte sich kaum selbstständig bewegen. Eine Folge der Krankheit war, dass das bildhübsche Mädchen keine hohe Lebenserwartung hatte und davon ausgegangen wurde, dass sie bald sterben würde. Rachelle hatte ständig unerträgliche Schmerzen, die durch Schmerzmittel hätten gelindert werden können – und es gab gegenüber sogar eine Apotheke, die diese Schmerzmittel verkaufte. Die Familie hatte aber einfach nicht das Geld für die Medikamente, die Rachelles Schmerzen in ihrer letzten Lebensphase hätten lindern können, berichtete Lucilia. Ein paar verkaufte Eier jeden Tag reichten einfach nicht für den Lebensunterhalt und zusätzlich noch für Medikamente.

Mir brach das Herz, zu sehen, wie die Mutter Qualen litt, weil sie ihrer geliebten Tochter nicht helfen konnte.

Während wir uns unterhielten, spielte sich auf dem Fußboden des dunklen und schmutzigen Hauses noch eine weitere herzzerreißende Szene ab. Lucilias drei Jahre alte Tochter Anna hatte kurz den Raum verlassen und kam mit einer Tüte mit Buntstiften und einem Malbuch zurück. Sie setzte sich auf den gefliesten Boden, holte zwei Buntstifte aus der Tüte und schlug ihr Malbuch auf der ersten Seite auf – die war schon ausgemalt. Also blätterte sie weiter zur nächsten Seite – die war auch schon ausgemalt. Genau wie die nächste … und die nächste … und die nächste… und die nächste – es war schon alles ausgemalt. Es war das einzige Malbuch, das Anna hatte, und sie hatte schon alles ausgemalt. Auch das brach mir wieder das Herz. Wie gern wäre ich jetzt zum Schrank meiner Tochter gegangen und hätte eines ihrer vielen Malbücher herausgeholt, um es diesem kleinen Mädchen zu geben!

Die Auswirkungen von Armut, die an diesem Morgen so augenscheinlich waren, gehören mit zum Intensivsten, das ich je miterlebt habe. Es verstärkte bei mir noch einmal den Wunsch, etwas dazu beizutragen, dass diejenigen, die mehr haben, als sie brauchen, es mit denen teilen, die nicht genug haben.

Nun bin ich nicht so naiv zu glauben, dass der Kreislauf der Armut sich ohne Weiteres und ganz einfach durchbrechen lässt, indem diejenigen, die privilegiert sind, sich entscheiden, weniger zu behalten und mehr abzugeben. Beim Problem der Armut spielen viele verschiedene Faktoren eine Rolle. Aber wenn man sich in einem Haus mit einem sterbenden fünfzehnjährigen Mädchen aufhält, dessen Mutter sich die Schmerzmittel nicht leisten kann, die es in der Apotheke gegenüber gibt, und im Haus eines kleinen Mädchens, dessen einziges Malbuch vollgemalt ist, dann fühlt man sich aufgerufen, etwas zu tun. Man beginnt regelrecht darum zu flehen, mit anderen teilen zu dürfen. Es wird einem klar, dass Lucilias Geschichte viel zu eng mit der eigenen verknüpft ist. Und plötzlich ergibt es einen Sinn, dass man mit dem eigenen Leben nichts Erfüllenderes anfangen kann, als anderen zu helfen.

Ich wünschte, ich könnte sagen, dass ich an dem Tag Lucilias Probleme allesamt lösen konnte, aber so funktioniert die Welt nun mal nicht immer. Doch ich tat, was in meiner Macht stand. Als wir wieder in unserer Unterkunft in San Salvador waren, nahm ich das bisschen Geld, das ich noch in meinem Rucksack hatte, und gab es dem Leiter unserer Tour. Ich bat ihn, dafür zu sorgen, dass Rachelle wenigstens einen Teil der Schmerzmedikamente bekam. Es war zwar nicht viel, aber es war alles, was ich hatte.

Und dann kommt das Glück

Wenn wir unseren Fokus von uns selbst weglenken, dann leisten wir mit unserem Leben einen größeren Beitrag und geben ihm mehr Sinn. Wenn wir anderen helfen, ohne uns Gedanken darüber zu machen, was dabei für uns herausspringt, dann erleben wir, wie schön selbstlose Liebe ist. Und wenn wir unsere Zeit und unser Geld für andere einsetzen, entdecken wir wertvollere Ziele als materiellen Besitz, Berühmtheit, Schönheit oder Sex.

Unser Weltbild verändert sich. Und das ist wichtig, weil sich dadurch nicht nur das Potenzial dessen vergrößert, was wir beizutragen haben, sondern wir auch mehr Glück erleben.

Es hilft, sich in regelmäßigen Abständen zu fragen: „Inwieweit hilft das, was ich gerade tue, jemand anderem?“ Das kann ein wichtiger Katalysator sein und unseren Blick auf fast alles verändern, was wir tun. Und es ermöglicht, dass wir ein neues Glückslevel in unserem Leben erreichen.

Fangen Sie an, indem Sie irgendwo oder irgendjemandem ein bisschen helfen. Tun Sie dann ein bisschen mehr und machen Sie irgendwann das Helfen zu einem Lebensstil. Sie werden merken, dass Sie weniger Reue und Bedauern über Ihr Leben empfinden werden. Und eines Tages werden Sie schließlich merken, dass der Vogel des Glücks auf Ihrer Schulter sitzt.

6

Genug ist genug

Die Ablenkung durch Geld überwinden

> „Geld macht nicht glücklich … aber das sollte jeder für sich selbst herausfinden."
>
> *ZIG ZIGLAR*

An einem Freitagabend – ich war damals Mitte dreißig – saß ich auf dem Beifahrersitz im Auto eines Freundes. Wir waren zusammen Essen gewesen, wie wir es regelmäßig einmal im Monat taten. Er war beruflich schon viel weiter als ich und stellte mir großzügigerweise jeden Monat Zeit zur Verfügung, um mich als Mentor zu begleiten und zu beraten. Wie immer hatte er auch an diesem Abend wieder das Essen bezahlt und ein üppiges Trinkgeld gegeben, und zwar ohne mir auch nur die Chance zu lassen, selbst die Rechnung zu bezahlen.

Als wir an diesem Abend also wieder in dem Viertel der Stadt ankamen, wo ich wohnte, stellte ich ihm eine Frage, die mir plötzlich in den Sinn kam: „Warst du eigentlich schon immer so großzügig oder hat es einen konkreten Moment gegeben, in dem du die Entscheidung getroffen hast, großzügig zu werden?" Ich weiß nicht, ob er es wusste, aber ich stellte diese Frage aus ganz persönlichem Interesse. Ich setzte mich nämlich gerade mit der Frage auseinander, wofür ich eigentlich mein Geld ausgab, und ich hatte den Wunsch, großzügiger damit umzugehen.

Zuerst versuchte es mein Freund mit Ausflüchten, um die Frage nicht beantworten zu müssen. So behauptete er beispielsweise, er sei doch gar nicht sonderlich großzügig, und er selbst habe sich noch nie als besonders großzügig betrachtet. Aber ich bestand auf einer Antwort. Ich hatte viel über Großzügigkeit von ihm gelernt, besonders, dass finanzielle Großzügigkeit unterschiedliche Formen hat und man nicht reich sein muss, um das Leben von dieser Großzügigkeit bestimmen zu lassen.

Als ich ihn endlich so weit hatte, die Frage zu beantworten – wir hatten mittlerweile die Auffahrt meines Hauses erreicht –, gab er mir neue Hoffnung. „Nein, Joshua, ich war nicht immer ein großzügiger Mensch", sagte er. „Aber irgendwann bin ich an einen Punkt in meinem Leben gelangt, an dem ich festgestellt habe, dass alle Menschen, zu denen ich aufblickte, großzügig waren. Und an dem Tag habe ich beschlossen, mehr dafür zu tun, großzügiger zu werden."

Was mein Freund da beobachtet hatte, stimmte – und stimmt bis heute. Wenn wir an die Menschen denken, denen wir in unserem Lebensstil und unserer Lebenseinstellung gern ähnlicher sein möchten, sind das dann nicht die besonders großzügigen? Es sind diejenigen, die freundlich, liebevoll, rücksichtsvoll und selbstlos sind. Es sind diejenigen, die schnell bereit sind, ihre Zeit, ihr Geld, ihr Talent und ihren Geist mit anderen zu teilen. Es mag zwar Zeiten geben, in denen wir uns wünschen, reich zu sein, aber tief im Inneren ist

Wenn wir an die Menschen denken, denen wir in unserem Lebensstil und unserer Lebenseinstellung gern ähnlicher sein möchten, sind das dann nicht die besonders großzügigen?

uns klar, dass die Menschen, die wir am meisten bewundern, nicht reich, sondern großzügig sind. Und an irgendeinem Punkt unseres Lebens müssen auch wir diese Entscheidung treffen, wenn wir am Ende unseres Lebens möglichst wenig Reue und Bedauern verspüren möchten.

Aber warum ist das so schwierig? Liegt es vielleicht daran, dass unser Wunsch nach Geld so viel hartnäckiger ist, als uns bewusst ist?

Geldgier

Ein bekanntes Sprichwort lautet: „Die Liebe zum Geld ist die Wurzel aller möglichen Übel."[41] Und ich habe noch nicht viele Menschen kennengelernt, die da anderer Meinung wären.

Das Problem mit diesem Sprichwort ist allerdings, dass niemand von sich selbst glaubt, dass er Geld *liebt.* Wenn wir einen Satz hören wie „die Liebe zum Geld ist die Wurzel aller möglichen Übel", dann fällt uns sofort *jemand anderes* ein, der diese Botschaft dringend nötig hat – unser Chef, unser Mann bzw. unsere Frau, unsere Freunde oder der Milliardär, den wir neulich in den Nachrichten gesehen haben. Uns selbst erkennen wir in dem alten Sprichwort nicht wieder.

Niemand *liebt* Geld … aber jeder möchte auf jeden Fall mehr davon haben.

Gibt es überhaupt den Moment, wenn genug genug ist?

Geld ist die größte Stressquelle der Amerikaner. Etwa 70 Prozent der Arbeitnehmer machen sich regelmäßig Sorgen wegen Geld.[42] Und das trotz der Tatsache, dass die Vereinigten Staaten eines der reichsten Länder der gesamten Welt sind. Wie kann das sein? Wieso sind 70 Prozent der Menschen in einem so reichen Land gestresst wegen Geld? Liegt es daran, dass sie nicht genug haben? Fehlt es 70 Prozent von uns Amerikanern an Essen oder einem Dach über dem Kopf oder an Kleidung? Nein, das ist es nicht.

Wenn Sie glauben, dass Sie Ihr Verlangen nach Geld überlisten können, irren Sie sich. Selbst diejenigen, die von den meisten für reich gehalten werden, sind der Meinung, dass sie nicht genug Geld haben. So betrachten sich beispielsweise 87 Prozent der Millionäre selbst nicht als reich.[43] In einer Untersuchung des Boston College fanden Menschen mit einem durchschnittlichen Nettovermögen von 78 Millionen Dollar, dass sie 25 Prozent mehr Reichtum bräuchten, um zufrieden zu sein.[44] Sogar John D. Rockefeller, der reichste Mann in der Geschichte Amerikas, soll auf die Frage eines Journalisten: „Wie viel Geld ist genug?" geantwortet haben: „Nur ein kleines bisschen mehr."

In den meisten Fällen fühlen wir uns durch Geld nicht gestresst, weil wir nicht genug haben, sondern weil wir mehr davon wollen.

> *Wir fühlen uns durch Geld nicht gestresst, weil wir nicht genug haben, sondern weil wir mehr davon wollen.*

Wir erwarten von Geld Dinge, die es nicht bieten kann (nämlich uns Glück und Sicherheit zu geben). Wir glauben: *Wenn ich einfach X verdienen würde oder Y gespart hätte, dann würde ich mich sicher fühlen und glücklich sein.* Aber wenn wir dann die genannten Summen haben, fühlen wir uns trotzdem nicht sicher und/oder glücklich. Statt zu denken: *Vielleicht habe ich ja an der falschen Stelle nach Glück gesucht*, verändern wir einfach nur den Betrag. *Wenn ich Z hätte, dann würde ich mich sicher fühlen und wäre glücklich.* Aber das passiert nie … weil Geld nie dauerhaftes Glück oder Sicherheit bieten kann, auch wenn wir uns noch so sehr mit der Vorstellung stressen, dass es das doch eigentlich sollte.

In der *Things-That-Matter*-Umfrage haben wir unter anderem auch die Frage gestellt: „Wie wahrscheinlich ist es, dass Sie glücklicher wären, wenn Sie mehr Geld hätten?“ Würden Sie glauben, dass 79 Prozent der Befragten sagten, dass sie glücklicher wären, wenn sie mehr Geld hätten? Natürlich würden Sie das glauben. Weil die meisten von uns das nämlich auch glauben!

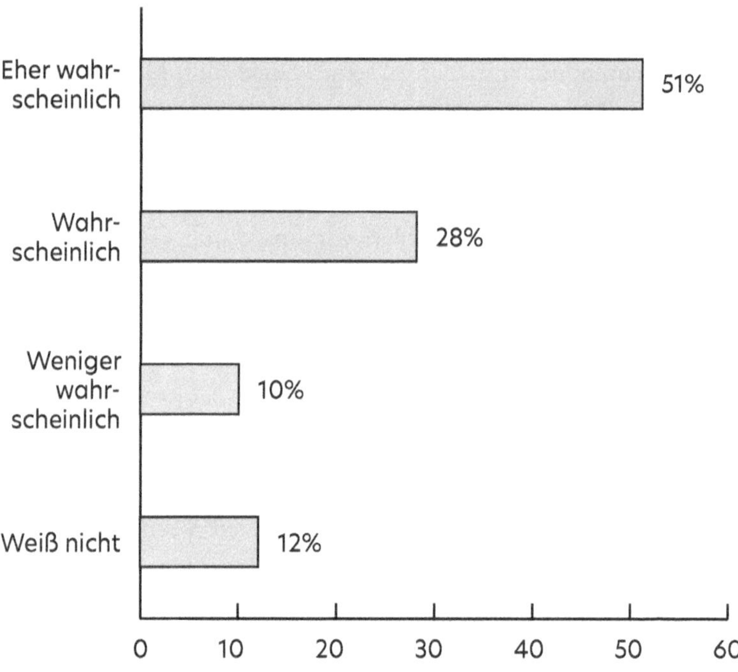

Wir stellten außerdem folgende Anschlussfrage: „Wie oft beeinflusst Ihr Wunsch, mehr Geld zu bekommen, Ihre täglichen Entscheidungen?“ Fast 70 Prozent der Befragten sagten, dass ihr Wunsch, mehr Geld zu bekommen, ihre täglichen Entscheidungen manchmal, häufig oder immer beeinflusst.

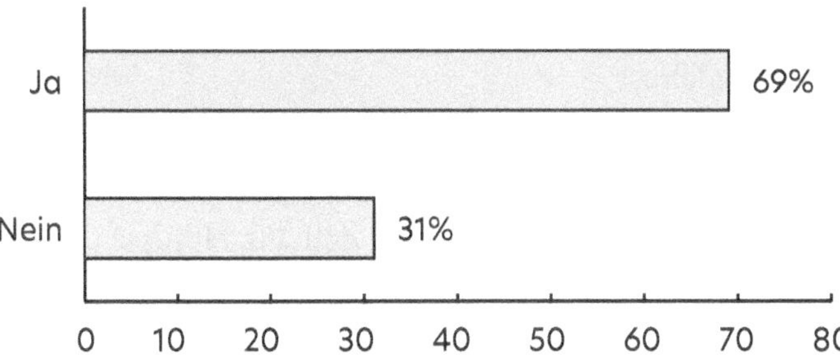

Wie wollen wir ein großzügiges Leben führen mit dem Fokus auf den Dingen, die wichtig sind, wenn unsere täglichen Entscheidungen so darauf fokussiert sind, zu mehr Geld zu gelangen, weil wir glauben, das würde uns glücklicher machen? Das funktioniert nicht.

Je früher uns das klar wird, desto besser.

Der geläuterte Anwalt

Noch vor einigen Jahren war Jay Harrington ein ehrgeiziger, hart arbeitender Anwalt in der Metropolregion Detroit. Zusätzlich zu seinem Job besaßen er und seine Frau Heather Harrington eine Markenentwicklungs- und Grafikdesign-Agentur, die darauf spezialisiert war, kreative Lösungen für Dienstleistungsfirmen zu entwickeln. Allem Anschein nach war Jay in beiden Jobs sehr erfolgreich und verdiente viel Geld.

Aber innerlich ging es ihm schlecht.

„Die Tage zogen sich wie Kaugummi, und gleichzeitig vergingen die Jahre wie im Flug", erinnerte sich Jay. „Ich verbrachte mehr Zeit am Bildschirm, als dankbar zu sein für die Wunder

der realen Welt."[45] *Was stimmt mit mir nicht?*, fragte er sich. Und irgendwann wurde ihm klar, dass er die Lust am Leben verloren hatte. Er *finanzierte* zwar ein Leben, und das nicht schlecht, aber er *lebte* es nicht.

Etwas lag ihm besonders am Herzen: Er wollte im Einklang mit den Rhythmen der Natur leben – Tag und Nacht, die Jahreszeiten … Außerdem wollte er genügend Zeit für Heather und die drei gemeinsamen Töchter haben. Er wusste nicht so genau, wie er das tatsächlich erreichen könnte, aber ihm war klar, dass er Schritte in diese Richtung unternehmen musste. Hier erzählt er die Geschichte, was dann passierte:

> Ich holte tief Luft und machte mich an die Arbeit.
>
> Ich verließ die Anwaltskanzlei, die ich selbst gegründet hatte. (…)
>
> Wir verkauften unser Haus und zogen mit unseren drei kleinen Töchtern aus dem teuren Vorort in eine Kleinstadt im Norden von Michigan. Wir machten Schritte rückwärts, um Raum und Zeit zu schaffen, damit wir eine durchdachte Entscheidung darüber treffen konnten, wie der Weg aussehen sollte, den wir gehen wollten, wenn wir wieder vorwärts gingen. (…)
>
> Wie Thoreau „gingen wir in die Wälder", um bewusster zu leben.
>
> Fünf Jahre später habe ich mehr zu tun denn je mit meinen Verpflichtungen bei der Arbeit und in der Familie. Und ich bin auch glücklicher denn je.
>
> Der große Unterschied besteht darin, dass ich selbstbestimmt arbeite. Wenn ich jetzt viel zu tun habe, dann habe ich mich ganz bewusst dafür ent-

> schieden. Ich bin immer noch ehrgeizig, aber mein Ehrgeiz frisst mich nicht mehr auf. Ich lege meinen Fokus auf das, was mir wichtig ist, statt auf all die Insignien des „Erfolgs“, die einem nur dabei im Weg sind, ein sinnvolles Leben zu führen.[46]

Heute bezeichnet sich Jay als „geläuterter Anwalt.“ Er betreibt immer noch gemeinsam mit seiner Frau die Agentur. Sie verdienen nicht so viel Geld wie früher, aber es reicht. Keiner von ihnen bereut die Entscheidungen, die sie getroffen haben, weil sie jetzt so leben, dass mehr Raum für die Familie, für Spaß und die Freude an der Natur bleibt.

Das eigene Potenzial beschränken

Die Frage nach unserem Umgang mit Geld zwingt uns dazu, einen genaueren Blick auf unser Inneres zu werfen. Dabei müssen wir uns mit der Frage auseinandersetzen: Ist Geld für uns zum Selbstzweck geworden oder ist es nur ein Mittel, um für das zu sorgen oder das zu erreichen, was wichtig ist? Wer ständig noch mehr Geld will, tappt in eine Falle – eine Falle, die uns mit leeren Versprechungen, unerfüllten Sehnsüchten und beeinträchtigtem Potenzial zurücklässt.

Wir müssen uns mit der Frage auseinandersetzen: Ist Geld für uns zum Selbstzweck geworden oder ist es nur ein Mittel, um für das zu sorgen oder das zu erreichen, was wichtig ist?

Einer der Gründe dafür ist, dass das Verlangen nach Geld nie endgültig befriedigt werden kann. Es ist wie eine Sucht, die nach immer mehr verlangt. Und darüber beherrscht es auch unsere innere Haltung und lässt sie nicht wieder los. Solange wir diese Art von Liebe zum Geld haben, finden wir keine innere Erfüllung, weil wir dann von dem Streben nach materiellem Besitz als Geisel gehalten werden.

Das Streben nach Geld nimmt dann immer mehr von unserer Zeit und Energie und dem ein, worauf wir unseren Schwerpunkt legen. Egal ob wir daran denken, wie wir es verdienen, vermehren oder sparen können, das Verlangen nach immer mehr Geld führt dazu, dass wir ständig unsere Aufmerksamkeit darauf richten. Es gibt überall Gelegenheiten, unser Geld zu vermehren. Ob wir Überstunden machen, einen neuen Kunden zu gewinnen versuchen, einen Nebenjob annehmen oder unsere Investitionen verwalten – das Streben nach Geld erfordert Zeit und Kraft.

Aber das ist noch nicht alles. Das Streben nach Geld unterwandert immer mehr unsere Werte und verändert sie sogar. Wenn der Wunsch nach immer mehr Geld in unserem Leben eine so entscheidende Rolle spielt, dann verändert uns das, weil wir dabei Verhaltensweisen annehmen, die wir ansonsten vermeiden. Zum Beispiel befeuert es die Rivalität mit anderen. Die Liebe zum Geld verlangt nämlich, mir das zu wünschen, was andere schon besitzen, ganz nach dem Motto: Damit ich mehr bekommen kann, musst du dich von deinem trennen. Und so wird die Welt leicht zu einem Nullsummenspiel, das von Eifersucht und Neid beherrscht wird.

Der Wunsch nach Geld beginnt unsere Zeit, unsere Kraft, unsere Werte und unsere Beziehungen zu beherrschen. Und allzu oft schränkt er auch unser Potenzial ein, Gutes in diese Welt zu bringen, weil wir nie größer werden als das, was wir erstreben. Wenn es zu unserem höchsten Lebensziel wird, möglichst viel Geld anzuhäufen, dann können wir nie mehr werden als die Summe auf unserem Kontoauszug. Und das ist schade, denn wir haben der Welt so viel mehr zu bieten.

Es ist mir aber auch wichtig, an dieser Stelle noch einmal festzustellen, dass Geld als solches nichts Schlimmes ist. Geld ist weder unmoralisch noch neutral – rein theoretisch ist es lediglich ein Mittel, um den Austausch von Waren und Dienstleistungen zu erleichtern. Aber wenn unser Herz sich an die falschen Dinge hängt, dann kann das zu „allem möglichen Übel" führen. Wenn wir großzügig sind, können wir Geld für viele gute Dinge einsetzen. Das ist etwas anderes, als ein Leben zu führen, in dem es permanent um das Streben nach Geld geht.

Ich sollte vielleicht auch noch einmal darauf hinweisen, dass der Prozess des Geldverdienens an sich nichts Negatives ist. Jeder sollte für die Arbeit, die er bzw. sie tut, ein angemessenes Entgelt bekommen, und es gibt eben Menschen, die ein besonderes Talent für den Umgang mit Geld haben. Solchen Menschen kann man 10 Cent geben, und sie können gar nicht anders, als daraus einen Dollar zu machen. Ich habe nichts gegen Löhne, Abfindungen oder Profit. Und ich spreche mich in diesem Kapitel auch nicht dagegen aus, hart zu arbeiten. (Darauf werde ich in Kapitel 9 noch näher eingehen). Hart zu arbeiten ist etwas anderes, als nach Reichtum zu streben.

Es geht hier also nicht um das Geld, das wir haben. Die weitreichendere Frage, auf die wir hier eine Antwort finden müssen, lautet: Verschwenden wir zu viel von dem einen Leben, das wir haben, indem wir uns Geld wünschen und dann immer mehr wollen? Wenn das so ist, dann werden wir nämlich unweigerlich abgelenkt von den Dingen, die langfristig wichtig sind und um die es eigentlich geht. Wann ist genug wirklich genug?

Vielleicht brauchen wir nicht mehr Geld

Ich versuche im Kopf zu behalten, dass jeder Mensch einzigartig ist, eine einzigartige Geschichte hat und sich auf einzigartige Leidenschaften konzentriert. Wir haben unterschiedliche Nationalitäten, ein unterschiedliches Geschlecht, einen unterschiedlichen Familienstand, unterschiedliche Religionen, einen unterschiedlichen kulturellen Hintergrund und unterschiedliche Weltbilder. Aber ich bin zunehmend davon überzeugt, dass es ein Merkmal gibt, das uns alle vereint: Wir glauben, dass wir mehr Geld brauchen, als es tatsächlich der Fall ist.

Wir glauben, dass wir mehr Geld brauchen, als es tatsächlich der Fall ist.

Natürlich gibt es auf der Welt viele Menschen, die mehr Geld bräuchten, um menschenwürdig leben zu können. Aber zu denen gehöre ich nicht. Und Sie wahrscheinlich auch nicht. Höchstwahrscheinlich verdienen Sie genug, um Ihren Lebensunterhalt zu finanzieren – wahrscheinlich mehr als genug. Denn wenn Sie dieses Buch lesen, sind Sie gebildet, haben Zugang zu Büchern und sowohl die Zeit als auch die Freiheit, sich mit der Frage Ihrer Lebensziele auseinanderzusetzen. Sie leben wahrscheinlich in einem westlichen Industriestaat. Sie brauchen nicht zu kämpfen, um auch nur die erste Stufe von Maslows Bedürfnispyramide zu erreichen. Aber Lebensbedingungen wie unsere sind seltener, als wir meinen.

Nach Aussage der Weltbank lebten im Jahr 2017

- 9,2 Prozent der Weltbevölkerung von weniger als 1,90 Dollar pro Tag.
- 24,1 Prozent der Weltbevölkerung von weniger als 3,20 Dollar pro Tag.
- 43,6 Prozent von weniger als 5,50 Dollar am Tag.[47]

Halten Sie einfach einmal kurz inne und überlegen Sie, wie Sie mit 5,50 Dollar am Tag zurechtkämen. Ist das überhaupt vorstellbar? In Amerika streitet man sich heute darüber, dass der derzeitige Mindestlohn pro *Stunde* eigentlich 15 Dollar betragen müsste – drei Mal so viel wie der Betrag, den 44 Prozent der Weltbevölkerung an einem ganzen Tag verdienen. Um diesen Gedanken weiterzuspinnen und unsere finanziellen Verhältnisse zu relativieren: Wenn Ihre vierköpfige Familie 50 000 Dollar pro Jahr verdient, dann gehören Sie einkommensmäßig zu den oberen 10,6 Prozent der Menschen auf dem Planeten.[48]

In der Welt herrscht immer noch Armut vor, und diesen Umstand müssen wir beheben. Ich hoffe jedenfalls, dass immer mehr Menschen die Herausforderung annehmen, Hunger und Armut zu bekämpfen und zu beenden.

Aber lassen Sie uns jetzt über etwas sprechen, worüber normalerweise nicht geredet wird. Armut zieht normalerweise Folgen und Versuchungen nach sich, die wir alle kennen. Aber auch Reichtum hat seine ganz eigenen Folgen und Versuchungen.

Wie ich bereits im vorigen Kapitel ausgeführt habe, sind Menschen mit Geld tendenziell isolierter und einsamer als andere. Es ist möglich, dass sie Individualismus und Eigenständigkeit auf Kosten von Gemeinschaft überbetonen, dass sie nur wenig empathisch sind und eine gewisse Anspruchshaltung und Arroganz an den Tag legen.[49] Wussten Sie, dass ein Autofahrer mehr Fahrverstöße begeht – zum Beispiel an einem Zebrastreifen für einen Fußgänger nicht anzuhalten –, je teurer sein Wagen ist?[50]

Es stimmt, dass das Geheimnis für ein glückliches Leben nicht mehr Geld ist. Geld löst nicht all unsere Probleme, ja, nicht selten sorgt es sogar eher für neue. Benjamin Franklin hat dazu einmal gesagt: „Geld hat noch nie einen Menschen glücklich gemacht und wird es auch nicht. Je mehr ein Mensch hat, desto mehr will er.

Statt ein Vakuum zu füllen, schafft Geld eines."[51] Die vielleicht größte Gefahr von Reichtum besteht darin, dass niemand ihn zu schätzen weiß, wenn er ihn hat – Menschen wollen immer mehr. Das ist der Grund, weshalb Menschen, die in Bezug auf Besitz zu den Top 10 Prozent auf der Welt gehören, immer noch glauben, dass sie nicht genug haben.

Ich habe einmal einen Mann namens Daniel Suelo interviewt, der beschlossen hatte, ohne Geld zu leben – *völlig* ohne Geld. Ich saß am Flughafen von Charlotte, als ich das erste Mal auf seine Geschichte stieß. Ich setzte mich sofort per E-Mail mit ihm in Verbindung und bat ihn um ein Gespräch, denn ich wollte unbedingt mehr über ihn erfahren. Er erklärte sich freundlicherweise dazu bereit.

Daniel lebt jetzt schon seit Jahren in unterschiedlichsten Outdoor-Unterkünften, unter anderem in einer Höhle in Utah. Mit Essen versorgt er sich, indem er angelt, im Wald Beeren, Pilze und anderes Essbares sammelt und in der nächstgelegenen Stadt Essbares aus Müllcontainern sucht.

Warum er das macht? Einmal weil er beweisen möchte, dass es möglich ist, außerhalb des ökonomischen Rasters zu leben. Zum Teil auch, weil er einen möglichst kleinen ökologischen Fußabdruck hinterlassen möchte. Aber einmal ganz unabhängig von der *Begründung* beweist Daniel, dass man auch mit null Dollar ein sinnvolles Leben führen kann. Das Grundlegendste, was ich von ihm gehört habe, war: „Geld existiert nur, wenn zwei oder mehr Menschen glauben, dass es existiert."

Unser Denken ist so geprägt von der Vorstellung, dass Geld ein nützliches und wertvolles Hilfsmittel ist, durch das so viel Gutes in unser Leben kommt, dass wir unser Leben um die Frage herum planen, wie wir immer mehr davon bekommen können. Aber am Ende ist es nur Papier und rundes Metall (oder es sind in einem

Computer gespeicherte Zahlen). Es hat nur einen Wert, weil wir das glauben … oder weil die Regierung es sagt.

Sicher, Geld fördert den Handel. Aber kann es sein, dass wir seinen Wert überhöhen? Ich glaube schon. Und das hat negative Auswirkungen auf uns.

Suelo ist ein Extrembeispiel, und Sie möchten wahrscheinlich genauso wenig in einer Höhle leben wie ich. Aber diese Geschichte zeigt auch, dass es selbst in hochentwickelten Ländern möglich ist, mit weniger oder sogar ganz ohne Geld auszukommen. Und wenn wir das erst einmal verstehen, kristallisiert sich in unserem Leben eine ganz neue Freiheit heraus.

Vor einigen Jahren veröffentlichte *USA Today* einen Artikel mit dem Titel „Price Tag for the American Dream: 130K a Year" („Die Kosten für den amerikanischen Traum: 130 000 Dollar im Jahr"). Um zu diesem Preis zu gelangen, hat der Autor alle Kosten zusammengerechnet, die eine vierköpfige Familie verursachte, um ein gesundes und persönlich erfülltes Leben zu führen. Unter anderem war dort aufgeführt: 17 000 Dollar pro Jahr für Darlehensabzahlung für das Haus, über 12 000 Dollar für Lebensmittel. 11 000 Dollar im Jahr für ein Fahrzeug und zusätzliche Kosten für Urlaube, Versicherungen, Aus- und Fortbildung und Rücklagen für den Ruhestand. Auf der Grundlage dieser Berechnung schreibt der Autor: „Es ist ganz klar (…), immer weniger Menschen können es sich leisten, den ‚amerikanischen Traum' zu leben."[52]

Ich hatte den Artikel unmittelbar nach seinem Erscheinen gelesen und wusste sofort, dass das, was da behauptet wurde, Unsinn war. Denn ich hatte auch eine vierköpfige Familie, die ziemlich zufrieden und komfortabel schon in vier verschiedenen Bundesstaaten gelebt hatte, aber ich hatte noch nie auch nur die Hälfte dieses Betrags im Jahr verdient. Ich wusste aus erster Hand, dass der „amerikanische Traum" keine 130 000 Dollar im Jahr kostet.

Aber ich hatte Angst vor den Reaktionen anderer, die diesen Artikel lesen würden. Wenn die Welt um uns herum ständig schreit, dass wir mehr Geld brauchen, um ein gutes Leben zu führen, dann geraten wir leicht in Versuchung zu glauben, dass wir nicht genug haben. Dabei sollten wir uns klarmachen, dass die meisten von uns schon reich sind.

Ich lebe jetzt seit zwölf Jahren als Minimalist, und mit zum Sinnvollsten in meinem Leben, was mir auf diesem Weg klar geworden ist, gehört die Erkenntnis, dass wir so viel weniger brauchen, als wir meinen. Viele Minimalisten, die ich kennengelernt habe, stellen unter Beweis, dass sie ein gutes Leben führen können mit viel weniger, als sie ursprünglich gedacht haben. Die meisten Menschen haben nicht das Problem, dass sie zu wenig verdienen, sondern dass sie zu viel ausgeben.

Eigentlich *brauchen* wir nicht mehr Geld. Wir hätten es nur gern.

Wir hätten gern mehr Geld in der Tasche. Wir möchten höhere Gehälter. Wir möchten höhere Zahlen auf unseren Kontoauszügen sehen, auf den Sparkonten oder den Konten mit dem Geld für unseren Ruhestand. Und viele Menschen verbinden Glück mit diesem Streben nach (mehr) Geld.

Wenn wir weniger Zeit damit verbringen würden zu versuchen, mehr Geld anzuhäufen, dann hätten wir mehr Zeit, Kraft und Spielraum für andere Dinge.

Selbst wenn unsere Grundbedürfnisse befriedigt sind, bleibt unser Wunsch nach Geld bestehen, schlägt viel zu häufig Wurzeln und wird dann als inneres *Bedürfnis* von uns wahrgenommen. Ehe wir uns versehen, vergessen wir dann, dass wir eigentlich von einem *Wunsch* sprechen und ihn immer mehr mit einem *Bedürfnis* verwechseln. Und so stellt sich langsam der Stress ein, nie genug zu haben. In Wirklichkeit ist jedoch das, was wir brauchen, und das, was wir uns wünschen, nur selten das Gleiche.

Wenn wir weniger Zeit damit verbringen würden zu versuchen, mehr Geld anzuhäufen, dann hätten wir mehr Zeit, Kraft und Spielraum für andere Dinge. Wenn wir weniger Geld für uns selbst bräuchten, hätten wir mehr Geld, um es für die Anliegen und Ziele auszugeben, die uns am wichtigsten sind.

Sparen wofür?

Greg McBride, Finanzchef von Bankrate.com, hat einmal gesagt: „Nichts lässt einen nachts so gut schlafen wie die Sicherheit, Geld für ungeplante Ausgaben auf der hohen Kante zu haben.“[53]

Und zum Teil stimme ich ihm da sogar zu. Es ist klug, Geld zurückzulegen für Zeiten unvorhergesehener Not.

Aber ist es auch möglich, zu viel zu sparen?

Eines kann ich Ihnen sagen: Zu dieser Frage werden Sie keinen einzigen Artikel in einer der bekannten Zeitschriften zum Thema Geld und Finanzen finden. Und ich kann mich nicht erinnern, schon jemals Werbung für eine Finanzberatung gesehen zu haben, die davor warnen würde, dass wir zu viel für uns selbst behalten. Das ist ein Ansatz, der so gar nicht den Zeitgeist trifft. Aber ist es möglich, ein bedeutsameres und wirkungsvolleres Leben zu führen, wenn wir uns mit dieser Frage auseinandersetzen?

Bedenken Sie Folgendes: Wenn wir sparen, legen wir Geld zurück für mögliche künftige Notfälle. Aber so ein Sparen fordert an anderer Stelle seinen Preis. Es liegt nämlich in der Natur der Sache, dass Sparen für *mögliche künftige persönliche* Bedürfnisse auf Kosten der Möglichkeit geht, die Bedürfnisse zu stillen, die *jemand heute tatsächlich* hat.

Wohin wir auch schauen, es gibt überall Nöte und Bedarf. 820 Millionen Menschen haben nicht genug zu essen, 768 Millionen Menschen haben keinen Zugang zu sauberem Trinkwasser und 2,5 Milliarden Menschen auf der Welt leben heute immer noch ohne Kanalisation.[54] Auch in Ihrem Wohnort gibt es sicher obdachlose Männer und Frauen und Waisen, die ein Zuhause brauchen. Alleinerziehende Mütter brauchen finanzielle Unterstützung. Frauen, die häusliche Gewalt erlebt haben, brauchen einen Neuanfang. Menschen mit Behinderung brauchen barrierefreien Zugang zu Parks und Sportstätten, und Ihr Nachbar braucht vielleicht finanzielle Unterstützung, weil er Schulden hat. Es gibt heute unzählige Menschen, die tiefe und schmerzliche seelische, geistliche und körperliche Not erleben.

Unser Geld kann dazu beitragen, solche Probleme sofort zu beheben. Unser Geld kann Probleme im Bereich von Gesundheit, Ungerechtigkeit und Ungleichheit lösen.

Aber statt zu helfen, Obdachlose mit Essen zu versorgen, entscheiden wir uns dafür, einen Teil unseres Geldes beiseitezulegen – *für alle Fälle* –, falls wir irgendwann selbst in so eine Lage geraten. Statt die Grundschulbildung in sozialen Brennpunkten anständig zu finanzieren und auszustatten, legen viele Amerikanerinnen und Amerikaner Zehntausende von Dollars für ihre Söhne und Töchter beiseite, damit sie ein Elite-College besuchen können. Statt Geld für Suppenküchen zu spenden, in denen Hungrige heute etwas zu essen bekommen, hoffen wir, genug sparen zu können, um auf der Hochzeit unserer Tochter Filetsteak anbieten zu können. Statt dabei zu helfen, bezahlbaren Wohnraum für Obdachlose zu schaffen, strebt der Durchschnittsamerikaner an, 1,7 Millionen Dollar für den Ruhestand zu sparen.[55]

Geben wir so wirklich bestmöglich unser Geld aus?

Oder machen wir uns solche Sorgen um unseren eigenen Komfort und unsere eigene Sicherheit, dass wir gar nicht die Chance erkennen, mit unserem Leben etwas Besseres und Größeres anzufangen? Ist das nicht nur eine andere Art, immer mehr Geld zu wollen, die uns daran hindert, die Dinge zu tun, die wirklich wichtig sind?

Sie haben wahrscheinlich von den grottenschlechten Sparzinsen in den Vereinigten Staaten und anderen Ländern gehört. Und es stimmt: Zu wenige Menschen sparen Geld. Fast drei Viertel aller Beschäftigten in den USA leben von der Hand in den Mund, und fast drei von zehn Erwachsenen haben gar keinen Notgroschen.[56] Falls Sie auch dazugehören, wäre es sicher eine gute Idee, sich einen Überblick darüber zu verschaffen, wo Ihr Geld bleibt, und Ihre Ausgaben zu reduzieren, wo immer das möglich ist, weil es immer noch klug ist, Geld für die Zukunft zu sparen. Und vielleicht ist es genau das, was Sie aus diesem Kapitel mitnehmen sollten.

Aber diejenigen, die zu viel Geld für sich selbst ausgeben oder zu viel sparen für eventuelle Notfälle, sollten sich im Zweifelsfall für Großzügigkeit entscheiden. Am Ende werden Sie stolzer sein auf das Geld, das Sie anderen gegeben haben, als auf das, welches Sie für sich selbst behalten haben.

> *Sie werden stolzer sein auf das Geld, das Sie anderen gegeben haben, als auf das, welches Sie für sich selbst behalten haben.*

So können Sie heute damit beginnen, Reue und Bedauern zu vermeiden:

Fangen Sie an, ein bisschen mehr zu geben.

Versuchen Sie Folgendes

Wenn Sie wegen Geldes gestresst sind (und das sind allem Anschein nach 70 Prozent von uns), dann ist die schnellste Art, den Stress zu reduzieren und die Perspektive zu ändern, etwas Geld abzugeben – tun Sie also genau das Gegenteil von dem, was Sie bis jetzt versucht haben. Was gut ist, denn alles, was wir versucht haben, um finanziellen Stress zu lindern, hat eindeutig nicht funktioniert.

Machen Sie folgendes Experiment: Spenden Sie diese Woche 5 Euro. Sie können das Geld in die Kollekte in der Kirche legen, es einer obdachlosen Person in die Hand drücken oder den Betrag auf eine der unzähligen Websites von Hilfsorganisationen einzahlen. Am Ende der Woche schauen Sie dann, ob Sie immer noch etwas zu essen haben, ein Dach über dem Kopf und Kleidung. Das werden Sie. Sie werden immer noch alles haben, was sie brauchen. Probieren Sie es in der nächsten Woche wieder. Nachdem es Ihnen dann nach ein paar Wochen immer noch an nichts fehlt und Sie alles Notwendige haben, versuchen Sie, 10 Euro pro Woche abzugeben. Und wieder werden Sie feststellen, dass Essen auf dem Tisch steht und Sie ein Dach über dem Kopf haben. Das Ziel besteht hier nicht darin, einfach nur ein paar Euro pro Woche abzugeben, sondern zu merken, wie Ihre Grundbedürfnisse trotzdem erfüllt sind *und* Sie immer noch etwas übrig haben.

(Ich weiß, Sie spenden vielleicht schon für wohltätige Zwecke. Wenn das so ist, geben Sie fünf oder zehn oder sogar 50 Euro zusätzlich zu Ihrer nächsten Spende. Und achten Sie darauf, ob Sie immer noch alles haben, was Sie brauchen. Das werden Sie.)

In dem Moment werden Sie den größten Gewinn von Großzügigkeit entdecken. Sie verändert unser Verständnis von „genug". Großzügig zu sein zeigt uns, wie viel wir geben und wie viel wir erreichen können. Sie hilft uns, die Bedürfnisse und auch die Nöte derer zu sehen und zu lindern, neben denen wir leben.

Das ist eine Lektion, die ich von meiner Mutter gelernt habe. Meine Großmutter hatte den Ruf, unglaublich großzügig zu sein. Deshalb war es gar nichts Ungewöhnliches, wenn es bei den Salems an der Haustür klopfte und jemand dastand, der um Geld bat. Meine Mutter erzählte mir, dass sie als Kind mehr als einmal erlebte, wie jemand Fremdes zu meiner Großmutter an die Tür kam und ihr von einer finanziellen Notlage erzählte. Meine Großmutter gab der betreffenden Person in solchen Fällen fast immer Geld.

Von ihrem Zimmer im Obergeschoss aus lugte meine Mutter aus dem Fenster und beobachtete das Geschehen. Als kleines Mädchen verstand sie gar nicht, was dort unten vor sich ging. Wieso gab ihre Mutter einem völlig fremden Menschen Geld, besonders wo sie doch selbst arm waren? Aber als sie dann älter wurde, verstand sie es langsam. „Meine Eltern waren großzügige Menschen, die gern halfen, wenn sie irgendwo eine Not sahen. Und weißt du was? Wir hatten nie viel, aber es war immer genug. Und rückblickend kann ich sagen, dass diese Erinnerungen, wie meine Mutter Menschen in Not half, mir bis heute viel mehr Freude bereitet als alles, was wir hätten kaufen können."

Manchmal profitiert der Geber genauso von Großzügigkeit wie der Empfänger.

Heute vs. morgen

Als ich vom Verlag die erste Honorarvorauszahlung für mein erstes Buch bekam, waren unsere regelmäßigen Ausgaben schon durch meine andere Arbeit abgedeckt. Dadurch war die Vorauszahlung quasi zusätzliches Geld. Als Minimalisten hatten meine Frau und sich nicht vor, loszuziehen und von dem Geld alle möglichen Sachen zu kaufen. Aber was sollten wir *dann* mit dem Geld machen? Wir entwickelten also einen Plan.

Zur besagten Zeit hatte ich mit meiner Schwester Jana ein Gespräch über die Vorauszahlung. Wir saßen im Garten meines Hauses und genossen einen wunderschönen Herbstabend in Phoenix, Arizona.

„Was hast du mit dem Geld vor?", fragte sie.

„Wir wollen es verwenden, um eine Non-Profit-Organisation zu gründen, die sich für Veränderungen im Umgang mit Waisenkindern einsetzt und den Fokus darauf legt, in Entwicklungsländern Waisenkinder in Familien unterzubringen."

Nach kurzem Schweigen sagte Jana: „Ach so. Ich hätte wahrscheinlich gedacht, dass ihr das Geld für das Studium eurer Kinder oder sonst etwas zurücklegen würdet."

Ich dachte an unsere gemeinsame Geschichte und sagte: „Aber unsere Eltern haben damals auch kein Geld zurückgelegt, damit wir aufs College gehen konnten. Trotzdem sind wir beide aufs College gegangen und unser Bruder auch. Und bei uns allen hat das ganz hervorragend geklappt."

„Ja", antwortete sie. „Aber heute sind die Bedingungen ja auch ganz anders. Das College ist viel teurer geworden, als es damals für uns war."

Das stimmte. Die Kosten für Studiengebühren sind in den letzten 20 bis 30 Jahren drastisch gestiegen. Ganz kurz kam mir der Gedanke, dass ich vielleicht wirklich Geld beiseitelegen sollte für die Ausbildung unserer beiden Kinder. Aber nein, meine Entscheidung war schon untermauert worden durch eine wichtige Tatsache, die sich auf dauerhafte Sicherheit bezog.

Meine Antwort lautete deshalb ungefähr so: „Glaubst du wirklich, dass zu gegebener Zeit kein Geld für das Studium der Kinder da sein wird, wenn ich dieses Geld jetzt einsetze, um für Waisenkinder Familien zu finden, Jana? Ich weigere mich ganz einfach zu glauben, dass die Welt so funktioniert. Meiner Erfahrung nach fällt Großzügigkeit immer und immer wieder auf den Geber zurück."

„Also wenn du das so sagst", räumte meine Schwester daraufhin ein, „dann ergibt das für mich Sinn."

Es ist klug, die Familie gut zu versorgen und für die Zukunft vorzusorgen. Aber dabei sollten wir nicht die realen Nöte vergessen, die viele Menschen jetzt, in diesem Moment, haben, und auch nicht das, was wirklich wichtig ist. Vielleicht ist es wichtiger, jetzt, in diesem Moment, großzügig zu sein und darauf zu vertrauen, dass wir das, was wir irgendwann in der Zukunft brauchen, auch bekommen, wenn es so weit ist. Als Bonus für unsere Großzügigkeit werden wir erleben, dass großzügiges Geben auch noch Freude schenkt.

Ein positives Gefühl

Halten Sie einmal kurz inne und denken Sie an eine Zeit oder Gelegenheit, als es Ihnen ein gutes Gefühl gegeben hat, Geld zu spenden. Es war keine einmalige Erfahrung, denn Sie sind damit nicht allein.

Umfangreiche internationale Forschungen haben ergeben, dass Spenden (also eigene finanzielle Mittel einzusetzen, um anderen zu helfen) für den Spender generell Vorteile bringt. In einer Untersuchung beispielsweise ging es um „Teilnehmer in Kanada und Südafrika, die den Auftrag bekamen, Dinge zu kaufen, um sie dann zu spenden. Die Untersuchung ergab, dass sich diese Einkäufe für andere positiver auswirkten als die Einkäufe der Probanden, die die gleichen Gegenstände für sich selbst kauften." Die Ergebnisse der Untersuchung deuten auf Folgendes hin: Wenn wir erst einmal den

Widerstand überwunden haben, den wir vielleicht verspürten, großzügig zu sein, ist „die Belohnung, die wir dadurch erleben, anderen zu helfen", etwas, worauf wir uns verlassen können, und zwar ungeachtet unseres kulturellen oder wirtschaftlichen Hintergrundes.[57]

Eine andere Untersuchung, an der zum Teil dieselben Wissenschaftler mitarbeiteten, kam zu dem Schluss: „Sowohl Korrelationsuntersuchungen als auch empirische Untersuchungen zeigen, dass Menschen, die Geld für andere ausgeben, berichten, glücklicher zu sein. Die positiven Auswirkungen eines solchen *sozialen Gebens* zeigen sich bei Erwachsenen auf der ganzen Welt, und das positive Gefühl des Schenkens lässt sich sogar schon bei Kleinkindern feststellen."[58]

Wie viel ist ein Welpe wert?

Mein Freund Kevin hat drei Töchter. Die jüngste heißt Sophia. Sie ist schon immer die Sparerin in der Familie gewesen und spart jedes Geldgeschenk und jeden Cent Taschengeld, das sie bekommt. Als sie neun Jahre alt war, waren 200 Dollar in ihrem Sparschwein.

Sophia wünschte sich schon sehr lange einen jungen Hund, und als sie eines Tages in einem Café im Ort einen handgeschriebenen Flyer von einem Landwirten entdeckte, der kostenlos Welpen abzugeben hatte, nutzte sie die Gelegenheit und überzeugte ihren Vater ziemlich schnell davon, am nächsten Tag mit ihr zu dem Bauernhof zu fahren.

Als sie dort ankamen, merkten sie rasch, wie klein und bescheiden der Hof war und wie sparsam der Landwirt und seine Frau offenbar leben mussten. Ihr Alltag war von schwerer körperlicher Arbeit bestimmt, und trotzdem konnten sie ihren kleinen Hof kaum über Wasser halten.

Nach dem Besuch auf dem Hof, bei dem sie auch mit den Welpen gespielt hatten, versprachen Kevin und Sophia, sich am nächsten Morgen wieder zu melden und dem Ehepaar mitzuteilen, ob sie einen der Welpen nehmen würden. Mein Freund Kevin hatte sich schon mit der Tatsache abgefunden, dass sie einen Hund bekommen würden, aber zuvor musste er Sophia noch eine wichtige Lektion für ihr Leben vermitteln.

„Ich wollte meiner Tochter etwas über Verantwortung, harte Arbeit und Disziplin beibringen", erzählte mir Kevin. „Also habe ich sie am Abend des besagten Tages gefragt, wie viel sie bereit wäre, von ihrem eigenen Geld für den kleinen Hund zu bezahlen.

„Aber die Welpen kosten doch nichts", entgegnete sie erstaunt.

„Ja, ich weiß", sagte Kevin. „Aber denk doch mal an all die Liebe und Fürsorge, die der Landwirt und seine Frau schon in deinen kleinen Welpen investiert haben. Und es ist ja deutlich zu erkennen, dass sie wirklich nicht reich sind. Meinst du nicht, dass es nett wäre, ihnen etwas zu geben, auch wenn sie die Welpen eigentlich umsonst abgeben wollen?"

Kevin war wirklich der Meinung, dass es eine nette Geste wäre, dem Landwirt und seiner Frau einen finanziellen Ausgleich für ihre Mühe zu bezahlen. Damit wollte er eigentlich erreichen, dass Sophia die Verantwortung für das Tier auch wirklich ernst nehmen würde, wenn sie einen Teil ihres Ersparten für den Welpen ausgab.

„Ich möchte, dass du jetzt auf dein Zimmer gehst und dir überlegst, wie viel Geld du dem Landwirten geben willst, auch wenn er nichts verlangt. Es liegt völlig bei dir. Und wenn du eine Entscheidung getroffen hast, sagst du es mir."

Ziemlich ernüchtert ging Sophia auf ihr Zimmer.

Ungefähr fünf Minuten später kam sie wieder die Treppe heruntergehüpft.

„Ich möchte ihm gern 100 Dollar für den Welpen geben", sagte sie lächelnd.

Von dem großzügigen Angebot war Kevin so überrascht, dass er beinahe sein Getränk verschüttet hätte. Er hatte gedacht, dass 25 Dollar eine nette Geste gewesen wären, und hätte nicht im Traum daran gedacht, dass seine kleine emsige Sparerin die Hälfte ihrer Ersparnisse für den Welpen ausgeben würde.

Weil er nicht wusste, wie er reagieren sollte, dachte Kevin, dass sie vielleicht ihre Meinung über ihr Angebot noch ändern würde, wenn sie noch etwas länger darüber nachdachte. Schließlich waren die Welpen ja kostenlos abzugeben gewesen.

Also sagte er zu Sophia: „Wow, das ist viel. Vielleicht solltest du noch mal genau überlegen, ob du wirklich so viel geben willst. Geh doch noch mal hoch in dein Zimmer und denk noch mal nach. Und lass dir ruhig Zeit beim Überlegen, denn die Entscheidung, die du dann triffst, ist endgültig."

Eine Viertelstunde später fragte Kevin sich langsam, ob Sophia von irgendetwas abgelenkt worden war oder den Auftrag vergessen hatte, aber genau in dem Moment, als er sie holen wollte, kam sie erneut hüpfend die Treppe herunter.

Kevin war sehr gespannt auf ihre Antwort. Je länger er darüber nachgedacht hatte, dass seine Tochter die Hälfte ihrer Ersparnisse für den Hund angeboten hatte, der eigentlich *kostenlos* gewesen wäre, desto gespannter war er jetzt auf ihr niedrigeres Angebot. Der Hund würde sie ja auch so schon in Zukunft einiges kosten.

„Also, was hast du entschieden?", fragte er.

Ich hoffe, Sie werden ihre Antwort nicht vergessen. Ich habe sie jedenfalls nicht vergessen.

„Also", fing sie an, „ich habe darüber nachgedacht, was du gesagt hast. Dass der Landwirt und seine Frau ja schon viel Arbeit mit dem Welpen hatten und jetzt dafür sorgen, dass der Hund ein gutes neues Zuhause bekommt. Und dann habe ich mich in meinem Zimmer umgeschaut und habe an das schöne Haus gedacht, in dem wir wohnen, und an all die schönen Sachen, die wir haben, und dass der Landwirt und seine Frau nur so wenig haben. Und deshalb habe ich meine Entscheidung, wie viel Geld ich ihnen für den Welpen geben will, noch einmal geändert. Statt 100 Dollar gebe ich ihnen alles Geld, das in meinem Sparschwein ist."

Größe durch Bescheidenheit

Geschichten von Großzügigkeit berühren und inspirieren uns. Prominente beherrschen zwar oft die Schlagzeilen, aber es sind die Beispiele opferbereiten Gebens – wie Sophia mit ihrem Sparschwein –, die uns zur Nachahmung animieren.

Eine einspaltige Meldung über die Adoptivmutter in Minneapolis, die zwei Abende pro Monat ehrenamtlich für eine Non-Profit-Organisation arbeitet, die Waisenkinder in ein liebevolles neues Zuhause vermittelt, sorgt wahrscheinlich nicht für höhere Auflagen bei der Zeitung. Der Mechaniker aus Nashville, Vater von drei Kindern, der Mühe hat, finanziell über die Runden zu kommen, aber trotzdem 500 Dollar für einen guten Zweck spendet, stößt bei Twitter auf kein Interesse. Die Familie aus der Mittelschicht, die jeden Monat 10 Prozent ihres Einkommens ihrer Kirchengemeinde spendet, wird sicher keine Sensation im Internet. Die Witwe, die in einem bescheidenen Zuhause wohnt, aber weiter von dem abgibt, was sie hat, schafft es wohl kaum in die Nachrichten. Aber das alles sind Menschen, die es wirklich gibt und die etwas verändern. Auch Sie können zu diesen Menschen gehören.

Als meine Eltern noch jung und arm waren und Mühe hatten, drei Kinder unter zwei Jahren durchzubringen, steckte einmal jemand einen Briefumschlag mit einem 50-Dollarschein in ihren Briefkasten. Von dem unerwarteten Geldsegen konnten meine Eltern damals den Lebensmitteleinkauf für eine ganze Woche finanzieren. Diese Geschichte über Großzügigkeit wurde in meiner Kindheit und Jugend unzählige Male beim Abendessen erzählt, und sie wird bis heute bei Zusammenkünften der Familie hervorgekramt und erzählt (und jetzt wieder in diesem Buch). Eine schlichte Geste der Großzügigkeit vor vielen Jahren hat zahllose Leben berührt. Genauso wie der schlichte Akt meines Mentors, an jenem Abend in Vermont mein Essen zu bezahlen.

So wirkt sich Großzügigkeit aus. Sie bewegt uns dazu, bessere Menschen zu werden, und inspiriert andere Menschen dazu, es genauso zu machen. Wenn wir unser Leben jedoch damit verbringen, ständig nach Reichtum zu streben, dann wird uns Großzügigkeit versagt bleiben. Man kann nicht gleichzeitig dem Reichtum nachjagen und großzügig sein.

Je mehr wir von dem leeren Streben nach Geld Abstand nehmen, desto stärker sind wir zu einem Leben hingezogen, in dem es in erster Linie um die anderen geht. Und je mehr es uns reizt, anderen zu helfen, desto mehr gewinnt unser Leben an Sinn und Bedeutung, und desto weniger werden wir am Ende unseres Lebens bereuen.

7

Hürden auf dem Weg zum Ziel

Die Ablenkung durch Besitz überwinden

> „Einfachheit (…) bringt geistige Gesundheit in unsere zwanghafte Extravaganz und unserem hektischen Geist Frieden. (…) Sie ermöglicht es uns, materielle Dinge als das zu sehen, was sie sind – Güter, die das Leben verbessern, nicht unterdrücken sollen. Menschen werden wieder wichtiger als Besitztümer.“
>
> *RICHARD FORSTER*

Im Jahr 2017 war ich eingeladen, auf einem großen Männerkongress in Warschau zum Thema Minimalismus zu sprechen. Ich wusste, dass Polen erst drei Jahrzehnte zuvor seine Unabhängigkeit erlangt hatte. An diese Tatsache wurde ich noch einmal bei der Eröffnung des Banketts erinnert, als der Dolmetscher, ein Mann in meinem Alter, davon erzählte, wie er als Teenager vom Fenster seiner Wohnung aus sehen konnte, wie Menschen für Brot anstanden. Da wurde mir klarer, wie unterschiedlich unser Hintergrund war.

Der Übergang vom Kommunismus, der Polen von den Sowjets aufgezwungen worden war, zu einer freien Marktwirtschaft war schwierig gewesen, und die polnische Wirtschaftsleistung war immer noch relativ gering. Die meisten Polen waren nicht so reich wie die Menschen im Westen, was bedeutete, dass Polen im Vergleich mit anderen Ländern nicht so sehr belastet war von deutlich sichtbarem Konsum. Nichtsdestotrotz stieg das Einkommen der polnischen Bevölkerung, sodass Materialismus für dieses Land zunehmend zum Problem werden konnte.

Welche Botschaft hatte ich für die Anwesenden an jenem Tag? Nutzen Sie jeden Vorteil Ihrer Freiheiten und unternehmerischen Chancen. Aber verlieren Sie dabei nicht die Dinge aus dem Blick, die am wichtigsten sind. Und achten Sie darauf, dass Sie Ihre Freiheiten auf Vorhaben ausrichten, die langfristig wichtig sind. Mit anderen Worten: Es war die Botschaft von *Die Kraft des Seinlassens*.

Nach meiner Präsentation saß ich mit Darek Cupial, dem Organisator der Veranstaltung, beim Essen (natürlich Piroggen) zusammen. Darek sagte: „Darf ich dir mehr darüber erzählen, weshalb ich dich heute hierher eingeladen habe, Joshua?"

Ich saß ihm gegenüber und merkte ihm an, dass er innerlich mit sich rang, ob er mir mitteilen sollte, was er dachte. „Ja, natürlich", antwortete ich ihm. „Bitte."

Und er fing an, mir eine Geschichte zu erzählen. „Als ich jünger war, hatte ich einen wichtigen Mentor. Er war ein Auschwitz-Überlebender, der fast sein gesamtes Leben in einem besetzten Polen verbracht hatte – erst von den Deutschen besetzt und dann von der kommunistischen Partei der Sowjetunion.

Dieser Mann teilte mir einmal eine Beobachtung mit, die ich nie vergessen werde. Nach seiner Reise durch Westeuropa nahm er mich beiseite und sagte: ‚Mir ist klar geworden, dass Materialismus Menschen in vielerlei Hinsicht auf die gleiche Art gefangen hält, wie es der Kommunismus tut. Der Kommunismus, unter dem ich aufgewachsen bin, hat versucht, unsere persönliche Identität mit Zwang zu zerstören. Materialismus tut das Gleiche. Aber Materialismus zerstört persönliche Identität, indem sich Menschen freiwillig dafür entscheiden.'

Und deshalb wollte ich dich heute hier haben, Joshua. Um uns zu inspirieren – als Einzelne und als Gesellschaft –, unsere neu gefundene Freiheit nicht zu nutzen, um eine neue Unfreiheit zu erlangen."

Ich wünschte, ich hätte den klugen alten Auschwitz-Überlebenden gekannt. Er scheint einen tieferen Einblick in die Lebenswirklichkeit der meisten von uns gehabt zu haben. Jedenfalls hatte er recht damit, welche seelische Zerstörung Besitz bei uns anrichten kann. Wir sind so durchdrungen von Materialismus und betrachten so vieles als selbstverständlich, dass es uns schwerfällt, überhaut das Problem zu erkennen. Ja, schlimmer noch, wir leben in einer Gesellschaft, die sich für das Streben nach und das Anhäufen von materiellem Besitz ausspricht und es befürwortet. „Je mehr, desto besser" ist das Mantra, mit dem wir aufwachsen und das wir glauben sollen. Dabei ist eine der größten Ablenkungen von unseren angestrebten Zielen unser Sammeln von materiellen Gütern.

Wer kann enthusiastisch ein herausforderndes Ziel angehen, wenn man ständig kaufen und sich dann ständig um all das Zeugs kümmern muss? Wer kann sich in wichtige Dinge investieren, wenn man zu beschäftigt ist, die Garage aufzuräumen? Wir ertrinken in Sachen, die wir besitzen, und viel zu oft gehen unsere Träume zusammen mit uns unter.

Ich spreche und schreibe jetzt seit fünfzehn Jahren über Minimalismus. Nach all der Zeit bin ich zu der Überzeugung gelangt, dass der größte Gewinn des Minimalismus folgender ist: Er setzt Geld, Zeit und Kraft frei, um unsere wichtigsten Leidenschaften zu verfolgen. Ich würde sogar sagen, dass es *ein notwendiger Schritt* ist, unsere Einstellung zu materiellem Besitz zu ändern und Kontrolle über unseren Besitz zu bekommen, wenn wir unser Potenzial voll ausschöpfen wollen. Und das ist für jede und jeden machbar.

Jedes Mal, wenn mir jemand sagt: „Ich könnte niemals Minimalist sein", denke ich bei mir: *Aber das bist du doch schon.* Weil jeder etwas minimiert. Wenn man nicht seinen Besitz minimiert, dann minimiert man sein Geld, seine Zeit und sein Potenzial.

Wenn man nicht seinen Besitz minimiert, dann minimiert man sein Geld, seine Zeit und sein Potenzial.

Also schauen Sie sich Ihren ganzen Kram an. Manche der Sachen mögen ja tatsächlich *Trophäen* Ihres Erfolgs sein. Manches davon ist vielleicht auch *Spielzeug*, von dem Sie gedacht hatten, es würde Ihr Leben glücklicher machen. Aber wenn die Sachen keine Werkzeuge sind, die Ihnen dabei helfen, Ihre Ziele im Leben zu erreichen, dann ist es vielleicht Zeit für Sie, sich von vielen Dingen zu befreien. Wenn ich genauer darüber nachdenke, dann streichen Sie das „vielleicht".

Unsterblichkeitsprojekte

In Kapitel 3 habe ich den Anthropologen Ernest Becker erwähnt, der gesagt hat: „Was die Menschheit wirklich fürchtet, ist nicht so sehr auszusterben, als vielmehr *in Bedeutungslosigkeit* auszusterben." Und Becker fährt fort: „(…) damit alles, was einmal gelebt hat, eine Bedeutung hat, muss es auf irgendeine Weise in Ewigkeit lebendig bleiben." Mit dem Versuch, den Tod zu besiegen, unsere Sterblichkeit zu überwinden und unsere Angst vorm Sterben abzulegen, halten wir uns an dem fest, was Becker als „Unsterblichkeitssymbole" bezeichnet.[59]

Diese Symbole können die unterschiedlichste Gestalt haben. Becker schreibt, dass die meisten modernen Menschen in kapitalistischen Gesellschaften sich Reichtum und Besitz als Unsterblichkeitsprojekten zuwenden. „Geld verschafft einem noch im selben Moment Macht – und durch angehäuften Besitz von Dingen, Land und Zinsen auch Macht für die Zukunft." Und er argumentiert, dass das Streben nach Reichtum und Besitz so normal geworden ist, dass „es kein Wunder ist, dass für den modernen demokratischen Menschen ökonomische Gleichheit unerträglich ist: Das Haus, das Auto, der Betrag auf dem Kontoauszug sind seine Symbole für Unsterblichkeit."[60]

Nur wenige Menschen wünschen sich eine Welt mit einer solchen ökonomischen Ungleichheit, wie wir sie heute haben, aber das passiert eben, wenn unsere Wünsche unangebracht sind. Wenn das Streben nach Besitztümern und Eigentum den Mittelpunkt unseres Lebens darstellt, dann stellen wir nicht nur das Licht unseres Potenzials unter den Scheffel, sondern wir erleben auch negative Auswirkungen, und zwar sowohl persönlich als auch gesellschaftlich. Manche häufen wenig an und wünschten, sie hätten mehr, manche häufen mehr an und sind stolz … fühlen sich aber auch merkwürdig unerfüllt.

Wir streben Besitz aus dem oft unbewussten Wunsch an, uns selbst zu überdauern. Aber am Ende bereuen wir es. Und wissen Sie, warum? Weil es bessere Arten gibt, sich selbst zu überdauern! Es gibt ein Erbe, das wir hinterlassen und anderen anvertrauen können, etwas, das größer ist als die Quadratmeterzahl unserer Häuser oder der Name des Designers auf unserer Kleidung. Niemand wird bei Ihrer Beerdigung aufstehen und sagen: „Er oder sie hatte ein wirklich teures Designersofa" oder

Unser Vermächtnis beinhaltet, wo und wie wir Vorbilder waren, wie unser moralischer Kompass ausgerichtet war und ob er funktionierte, welchen Charakter wir entwickelten und wofür wir als Familie bekannt waren.

„Sie hatte viele schöne Schuhe“. Viel wichtiger ist, dass unser Vermächtnis beinhaltet, wo und wie wir Vorbilder waren, wie unser moralischer Kompass ausgerichtet war und ob er funktionierte, welchen Charakter wir entwickelten und wofür wir als Familie bekannt waren.

Wenn Sie einmal innehalten und darüber nachdenken, dann wissen Sie schon, dass Ihre Besitztümer nicht die besten Unsterblichkeitssymbole sind, denen Sie nachjagen können. Sie möchten doch als ein liebender, großzügiger und beachtenswerter Mensch in Erinnerung bleiben. Sie möchten, dass Ihr Leben eine Rolle für etwas Wichtiges gespielt hat. Und ob Sie es glauben oder nicht, das Streben nach und Anhäufen von materiellem Besitz läuft diesem Wunsch und Anliegen oft entgegen, weil es von Natur aus Ihre Zeit, Ihr Geld und Ihre Konzentration erfordert.

Ein Beispiel für einen Menschen, der begann, größere Träume für sein Leben anzustreben als materiellen Besitz, ist Elaine. Sie ließ sich etwas Originelles für ihr Zuhause einfallen, das auch noch großzügig ist.

Ein neuer Traum für das Traumhaus

Mit sechzig lebte Elaine in einem wunderschönen Haus auf einer großen Fläche Ackerland etwas außerhalb von Birmingham, Alabama. Dort wohnte sie zusammen mit ihrer neunundzwanzig Jahre alten Tochter Rebecca, die eine schwere Behinderung hatte. Elaines Mann hatte sie ein paar Jahre zuvor verlassen. Ihre anderen Kinder waren mittlerweile erwachsen und ausgezogen.

Elaine erinnerte sich an jene Zeit: „Ich wohnte in einem wunderschönen Haus. Mein Mann und ich hatten es selbst gebaut. Aber jetzt war es nur noch ein Museum vergangener Zeiten.

Es war voll mit Sachen meiner verstorbenen Eltern, den Sachen aus einer gescheiterten Ehe und den Sachen von drei erwachsenen Kindern, die ausgezogen waren. Es gab ganze Schränke voller Sachen, die ich mich nicht zu öffnen traute. Es machte mir einfach Angst."

Rebecca brauchte fast ununterbrochen Betreuung, und am Ende war es Elaine, die sie versorgte. Sie wusste, dass sie ihr Leben einfacher gestalten musste, wenn sie sich um Rebeccas Bedürfnisse so kümmern wollte, wie es nötig war. Und so fing sie an, Sachen aus ihrem Haus und ihrem Leben auszusortieren, die nicht mehr nützlich waren. „Ich wollte einfach in der Lage sein, schnell zur Hand zu haben, was ich für die Versorgung und Pflege meiner Tochter brauchte", sagte sie.

Aber ihre Träume wurden rasch größer, und es ging nicht mehr nur um reine Organisation. „Mit dem Älterwerden fragte ich mich, wie ich mich auch weiterhin um Rebecca kümmern konnte. Ich fand einen Weg, indem ich aussortierte und erkannte, wie gut es tat, weniger zu besitzen. Und ich begann auch den besonderen Förderbedarf bei anderen Kindern, jungen Erwachsenen und deren Eltern in unserem Ort zu sehen. Während ich Überflüssiges und Unnötiges aussortierte, begann ich bei mir zu Hause Events zu veranstalten – nicht nur für Kinder mit besonderem Förderbedarf, sondern auch für ihre Eltern, die so dringend Erholungspausen brauchen."

Sie kaufte einige Tiere, die auf dem Gelände neben ihrem Haus lebten, und schaffte in ihrem Zuhause Räume für Kunst und Musik, die auf ihre Weise für Menschen mit Behinderungen ansprechend waren. Sie fand ehrenamtliche Mitarbeiter und Helfer für diese Feste und Veranstaltungen und bewirkte dadurch Veränderungen, wie sich die örtliche Gemeinschaft um Erwachsene mit Behinderungen kümmerte.

Zurzeit wird ihr Haus so umgestaltet, dass dort speziell auf erwachsene junge Frauen mit Behinderungen eingegangen werden kann. Sie hofft, dass es irgendwann das Zuhause für vier junge Erwachsene wird (eine davon Rebecca), mit Pflegepersonal und Raum für Gestaltung in Kunst, Musik, Natur und mit Tieren.

Für sich selbst plant Elaine eine andere Versorgung. „Ich habe vor, auf dem Gelände meines Hauses ein kleines Häuschen zu bauen, in dem ich dann wohnen werde, damit ich möglichst nah bei meiner Tochter bleiben kann. Ich träume nicht mehr von einem großen Haus, das mit Dingen vollgestopft ist. Ich strebe jetzt etwas Größeres mit meinem Leben an."

Drei Möglichkeiten, wie uns unser Besitz ablenkt von dem, was wirklich wichtig ist

Besitz ist zwar bis zu einem gewissen Punkt notwendig, aber nach diesem Punkt wird er ein Hindernis und eine Ablenkung für ein sinnvolles Leben. Wenn wir zu viele Sachen besitzen, verlangsamt uns das in unserem Streben nach dem, was auch immer uns wichtig ist. Im schlimmsten Fall kann es uns daran hindern, überhaupt Fortschritte zu machen. Wie traurig ist doch die Vorstellung, dass die Kleider, die wir im Schlussverkauf erstanden, oder die Möbel, die wir bei IKEA bestellt haben oder Dinge von Amazon, für die wir während der Covid-Pandemie das Geld mit beiden Händen ausgegeben haben, uns aufhalten könnten, unser ganzes Potenzial zu entfalten.

Ich nenne Ihnen jetzt drei Möglichkeiten, wie Besitz eine Ablenkung sein kann. Welche der drei Ablenkungen ist für Sie persönlich das größte Problem?

1. Besitz stiehlt uns unser Geld

Oniomanie ist der Fachbegriff für Kaufsucht oder Kaufzwang. Diese Störung gibt es schon lange, aber seit es das Online-Shopping gibt, tritt es gehäufter auf. Wie andere Süchte auch, ist es eine Methode, wie Menschen mit negativen Gefühlen und geringem Selbstwertgefühl umgehen. Nur wenige geben es zu, wenn sie unter einer Kaufsucht leiden, zumindest wenn sie der klinischen Definition entspricht. Aber wenn ich unsere überfüllten Schränke und Schubladen anschaue, die so vollgestopft sind, dass sie sich nicht schließen lassen, und unsere Garagen, die so vollgestellt sind mit Zeugs, dass das Auto nicht mehr hineinpasst, dann frage ich mich schon, ob wir nicht alle mehr unter Kaufsucht leiden, als wir glauben.

Jessica Pishko führte ein glückliches Leben in New York und arbeitete in einer Wirtschaftskanzlei. Mit ihrem Leben ging es immer weiter bergab, als sie anfing, ihr kleines Apartment mit Sachen zu füllen, die sie in Geschäften in Manhattan gekauft hatte. Als ihre Schränke alle voll waren, stopfte sie neue Kleidung (an der noch die Preisschilder hingen) unter ihr Bett.

In ihrer Autobiografie *In the Red* beschreibt sie, wie sie für 2 200 Dollar eine Pelzjacke kaufte, für die sie eigentlich gar kein Geld hatte. Es zeigt die traurigen Zwänge von Kaufsüchtigen.

> Die Verkäuferin zog der Puppe die Jacke aus und mir an. Es fühlte sich an, als würde man in eine warme Umarmung gezogen – das Lammfell war unglaublich weich. Die Farbe war intensiv und ein bisschen gewagt. Als ich in den Spiegel schaute, hatte ich das Gefühl, etwas wert zu sein. (…)
>
> Ich zog die Jacke wieder aus und streichelte sie wie einen Geliebten.[61]

Pishko ließ die Jacke zurücklegen, zahlte einen Betrag an und vereinbarte mit der Verkäuferin, den Rest in Raten abzubezahlen. „Ich brachte regelmäßig einmal wöchentlich meine 200 Dollar in das Geschäft, das war meine wichtigste regelmäßige Verpflichtung in dieser Zeit", sagte sie. „Zu dem Zeitpunkt überwies ich meine Miete immer eine Woche zu spät, manchmal auch noch später. Aber die Frau in dem Laden bekam meine 200 Dollar immer pünktlich." Schließlich bezahlte sie die letzte Rate. „Als ich wieder in meiner Wohnung war, öffnete ich die Tüte und vergrub mein Gesicht in dem weichen Fell."[62]

Wie traurig, dass zu dem Zeitpunkt das Fell eines toten Tieres, das teurer war, als Pishko es sich eigentlich leisten konnte, für sie das Wichtigste war. Zum Glück merkte sie immer mehr, wie verzerrt ihre Prioritäten inzwischen waren. Trotzdem waren der Verlust von zwei Jobs, 30 000 Dollar Schulden und eine Privatinsolvenz nötig, bevor sie sich ihrer Sucht stellen konnte. Sie „lernte endlich, dass der steinige Weg zur Genesung leichter zu bewältigen ist ohne all die Einkaufstüten".

Die meisten von uns können sich Jessica Pishkos Geschichte anschauen und denken: *Wow, die hatte aber wirklich ein Problem.* Aber wie viele von uns machen genau das Gleiche, nur nicht so extrem? Wir haben eine emotionale Verbindung zu den Sachen, die wir besitzen. Wir kaufen Dinge, die wir nicht brauchen. Wir kaufen, selbst wenn es uns noch tiefer in die Schulden treibt.

Oder wir lesen die Geschichte und fragen uns: Welcher Mensch mit intaktem Verstand kauft denn eine Pelzjacke, statt die Miete zu bezahlen? Lassen Sie mich das umformulieren: Welcher Mensch mit intaktem Verstand kauft denn etwas, das er nicht braucht, wenn sein Geld für etwas sehr viel Wichtigeres verwendet werden könnte? Und schon ähnelt Jessicas Geschichte ein bisschen mehr unserer eigenen.

Legen wir unseren Fokus eher darauf, anderen zu helfen, oder eher darauf, selbst zu konsumieren?

Es ist interessant festzustellen, dass in den Vereinigten Staaten der Anteil vom Bruttoinlandsprodukt, der gespendet wird, seit Jahrzehnten gleichbleibend bei 2 Prozent liegt.[63] Mittlerweile ist das Bruttoinlandsprodukt von 543 Milliarden Dollar im Jahr 1960 auf 21 Billionen Dollar im Jahr 2019 gestiegen.[64] Wir werden also reicher, aber nicht großzügiger. Was passiert mit all dem übrigen Geld? Wir geben es für uns selbst aus. Der Durchschnittsamerikaner gibt zurzeit 18 000 Dollar für nicht lebensnotwendige Dinge aus.[65]

Ich persönlich möchte mein Geld für Anliegen, die mir wichtig sind, mit dem gleichen Engagement und der gleichen gespannten Erwartung ausgeben, wie Jessica Pishko sie hatte, als sie wöchentlich ihre Rate von 200 Dollar für eine zurückgelegte Pelzjacke in den Laden brachte, die sie nicht brauchte. So lebt man ein Leben, auf das man am Ende stolz sein kann.

Aber das Geld, das wir ausgeben, ist nur ein Aspekt davon, wie Besitz uns von dem ablenkt, was wirklich wichtig ist.

2. Besitz verschwendet unsere Zeit

John Ruskin, ein Kunstkritiker aus dem 19. Jahrhundert, hat einmal geschrieben: „Jeder zunehmende Besitz belastet uns mit neuer Erschöpfung.“[66] Zwei Jahrhunderte später enthält diese Aussage mehr Wahrheit denn je. Jeder einzelne Gegenstand, den man besitzt, erfordert ein bisschen von der Zeit und Kraft, die man hat – sei es durch Recherchieren, Einkaufen, Reinigen, Organisieren,

Jeder einzelne Gegenstand, den man besitzt, erfordert ein bisschen von der Zeit und Kraft, die man hat.

Reparieren, Ersetzen, Recyceln. Oder durch Arbeiten, um das Geld zu verdienen, das für den Kauf einer neuen Sache nötig ist, die man dann mit nach Hause nimmt, um sie zu reinigen, zu organisieren oder durch sie etwas anderes zu ersetzen.

Laut dem American Time Use Survey (eine Umfrage, wofür Amerikaner ihre Zeit einsetzen, Anm. d. Übers.) verbringt der Durchschnittsamerikaner täglich fast zwei Stunden damit, sich um das Haus zu kümmern. Dazu gehören Instandhaltung, Reparaturen, Deko, Gartenarbeit, Wäsche, Putzen und Küchenarbeit. Männer verbringen durchschnittlich eine Stunde und fünfundzwanzig Minuten täglich mit solchen Tätigkeiten, Frauen zwei Stunden und fünfzehn Minuten.[67] Ich weiß nicht, wie es bei Ihnen aussieht, aber ich hätte einen Teil dieser Zeit gern zurück für interessantere Bemühungen.

Wenn Sie glauben, dass zeitsparende technische Hilfsmittel (Staubsauger-Roboter, Alleskönner-Küchenmaschinen usw.) uns immer mehr davor retten, so viel Zeit zu Hause mit Haushaltsarbeiten zu verbringen, dann verlassen Sie sich darauf mal lieber nicht. Die Gesamtstunden, die der Pflege von „Haus und Hof" gewidmet werden, sind seit 1900 ziemlich konstant.[68] Manche unserer Haushaltsgeräte sparen uns wahrscheinlich Zeit, aber da wir immer mehr Sachen besitzen, frisst das die Zeitersparnis wieder auf.

Schauen Sie sich einmal in Ihrem eigenen Zuhause um. All die Sachen, die Sie dort sehen, waren einmal Geld und Zeit. Je mehr Sie besitzen, desto größer ist die Last, die diese Sachen für Ihr Leben werden. Und die meisten Leute haben keine Ahnung, was für eine Riesenlast ihre Besitztümer sind, bis sie sich von einem großen Teil davon trennen, indem sie aussortieren.

Wenn Sie ein sinnvolleres Leben führen möchten, das den Fokus auf das legt, was wirklich wichtig ist, dann sorgen Sie dafür, dass Sie weniger Sachen besitzen. Aber darauf kommen wir gleich noch einmal zurück. Es gibt nämlich eine noch bedeutsamere Möglichkeit, wie uns das Streben nach materiellem Besitz ablenkt.

3. Besitz lenkt uns von unserem Blick für die wichtigen Dinge ab

Die dritte Art, wie uns unser Besitz von unseren Lebenszielen ablenkt, ist nicht so offensichtlich und messbar wie Geld und Zeit. Aber sie ist genauso real. Ja, vielleicht ist sie sogar die schwerwiegendste Art von Ablenkung durch Zeug, weil sie so unterschwellig ist. Zeug lenkt uns ab, indem es unseren Blick für die wichtigen Dinge vernebelt.

Wenn wir in unserem Kleiderschrank oder im Keller oder in der Garage Kisten stehen sehen, dann wissen wir, dass wir ausmisten müssen. Wenn aber alle um uns herum immer mehr materiellen Besitztümern nachjagen, dann fühlt sich diese Einstellung immer normaler an und man hat das Gefühl, es wird von einem auch erwartet. Wir merken immer schlechter, wie dieses Streben uns von den Dingen ablenkt, die wichtig sind. Die Welt um uns herum wird immer versuchen, uns unserer Leidenschaften zu berauben. In der *Madison Avenue* wird jede freie Fläche mit Botschaften darüber gefüllt, wie dieses oder jenes neueste Produkt unser Leben verbessern wird. Sie rufen alle nach unserer Aufmerksamkeit, unserer Gunst und letztlich unserer Bewunderung. Und sie gewinnen sie … mehr, als wir gern zugeben möchten.

Bevor meine Frau und ich Minimalisten wurden, gehörte zu einem typischen Sonntagnachmittag oft, dass ich auf dem Sofa lag und Werbeprospekte mit Sonderangeboten durchging. Wir hatten alles, was wir brauchten, und noch mehr. Und trotzdem stand ich aus irgendeinem Grund wie unter einem Zwang, zu schauen, was es Neues gab, was gerade im Angebot war oder was ich mir inzwischen alles leisten konnte. Wenn ich das jetzt hier schreibe, dann klingt das so dumm. *Was für eine blöde Art, meine kostbare Zeit zu verbringen – mir Dinge zum Kaufen anzuschauen, obwohl mein Haus doch schon voller Zeugs war, das nicht benutzt wurde.* Aber zum damaligen Zeitpunkt schien das so normal. Alle anderen kauften auch Sachen, also war das wohl die Art, wie man lebte.

Das änderte sich für mich, als ich den Minimalismus entdeckte. Meine Frau und ich haben uns zwar nie als extreme Minimalisten betrachtet, auch wenn wir schon aus dem Rucksack und in einem knapp zwanzig Quadratmeter großen Tiny House gelebt haben. Wir nahmen uns aber dann vor, nur das zu behalten, was wir brauchten, um unsere wichtigsten Ziele zu erreichen und unseren Werten gemäß zu leben. Währenddessen entlarvten wir die leeren Versprechungen des Materialismus und entdeckten, wie das ständige Streben nach immer mehr Sachen uns davon ablenkt, unser Potenzial vollständig auszuschöpfen.

Heute verbringe ich einen Sonntagnachmittag lieber damit, mit meinen Kindern Tennis zu spielen, mit Freunden zu wandern, Zeit mit Nachbarn zu verbringen oder an einem Buch zu arbeiten, dessen Botschaft mich überleben wird.

Sie haben wahrscheinlich einen Computer, der schon mal abgestürzt oder langsamer geworden ist, weil im Hintergrund Programme (vielleicht Schadsoftware) liefen. Das störte Sie sehr, weil Sie nicht mehr effizient arbeiten konnten. Ganz ähnlich verschlingt auch Materialismus mentale Energie – weil Sie ständig darüber nachdenken, was Sie alles kaufen können, weil Sie sich Gedanken darüber machen, was andere alles haben, weil Sie Fernsehsendungen über Immobilien und andere Kaufsendungen anschauen und weil Sie sich ausmalen, wie es wohl wäre, in dem Promi-Viertel der

Schönen und Reichen zu wohnen, durch das Sie gerade gefahren sind. Ihr abgelenkter Blick für die wichtigen Dinge überlagert zwar nicht völlig Ihr Bestreben, wertvolle Ziele zu erreichen, aber wie ein Computerprogramm, das im Hintergrund läuft, kann es Sie langsam machen. Und wer kann so etwas gebrauchen? Das Leben ist kurz.

Minimalismus ist eine Investition in Klarheit. Bildlich gesprochen ist es der Unterschied zwischen einer Laterne und einem Laserstrahl.

Dinge, die wichtig sind, fordern uns in der Regel sehr heraus. Wenn wir sie bestmöglich machen wollen, dann erfordern sie alles, was in uns steckt. Wir sollten uns dabei nicht mit dem Zweitbesten zufriedengeben – oder schlimmer noch, sie ganz aus dem Blick verlieren –, indem wir uns gedanklich zu viel mit Möbelstücken und Klamotten beschäftigen.

Egal auf welche Art uns unser Besitz ablenkt – indem er uns Geld stiehlt, uns Zeit kostet oder uns den Blick für das verstellt, was wichtig ist –, unsere Reaktion darauf sollte immer die gleiche sein: Werden Sie alles los, was Sie nicht brauchen, und leben Sie dann Ihr Leben weiter, indem Sie Ihre Zeit effektiver nutzen. Aussortieren und Verkleinern ist anstrengend, aber der daraus resultierende und bleibende Gewinn ist eine größere Freiheit, die Dinge zu erreichen, die wir möchten.

Weniger shoppen, mehr leben

Britt Bruce lebt zusammen mit ihrem Partner und einer schielenden Katze namens Bacall in Ontario, Kanada. Vor Kurzem beschloss Britt, ein ganzes Jahr lang nichts zu kaufen – außer Miete zu bezahlen und Lebensmittel und Toilettenartikel zu kaufen.

Damit reagierte sie in mancherlei Hinsicht auf eine ungute Shopping-Neigung, die sie bei sich festgestellt hatte. „Wenn etwas angeboten wurde, was ein ‚Schnäppchen' war und meine Größe hatte", so erzählte sie mir, „dann kaufte ich es, selbst wenn es mir nicht hundertprozentig gefiel oder ich es nicht brauchte. Es war im Schlussverkauf – wie sollte ich da widerstehen? Wenn ich meine Online-Shopping-Gewohnheiten mit einem Wort beschreiben sollte, dann wäre das Wort ‚unüberlegt'. Und mir war klar, dass sich etwas ändern musste."

Letztlich war ihr selbst auferlegtes Kaufverbot eine spontane Reaktion auf eine unerwartete Rechnung für eine Autoreparatur. „Ich habe mir das Kaufverbot auferlegt, weil ich Geld sparen wollte. Ich hatte gerade ein kleines Vermögen für Autoreparaturen ausgegeben, und ein selbst auferlegtes Kaufverbot schien mir der leichteste Weg, meine Finanzen wieder in den Griff zu bekommen."

Eine kurzfristige Entscheidung, ausgelöst durch einen finanziellen Engpass, brachte lebensverändernde Ergebnisse mit sich.

Zum ersten Mal sprach ich mit Britt ein halbes Jahr nach Beginn ihres Experiments. Ich fragte sie, wie es ihr dabei gehe. Als Erstes sagte sie, dass es leichter sei, als sie gedacht habe. „Es sollte nicht schwierig sein für jemanden, sechs Monate lang nichts Neues zu kaufen. Vielleicht klingt es so radikal, weil wir darauf konditioniert sind zu glauben, dass wir ständig neuen ‚Kram' brauchen. Aber eigentlich wissen wir doch alle, dass das nicht stimmt. Das ist nur cleveres Marketing, um uns davon zu überzeugen, dass wir so viele Sachen brauchen."

Schon recht bald merkte Britt außerdem, wie schnell das selbst auferlegte Kaufverbot bei ihr Dankbarkeit entfachte. „Weil ich die Möglichkeit gestrichen hatte, loszuziehen und Sachen zu kaufen, um eine Leere in meinem Leben auszufüllen, bemerkte ich auf einmal, was es schon alles an Gutem in meinem Leben gab. Ich hatte nie das Gefühl, dass ich nicht genau das hatte, was ich brauchte, oder dass ich nicht auch gut mit dem zurechtkam, was ich schon hatte."

Am Ende des Jahres lernte Britt sogar noch mehr über sich selbst.

„Mir wurde klar, wie groß der Teil meines Lebens war, der von Materialismus und Konsum beherrscht war – von dem Wunsch, etwas zu kaufen, weil es neu war und so schön glänzte, oder weil meine Freunde es auch kauften oder manchmal auch einfach nur, weil es im Schlussverkauf war. Ich bin in meinem Kaufverhalten sehr viel achtsamer geworden. Ich kaufe nur noch etwas, wenn ich es wirklich brauche. Und ich kaufe jetzt sehr viel bewusster ein und denke bei einem Gegenstand erst so lange wie möglich nach, bevor ich ihn in meinen Einkaufswagen lege."

Wie Sie sich wahrscheinlich vorstellen können, hat Britt nun viel mehr Zeit und Geld und kann dadurch neuen kreativen Hobbys nachgehen, die sie vor dem Experiment nicht hatte. „Es hat mir schon immer Spaß gemacht, etwas, das noch nicht sein ganzes Potenzial entfaltet, zu nehmen und daraus noch mehr zu machen – ob das Kleidung, Kunst, Technologie oder etwas im Garten ist. Ich liebe es, Dinge aufblühen zu sehen, und das selbst auferlegte Kaufverbot hat diese Leidenschaft wieder neu entfacht."

Erkennen Sie sich in Britts Geschichte wieder? Selbst wenn Sie sich kein Kaufverbot auferlegen, werden Sie leicht merken, dass es uns etwas über uns selbst und unsere größten Möglichkeiten in der Welt lehrt, wenn wir uns vom Streben nach materiellem Besitz abwenden.

Wie Sie mit dem zufrieden sein können, was Sie haben

Wenn wir lernen, die wichtigsten Ziele in unserem Leben zu verfolgen, geht es dabei zu einem sehr großen Teil darum, unsere Vision weiterzuentwickeln.

Stellen Sie sich doch nur vor, wie das Leben aussähe, wenn Sie zufrieden wären mit dem, was Sie haben. Was wäre, wenn Sie nicht bei Amazon herumscrollen würden, Sie sich nicht ein größeres Haus wünschen oder sich häufig neue Kleidung kaufen würden? Was wäre, wenn Sie diese Leidenschaft auf das richten würden, was wirklich wichtig ist?

Wir leben in einer Gesellschaft, in der dieses Streben nach Konsum völlig normal ist. Aber wir können diese Konsumleidenschaft überwinden, und der Schlüssel dazu ist Zufriedenheit. Zufriedenheit bringt eine unverkennbare Freiheit mit sich: die Freiheit, zu sein, wer man ist, sich daran zu freuen, wer man ist, und das Leben zu führen, zu dem man berufen ist. Zufriedenheit bringt auch gesundheitliche Vorteile. Zum Beispiel senkt sie das Stresslevel, sorgt für eine positivere Perspektive, entspannt den Körper und macht das Leben angenehmer.[69] Das sind alles gute und wunderbare Geschenke.

Das nur allzu „normale“ Leben überbordenden Konsums und Besitzes ist ein undurchdringlicher Dschungel, der unsere Vision immer weiter einengt und unser Handeln verlangsamt. Wenn wir mit einem materiell einfachen Leben zufrieden sind, ist es ein Garten, in dem alle Arten sinnvoller Aktivitäten gedeihen und erblühen können.

Aber wie erreichen wir diese Zufriedenheit? Das müssen wir unbedingt herausfinden. Schließlich kenne ich keinen einzigen Menschen, der nicht gern zufrieden sein möchte. Zufriedenheit ist schwer zu fassen.

Ich möchte Ihnen einen alternativen Ansatz zeigen, wie man dieses unglaubliche Geschenk entdecken kann. Am schnellsten erleben Sie Zufriedenheit, wenn Sie mit weniger leben.

Viele Leute glauben, dass der entgegengesetzte Ansatz die richtige Formel ist – wenn ich weniger möchte, dann wird es mir leichter fallen, weniger zu besitzen. Aber für mich selbst und auch unzählige andere Menschen, die ich zu diesem Vorhaben beraten habe, ist der erste Schritt, sich von überflüssigen Besitztümern zu trennen. Wenn man das einmal getan hat, dann *weiß* man, wie wenig man braucht, um glücklich zu leben und seine Zeit effektiv zu nutzen. Dann verblasst der Wunsch, zu kaufen und zu besitzen, von selbst.

Am schnellsten erleben Sie Zufriedenheit, wenn Sie mit weniger leben.

Erst weniger besitzen, dann weniger wollen.

Versuchen Sie es. Ich glaube, Sie werden feststellen, dass man genau so Zufriedenheit entdeckt: Befreien Sie sich aus den Klauen des Konsums und erlauben Sie sich, viele wertvolle Fähigkeiten anzuhäufen und nicht ein Haus voller materieller Dinge.

Die Frage, die Sie sich in Bezug auf Ihre Besitztümer stellen sollten

Eine berühmte Ordnungsexpertin nennt eine Frage, mithilfe derer man entscheiden kann, ob man einen persönlichen Gegenstand behalten oder sich von ihm trennen soll: „Macht es dich glücklich?“

Ich habe erlebt, wie dieser Ansatz erhebliche Bemühungen ausgelöst hat, Dinge auszusortieren, und dafür bin ich Marie Kondo dankbar. Aber ich glaube, dass die Frage „Macht es dich glücklich?“ vielleicht nicht so magisch ist, wie es klingt, und dass es das Aufräumen vielleicht seiner umfassenden Möglichkeiten beraubt. Wenn etwas „mich glücklich macht“, geht es darum, welches Gefühl uns Dinge geben. Damit wird scheinbar akzeptiert, dass wir unser eigenes Glücklichsein und unsere Freude über alles andere stellen und dass das, was wir besitzen, dazu beiträgt, beides zu bekommen. Außerdem ist es doch so: Viele Sachen, die wir einmal für unser Zuhause gekauft haben, haben uns irgendwann einmal „glücklich gemacht“. Deshalb haben wir sie ja gekauft, und deshalb fällt es uns jetzt schwer, uns von ihnen zu trennen.

Also möchte ich eine andere Frage vorschlagen, die wir uns für unsere Entscheidung stellen können, ob wir einen Gegenstand weiter besitzen oder uns davon trennen wollen. Statt zu fragen: „Macht es mich glücklich?“, lassen Sie uns fragen: „Unterstützt es ein Ziel?“

Ist der Gegenstand in irgendeinem Sinne ein Hilfsmittel, das Sie unterstützt in Ihrem Streben nach Dingen, die Ihnen wichtig sind? Wenn Sie zum Beispiel in Ihren überquellenden Kleiderschrank schauen, hilft es Ihnen dann, Ihr Ziel zu verfolgen, wenn Sie all diese Sachen besitzen? Oder macht es Sie morgens langsamer und ist Ihnen jedes Mal eine Last, wenn Sie daran denken? Wäre eine verkleinerte Garderobe in einem gut eingeteilten Schrank besser geeignet, Sie in einen erfolgreichen Tag zu entlassen?

Wenn Sie ein Mensch sind, der Bücher sammelt, wie viele der Bücher in Ihren Regalen werden Sie ein zweites Mal lesen? Kann es sein, dass Sie sie zu Deko-Zwecken oder aus sentimentalen statt aus praktischen Gründen behalten? Was wäre, wenn Sie weniger Bücher behalten würden, sodass Sie Platz für ein Home-Office hätten, das für Ihre Arbeit und Ihre Kernprojekte viel förderlicher wäre?

Oder was ist mit all den Kisten in Ihrer Garage? Helfen sie Ihnen dabei, Ihr Auto bei schlechtem Wetter gut unterzubringen? Oder erinnern sie Sie jedes Mal, wenn Sie nach Hause kommen, an die Unordnung und Schwierigkeiten in Ihrem Leben?

Ihr Zuhause gehört für Sie zu den wichtigsten Plätzen der Welt, und es dient in Ihrem Leben einem wichtigen Zweck. Ihr Zuhause – egal, ob es 180 Quadratmeter auf 20 000 Quadratmeter Grundstück sind oder 20 Quadratmeter auf Rädern – sollte eine Umgebung sein, die Ihnen die Möglichkeit zum Ausruhen, Entspannen und Auftanken gibt. Aber es sollte auch als Startrampe für den Dienst an der Welt um sie herum dienen. Dient das, was Sie besitzen und was sich in Ihrem Zuhause befindet, diesem Zweck? Oder ist Ihr Zuhause so vollgestopft, dass Sie nur noch Verwalter Ihrer Sachen sind und nicht mehr ein Mensch mit Zielen und Träumen, Leidenschaften und einem Sinn im Leben?

Wenn es Ihre wichtigsten Lebensziele nicht erfordern, dass Sie in der ganzen Welt unterwegs sind und von der Hand in den Mund leben, dann werden Sie einige Besitztümer haben müssen, wie zum Beispiel *ein paar* Möbel, *ein paar* Küchenutensilien, *ein paar* Sachen zum Anziehen. Um einen Zugang zu unserer Vergangenheit zu bewahren, brauchen wir *ein paar* Erinnerungsstücke und Fotos. Und weil wir Geschöpfe sind, die durch Schönheit inspiriert werden, brauchen wir *etwas* Kunst und andere schöne Dinge um uns herum.

> *Beim Weniger-Besitzen geht es nicht darum, gar nichts zu besitzen. Es geht darum, die richtigen Sachen zu besitzen – und die richtige Menge davon.*

Das sind Lebensnotwendigkeiten, und wenn wir den Zweck unseres Lebens erfüllen wollen, müssen unsere Bedürfnisse erfüllt werden. Deshalb ist es wichtig zu merken, dass es beim Weniger-

Besitzen nicht darum geht, gar nichts zu besitzen. Vielmehr geht es darum, die richtigen Sachen zu besitzen – und die richtige Menge davon.

Vielleicht ist es sogar nötig, dass Sie andere oder bessere Sachen kaufen, wenn sich Ihre Ziele und Absichten ändern.

Als ich beispielsweise beschloss, Autor zu werden, brauchte ich neue Hilfsmittel, um dieses Vorhaben zu erreichen.

Ich habe mich dafür entschieden, hochwertiges Computerzubehör zu kaufen. Diese technischen Geräte waren ein grundlegendes Hilfsmittel für mein neues Ziel; ich konnte es weder einfach weglassen noch daran sparen. Aber ich konnte es mir auch leisten, weil ich Geld gespart hatte, indem ich mich von so viel anderen belastenden Sachen befreit hatte.

Dennoch sollten meiner Beobachtung nach fast alle Menschen, die in westlichen hoch entwickelten Ländern leben, sich darauf konzentrieren, Sachen loszuwerden. Wir besitzen mehr, als wir brauchen, und das lenkt uns von unserem Potenzial ab. Also lassen Sie uns Sachen spenden, recyceln oder entsorgen. Es heißt, dass sich in einem amerikanischen Durchschnittshaushalt etwa 300 000 Gegenstände befinden.[70] Auf wie viele Gegenstände können Sie Ihren Haushalt reduzieren?

Wenn Sie sich genauere Hilfestellung wünschen, wie Sie es anstellen können, weniger zu besitzen, finden Sie die in meinem Buch *The Minimalist Home – A Room-by-Room Guide to a Decluttered, Refocused Life*. Aber fürs Erste ist beim Aussortieren die entscheidende Frage, die wir im Kopf behalten sollten: *Unterstützen diese Sachen meine Ziele?*

Es ist etwas grundsätzlich anderes, ob Sie das Haus aufräumen oder ob Sie Ihr Leben von Sachen befreien. Bei dem einen entfachen Sie nur für sich selbst Freude, bei dem anderen entzünden Sie ein Feuer in der Welt.

Wie wir uns verändern, wenn wir weniger besitzen

Bonnie Balgeman ist eine Atemtherapeutin, 38 Jahre alt und lebt in Montana. Sie ist außerdem Mutter von zwei Söhnen im Grundschulalter und arbeitet zusammen mit ihrem Mann auf der Ranch der Familie. Es braucht wohl nicht extra erwähnt zu werden, dass sie eine vielbeschäftigte Frau ist. Aber da sie mit zwei Jungs auf einer Ranch in Montana lebt, sagt sie gern, dass sie die Zeit auf dem Land genießt – und nicht nur die Zeit, wenn die Kälber geboren werden.

Noch vor zwei Jahren hätte sie das vielleicht nicht gesagt. Nachdem ein paar Jahre zuvor ihre Großeltern gestorben waren, zogen Bonnie und ihr Mann in deren Haus, um sich um die Ranch zu kümmern. „Wir zogen in das kleine Haus und alles, was meine Großeltern besessen hatten, war immer noch da, und wir brachten unsere Sachen einfach noch mit", berichtete Bonnie. „Damals hatten wir zwei gute Einkommen und keine Kinder, und ich kaufte gern ein. Ich brauche wohl nicht extra zu erwähnen, dass sich überall Zeugs stapelte. Als dann unsere Söhne geboren wurden, kauften wir einfach immer noch mehr."

Bis sie eines Tages in der Stille des frühen Morgens eine Erleuchtung hatte und ihr klar wurde, dass sich bei ihnen zu Hause und in ihrem Leben etwas ändern musste.

„Ich verbrachte meine gesamte Zeit damit, das Inventar unseres Zuhauses zu managen. Ich kam kaum nach mit den täglichen Arbeiten für einen Vier-Personen-Haushalt, geschweige denn mit dem, was es sonst noch im Haus zu tun gab. Es war, als ob wir immer mehr Zeugs anhäuften, nur um diese Haufen dann hin und her zu rücken und um sie herum zu putzen. Ich hatte keine Zeit, mich einfach an meiner Familie zu freuen. Also fing ich an auszumisten und die Dinge zu entsorgen, die nicht dazu beitrugen, dass die Familie ihre sich vorgenommenen Ziele erreichte."

Im Laufe eines Monats ging Bonnie alle Bereiche ihres Hauses durch, aber sie fügte rasch hinzu, dass das Neusortieren und Umorganisieren bis heute – also zwei Jahre danach – andauert.

Als Bonnie anfing auszumisten, wurde ihr etwas Wichtiges langsam klar. „Mir fiel bei all den aussortierten Sachen auf, wie viel Geld wir dafür ausgegeben hatten. Ich legte Sachen in die Spendenkiste und konnte mich noch lebhaft daran erinnern, wie ich sie gekauft hatte. Ich sah mich selbst an der Kasse stehen und sie bezahlen. Und jedes Mal hatte ich eine gute Begründung für den Kauf gehabt: ‚Das wird unser Zuhause und das Leben meiner Familie verbessern.' Und jetzt stehe ich hier – Jahre später – und stelle fest, dass wir sie nie benutzt haben. Es waren einfach nur Sachen, die genau die Zeit und Energie gekostet haben, die ich eigentlich für meine Kinder haben wollte."

Schnell und fast ohne Vorwarnung veränderte das ihre Sicht vom Kaufen ganz allgemein. „Ich brauchte nicht immer mehr, um Freude am Leben zu haben", sagte sie. „Ich brauchte weniger. Ich habe jetzt längst nicht mehr so mit dem Konsumdenken zu kämpfen wie früher. Aber wenn es doch mal wieder aufflackert, dann denke ich an all die Sachen, die ich aussortiert habe, an all das verschwendete Geld, an all die vergeudete Zeit und all die Kraft, die ich damit vertan habe, einfach nur Sachen zu organisieren. Und dann frage ich mich: *Ist das wirklich etwas, um das ich mich für den Rest meines Lebens kümmern will?*"

Ich fragte Bonnie, inwiefern das Aussortieren sie verändert habe. Und Folgendes antwortete sie darauf: „Ich lebe jeden Tag auf das fokussiert, was mir wichtig ist. Warum sollte ich wieder anfangen, Zeugs zu organisieren, das nicht wichtig ist?"

Die Geschichte zeigt, wie weniger zu *besitzen* dazu führt, weniger zu *wollen.* Auf diese Weise holt uns das Aussortieren der Sachen, die wir nicht brauchen, aus einer Welt des Überkonsums, den wir überall um uns her wahrnehmen können. Und das ist einer der Gründe, weshalb ich eine so große Leidenschaft für den Minimalismus habe und es mir so wichtig ist, Menschen zu helfen, dessen Vorzüge zu erleben. Wenn wir erst einmal erkennen, welche Vorteile es hat, weniger zu besitzen, dann ist es nur ein kleiner Schritt dahin, mit dem zufrieden zu sein, was wir besitzen.

Der Philosoph Alain de Botton hat das so ausgedrückt: Jean-Jaques Rousseau habe geglaubt, dass „es zwei Arten gibt, einen Mann reicher zu machen (…): Gib ihm mehr Geld oder zügele seine Wünsche."[71] Meiner Erfahrung nach ist die schnellste Art, unsere Wünsche zu zügeln, wenn wir erleben, wie viel Freude es macht, mit weniger zu leben.

Menschen wie Bonnie, die sich dafür entschieden haben, mit weniger Besitztümern zu leben, erleben einen doppelten Nutzen. Erstens setzt es Geld, Zeit, Kraft und Prioritäten frei für die Dinge, die wirklich wichtig sind. Die Menschen, die so leben, haben weniger Stress, sind weniger abgelenkt und schaden der Umwelt weniger, und sie sind bessere Vorbilder für ihre Kinder und die ganze Familie. Und zweitens entdecken diejenigen, die weniger besitzen möchten, ziemlich schnell, wie viel Zufriedenheit sie gewinnen. Sie entscheiden sich bewusst gegen den Wunsch, mehr Besitz anzuhäufen. Das ist meine Geschichte, und es kann auch Ihre sein.

Wenn Sie diese beiden positiven Auswirkungen selbst erleben, ist es leichter, die Lügen und künstlichen Versprechungen der materialistischen Welt zu enttarnen.

Weniger zu besitzen, führt zu größerer Zufriedenheit. Und größere Zufriedenheit führt zu der Freiheit, nach dem zu streben, was wirklich wichtig ist.

8

Das Streben nach Bedeutung

Die Ablenkung durch Anerkennung überwinden

> „Ich finde, jeder sollte reich und berühmt werden und alles tun, wovon er immer geträumt hat, damit er sehen kann, dass das nicht die Lösung ist."
>
> *JIM CARREY*

Minimalist zu werden, hat dazu geführt, dass ich mehr denn je nachdenke über die Werte, die ich zutiefst vertrete, und über meine höchsten Ziele im Leben. Nachdem wir zum Beispiel unsere Familienfinanzen geklärt hatten, brachte mich der Minimalismus dazu, darüber nachzudenken, was ich eigentlich mit meinem Geld tun wollte. Mir wurde klar, dass ich mich weder durch Geld noch durch Besitz von den Dingen ablenken lassen wollte, die mir wichtig sind. Ehrlich gesagt hatte ich es selbst schon mit allen der in diesem Buch beschriebenen Ablenkungen zu tun – mal mehr, mal weniger. Aber in diesem Kapitel kommen wir jetzt zu der für mich persönlich schwerwiegendsten Ablenkung. Im Laufe der Jahre interessieren mich Geld und Besitz immer weniger … aber die Verführung des Beifalls für meine Leistungen kriegt mich jedes Mal wieder.

Ich will Ihnen von einer Gelegenheit erzählen, bei der mir klar wurde, dass meine Liebe zur Aufmerksamkeit durch andere für mich zum Stolperstein wurde und mich an dem hinderte, was ich erreichen wollte. Die Geschichte ist mir peinlich, aber ich erzähle sie trotzdem, weil Sie sie vielleicht nachempfinden können. Sie ereignete sich über mehrere Wochen Anfang 2014.

Die Zeit war für mich in mehrfacher Hinsicht ein Höhepunkt. Am 18. Januar erschien mein Buch *Clutterfree with Kids* und war dann zwei Wochen lang auf Platz eins der Bestsellerliste für Erziehungsbücher bei Amazon (ohne irgendwelche Algorithmus-manipulierenden Schummeleien). Aber das war noch nicht alles. Am selben Tag, an dem mein neues Buch herauskam, zählte die Facebook-Seite *Becoming Minimalist* einhunderttausend Freunde – das war ein Meilenstein. Die *Becoming-Minimalist*-Website hatte schon eine Million Besucher gehabt und es wurden immer noch mehr.

Vor sechs Jahren hatte ich das Blog gestartet, und es war drei Monate her, dass ich aus meinem Job ausgestiegen war, um mich hauptberuflich für Minimalismus einzusetzen. Ich glaubte, dass ich es jetzt geschafft hatte. Ich war überglücklich. Das genoss ich ungefähr zwei Wochen lang.

Der Spaß endete, als ich an meinem Esstisch saß und an meinem Laptop arbeitete. Ich bemerkte, dass in den sozialen Medien über etwas geredet wurde. Über Joshua Fields Millburn und Ryan Nicodemus, beide selbst ernannte Minimalisten, wurde in einem Artikel auf Yahoo berichtet. Ungefähr zu dem Zeitpunkt, als ich *Clutterfree* veröffentlicht hatte, war auch ihr Buch *Everything That Remains* erschienen und hatte sich gut verkauft. Die Mitarbeiter von Yahoo entschieden, sie in einem Artikel über Minimalismus vorzustellen, und die Menschen in meiner Sozialen-Medien-Welt gratulierten ihnen zu ihrem Erfolg und lobten sie.

Ich kannte und mochte die beiden Minimalisten. Wir arbeiteten für dasselbe Anliegen – nämlich Menschen zu helfen, ein besseres Leben zu bekommen, indem sie weniger besaßen. Ich hätte mich für sie freuen sollen. Aber das tat ich nicht.

Tatsache war, dass ich neidisch war. Ich dachte: Eigentlich sollte ich es sein, der die Aufmerksamkeit bekommt.

Das ist ein langer und beunruhigender Absturz von überglücklich zu todunglücklich. Denn eines stand fest: Es ging nicht nur um Joshua und Ryan. Etwas später in derselben Woche bemerkte ich, dass die Anzahl derjenigen, die der Facebook-Seite eines anderen Autors folgten, schneller wuchs als die der Anhänger meiner Seite. Und dann verbreitete sich ein Post eines anderen Bloggers rasend schnell im Internet. Und, um das Ganze noch schlimmer zu machen, mein Buch war auf keiner Bestsellerliste mehr ganz oben zu finden. Es gab sogar einige Erziehungsbücher, die sich besser verkauften als mein Buch. Langsam bedauerte ich, dass ich meinem Buch nicht den Titel *Diese 5 Sprachen der Liebe warten auf werdende Eltern* gegeben hatte.

Statt eine der großartigsten Phasen meines Lebens zu feiern, war ich kleinlich geworden und neidisch auf die Menschen um mich herum. Ich wünschte, ich könnte sagen, dass ich nur oberflächlich neidisch war und meine Einstellung wieder verschwinden würde, aber der Neid war tief in meinem Inneren verwurzelt, und ich wurde ihn nicht los, was auch immer ich versuchte.

Zum Glück war ich ein paar Wochen danach auf einem Kongress in San Diego und hörte einen Vortrag der bekannten und beliebten Autorin Anne Lamott. Nach dem Vortrag gab es die Möglichkeit, Fragen zu stellen. Jemand im Publikum stand auf und wollte wissen: „Wie gehe ich mit negativen Kommentaren zu meinen Büchern um?"

Darauf antwortete Lamott (ich schreibe ihre Antwort in meinen Worten auf): „Wenn Sie hoffen, Ihren Selbstwert und Ihre Erfüllung in der Meinung anderer Leute über Sie zu finden, dann werden Sie beides niemals finden."

Ihre Aussage hatte sofort meine Aufmerksamkeit. Ich dachte an die vergangenen Wochen zurück. Ich hatte meinen Selbstwert und mein Glück von der Anerkennung anderer abhängig gemacht. Und als sie sich jetzt anderen zuwandten, wechselte auch meine Meinung über das Leben, das ich zu führen versuchte.

Es ist immer ein törichtes Bestreben, unseren Selbstwert von der Anerkennung und Zustimmung anderer abzuleiten. Es wirkt sich negativ auf die Entscheidungen aus, die wir treffen, und die Art zu leben, für die wir uns entscheiden. Darüber hinaus kann der Applaus anderer unser Herz und unsere Seele niemals ganz befriedigen. Selbst diejenigen, die in unserer Gesellschaft den Gipfel von Ruhm und Ansehen erreicht haben, wollen davon immer noch mehr. Es ist so, wie es in dem Sprichwort heißt: Man kann nie genug haben von Dingen, die man nicht braucht, um glücklich zu werden.

Unser Ziel ist nicht, uns die Anerkennung anderer zu sichern. Die ist nämlich hohl und flüchtig. Unser Ziel ist es, das Potenzial des einen Lebens, das wir bekommen haben, ganz auszuschöpfen – und zwar egal, ob uns jemand dafür lobt oder nicht.

Der süße Duft des Lobes

Lob ist eine heikle Angelegenheit. Es kann motivierend sein, und man kann es zum eigenen Vorteil nutzen, aber es kann auch dazu führen, dass man den Fokus verliert. Damit Sie Applaus bekommen, treffen Sie vielleicht Entscheidungen, die Sie dazu bringen, von einem besseren Weg abzuweichen. Lob kann leicht zu einem der Gründe werden, weshalb wir nie die Dinge erreicht haben, die uns sehr wichtig sind.

Nun ist natürlich nicht jeder in derselben Position, wenn es um Ablenkung durch Applaus geht. Manche spielen eine Rolle in der Gesellschaft, durch die sie von Natur aus mehr Aufmerksamkeit bekommen als andere. Manche sind von ihrem Temperament her anfälliger dafür, dass ihnen Applaus zu Kopf steigt (an dieser Stelle muss ich die Hand heben). Manche haben Lebensziele, die sehr stark von öffentlicher Aufmerksamkeit profitieren, andere dagegen nicht. Aber wir sollten alle vorsichtig sein. Der Klang von Applaus ist so schön, und er macht süchtig – wir wollen immer mehr davon.

Mein Großvater sagte immer: „Lob ist wie Parfüm. Rieche daran, aber schlucke es nicht." Vielleicht bekommen Sie viel (oder Sie *wünschten*, sie bekämen viel) Lob für das, was Sie tun, um Ihre Lebensziele zu erreichen. Aber Vorsicht. Es geschieht so leicht, dass wir irgendwann eher den Applaus anstreben als das eigentliche Ziel.

Oder vielleicht ist es auch das Streben nach Anerkennung allgemein, das unsere Probleme verursacht. Manchmal streben Menschen nicht nach den Dingen und Menschen, die ihnen wichtig sind, weil sie zu viel Zeit damit verbringen, ihren Chef zu beeindrucken, oder weil sie sich darüber aufregen, wie wenig sie beachtet werden, oder weil sie TikTok-Tanzvideos machen, von denen sie hoffen, dass sie dadurch rasend schnell bekannt werden.

Wenn es Ihnen am allerwichtigsten ist, Ihre Lebensziele zu verfolgen und zu erreichen, dann müssen Sie lernen, mit der ablenkenden Wirkung von Applaus umzugehen. Und die Antwort auf zu viel Applaus ist … mehr Applaus. Aber nicht für Sie. Ich komme gleich dazu, was ich damit meine.

Unser Ziel sollte es sein, dass der Applaus unseren Lebenszielen dient und sie nicht untergräbt.

Der Reiz der Berühmtheit

Sie kennen sicher den Ausdruck *Ruhm und Reichtum*. Haben Sie schon einmal darüber nachgedacht, wieso hierbei Ruhm als Erstes genannt wird? Könnte es vielleicht sein, dass Menschen – zumindest viele von ihnen – noch mehr von dem Wunsch nach Bekanntheit und Anerkennung getrieben sind als nach dem Wunsch nach Reichtum?

Eine Umfrage aus der Sozialforschung beschäftigte sich mit den Zielen von Teenagern. Und welches war das am häufigsten genannte Ziel? Ruhm, und zwar einzig zu dem Zweck, um berühmt zu sein.[72] Vielleicht ist das gar nicht so überraschend, wenn man bedenkt, dass es sich bei den Befragten um eine Generation handelt, die im Zeitalter von Amateur-YouTube-Stars groß wird, von Popsängern mit Millionen von Twitter-Followern und Influencern, die erster Klasse um die Welt reisen, nur weil sie auf Selfies gut aussehen.

Aber wir wollen nicht auf den Kids herumhacken. Viele von uns Erwachsenen haben ja auch den Wunsch, berühmt zu sein. Laut Orville Gilbert Brim, einem Sozialpsychologen und dem Autor des Buches *Look at Me! The Fame Motive from Childhood to Death*, antworten etwa 30 Prozent der Befragten in Peking und Deutschland – und in den Vereinigten Staaten 50 Prozent –, dass sie davon träumen, berühmt zu sein. In diesen zwei Ländern und in Chinas Hauptstadt erwarten 30 bis 50 Prozent wirklich, im Laufe ihres Lebens ein gewisses Maß an Berühmtheit zu erlangen, und wenn es nur der sprichwörtliche eine Tag im Leben ist.[73]

Bei Erwachsenen ist der Wunsch nach Berühmtheit im Allgemeinen etwas gemäßigt, weil sie besser begreifen, dass Ruhm auch seine Schattenseiten hat. Und die Hoffnung auf Berühmtheit oder wenigstens die Erwartung darauf lässt mit dem Alter meist nach.

Trotzdem ist die Anziehungskraft des Wunsches, von allen gesehen und bewundert zu werden, für viele immer noch groß.

Was ist so reizvoll an Berühmtheit?

Untersuchungen der Psychologin Dara Greenwood und ihrer KollegInnen besagen, dass Menschen in erster Linie deshalb berühmt sein möchten, weil sie *„den Wunsch haben, gesehen/wertgeschätzt zu werden* (z. B. ‚Auf dem Cover einer Zeitschrift', ‚Auf der Straße erkannt zu werden')."[74] In einem Artikel zu diesem Thema formuliert es der Journalist Benedict Carey folgendermaßen: „Menschen mit einem gesteigerten Wunsch, auch Fremden bekannt zu sein, unterscheiden sich von denen, die in erster Linie Reichtum und Einfluss wollen. Ihr Streben nach Berühmtheit scheint in ihrem Wunsch nach gesellschaftlicher Akzeptanz zu wurzeln, einer Sehnsucht nach der existenziellen Bestätigung, die durch weite Bekanntheit verheißen wird."[75] Anscheinend gibt es in unserer Welt jede Menge emotionale Bedürftigkeit. (Aber wer bin denn ich, mir dazu eine Bemerkung zu erlauben?)

Ich hoffe, Sie wissen es schon, aber ich möchte es trotzdem noch einmal sagen: Sie brauchen kein Lob und keine besondere Aufmerksamkeit, um etwas wert zu sein. Sie haben einen Wert, weil Sie Sie sind. Aber ich weiß – es ist schwer, sich keine Aufmerksamkeit zu wünschen.

Sie brauchen kein Lob und keine besondere Aufmerksamkeit, um etwas wert zu sein.

Den Wunsch nach Applaus gibt es wahrscheinlich schon seit Anbeginn der Menschheit. Der Unterschied zu heute besteht darin, dass die Medien es jedem ermöglichen, Ruhm – oder etwas, das ihm ähnelt – zu erlangen. Jeder kann einen Text, Fotos, Musik oder Videos dort veröffentlichen, wo (theoretisch) jeder auf der Welt es sehen kann. Mithilfe diverser Plattformen können wir erleben, wie viele Menschen auf unsere Meinungen oder unsere Selbstdarstellung aufmerksam werden und wie viele wir erreichen. Und es ist ja tatsächlich so: Zahlreiche normale Leute haben erlebt, dass ihre Fotos oder Videos sich durch Zufall rasend schnell im Internet verbreitet haben.

Aber ich habe Neuigkeiten für Sie: Nur etwa 0,0086 Prozent der Weltbevölkerung ist wirklich berühmt.[76] Und das ist gut so. Berühmtheit ist gar nicht so toll, wie alle sagen.

Natürlich ist *etwas* Applaus durchaus schön. *Etwas* Applaus ist wohlverdient. *Manche* Auszeichnungen und Preise gehen an Leute, die Anerkennung verdient haben. Wenn Sie ein Leiter oder eine Leiterin sind, dann können Sie mit Ihrer Gabe erst Einfluss nehmen, wenn Sie wenigstens *einige* Anhänger haben.

Aber was macht Applaus mit Ihnen? Oder wenn Sie nicht viel Applaus bekommen und es Sie bitter macht, was macht dann Ihr *Wunsch* nach Applaus mit Ihnen?

Das Problem ist Folgendes: Wenn wir vom Applaus anderer leben – egal ob im Kleinen oder im Großen –, fangen wir an, Opfer zu bringen, und zwar keine gesunden Opfer. Wir opfern unsere Ziele, unsere Werte und unseren Fokus.

Ja, könnte es vielleicht sogar sein, dass Ihr Wunsch nach Berühmtheit die Wahl Ihrer Lebensziele beeinflusst hat? Vielleicht ist das jetzt eine Chance, diese Ziele noch einmal zu überprüfen und gegebenenfalls zu revidieren. Vielleicht müssen Sie bereit sein, manches mit Ihrem Leben zu tun, wofür Sie niemals viel Aufmerksamkeit bekommen werden.

Egal ob der Applaus, den Sie bekommen, mit Ihren großen Lebenszielen zu tun hat oder mit etwas anderem – der Beifall kann Sie von Zielen in Ihrem Leben ablenken, die Sie für sich gewählt haben.

Die Lösung hierfür lautet:

Lassen Sie zu, dass andere größer sind und Sie kleiner.

Berühmtheit vs. Traum

Oluebube Princess Egbuna, eine Einwohnerin der Stadt Lagos in Nigeria, war eine junge Frau, die den Traum hatte, Software-Entwicklerin zu werden. Schon ganz am Anfang ihrer Karriere erreichte sie auf ihrem Gebiet einen solchen Bekanntheitsgrad, dass andere bei ihr Fachwissen und Führung suchten. Da gab es nur ein Problem: Sie besaß noch nicht alle Fähigkeiten einer Software-Entwicklerin.

Rückblickend erkennt Egbuna ganz deutlich, was zu diesem Widerspruch geführt hatte. Innerhalb der Tech-Community wurde sie damals berühmt als Software-Entwicklerin, aber sie hatte noch nicht viel als Software-Entwicklerin gearbeitet. Sie setzte sich für Inklusion und Diversität in den Neuen Medien ein. Dadurch wurde sie bekannt.

Mit der Zeit fühlte sie sich immer mehr wie eine Hochstaplerin, wenn andere einfach annahmen, dass sie eine qualifizierte Software-Entwicklerin war, und ihr fachspezifische Fragen stellten. Sie musste die Leute dann vertrösten und die Antworten googeln.

> Als ich immer berühmter wurde, habe ich mich einfach mitreißen lassen und völlig meinen Traum vergessen, richtig gut zu werden auf dem Gebiet der Software-Entwicklung. Ich war so damit beschäftigt, auf die anderen zu achten und mein Image als vermeintliche Software-Entwicklerin und Mentorin im Tech-Bereich zu schützen. Außerdem unterrichtete ich Dinge, die ich in Wirklichkeit gar nicht praktizierte …
>
> Ich war einfach abgelenkt von meiner Berühmtheit![77]

Es dauerte eine Weile, aber irgendwann erkannte Egbuna das Problem und handelte entsprechend. Sie war stolz darauf, sich für Diversität einzusetzen, aber es hielt sie davon ab, das zu tun, was ihr wirklich Erfüllung bringen und sie befähigen würde, ihren einzigartigen Beitrag zu leisten.

> Erst viel später fand ich wieder zu mir selbst und beschloss, die Auswirkungen, die die Berühmtheit auf mich hatte, abzuschütteln und mich ganz auf das einzulassen, was ich eigentlich tun wollte. Das war ein Prozess! (…)
>
> Ich bin glücklich, eine echte Software-Entwicklerin zu sein (was ich wirklich wollte), und dass ich wieder Teil der Communitys sein kann, die mir wirklich am Herzen liegen, und zwar ohne Ablenkung durch Berühmtheit.[78]

Je früher wir die Gefahren des Lobes und der Anerkennung durch andere erkennen, desto weniger Schaden entsteht.

In junge Menschen investieren

Als ich noch in Neuengland lebte, hatte ich einen Freund, der schon längst gelernt hatte, wie wichtig es ist, das zu tun, worauf es ankommt – und zwar egal, ob es ihm öffentliche Anerkennung einbrachte oder nicht. Jacob King, ein ehemaliger Basketball- und Rugbyspieler, lebt jetzt in Syracuse, New York, ist Vater von drei Kindern und ein internationaler Immobilienunternehmer. Ich kannte ihn aber aus einem anderen Zusammenhang, und zwar als Mentor von gefährdeten Teenagern und Gründer einer Non-Profit-Organisation, die Opfern häuslicher Gewalt hilft.

Jacob ist in Massachusetts aufgewachsen in einem instabilen Zuhause, schaffte es aber entgegen aller Wahrscheinlichkeit, ein sehr erfolgreicher Geschäftsmann zu werden in einigen Ländern, die zu den Supermächten der Welt zählen.

„Ich war während meiner Highschool-Zeit mehr als nur ein paar Nächte obdachlos", erinnerte sich Jacob. „Ich habe kaum meinen Schulabschluss geschafft. Zum Glück gab es ein paar Lehrer, Berater und Therapeuten, die an mich geglaubt und in mich investiert haben. Einer von ihnen unterrichtete zufällig einen Förderkurs in Sowjet-Studien an meiner Highschool. Er hat in mich investiert, hat mich in diesen Kurs für besonders begabte und engagierte Schüler aufgenommen, und ich war sofort süchtig! Ich fand das Thema absolut faszinierend. Als ich dann aufs College ging, wählte ich als Hauptfach Geschichte und im Nebenfach Sowjet-Studien. An der Columbia University studierte ich Russisch und reiste regelmäßig zwischen den USA und der Sowjetunion hin und her."

Nachdem er seinen College-Abschluss hatte, wurde Jacob Immobilienunternehmer und Investor, der sich in erster Linie mit Bürogebäuden, medizinischen Gebäuden und Wohnungsbau in der Gegend von Boston und in ganz Neuengland befasste.

Während er in Sachen Immobilien zu Hause immer erfolgreicher wurde, brach die Sowjetunion nach und nach zusammen. Anfang bis Mitte der 1990er-Jahre wurde Russland zu einem der sich am schnellsten entwickelnden Immobilienmärkte.

„Mit meiner Ausbildung, meiner Erfahrung und meinem Ruf war das ein natürlicher Schritt", erzählte mir Jacob. „Es gab einen gewaltigen Bedarf an Geschäftsimmobilien, Eigentumswohnungen und Mietwohnungen nach westlichem Vorbild. Investoren aus der ganzen Welt erschlossen dort den Markt, und sowohl meine Expertise als auch meine Sprachkenntnisse waren außerordentlich interessant für sie. So wurde ich zum Berater für bedeutende gewerbliche Investoren und zog sogar in Betracht, mit meiner Familie nach Moskau zu ziehen. Erfolgsgeschichten und ein guter Ruf nahmen genauso schnell zu in meinem Lebenslauf wie die Quadratmeter."

Bis Jacob zu Hause ein Gespräch mit einem Freund namens Fred Walker hatte. Jacob erzählte von seinen Erfolgsgeschichten und sprach offen über ein paar gescheiterte Projekte. Fred sagte: „Weißt du was, Jacob, im Leben geht es um mehr als darum, Ziegel, Mörtel und Ansehen anzuhäufen."

Jacob wusste sofort, dass der Mann recht hatte. Es gab wichtige Dinge, die Jacob auch genau dort erreichen konnte, wo er lebte.

Acht Dinge, für die man berühmt werden kann

Wir werden allen anderen für etwas Bestimmtes in Erinnerung bleiben, also können wir doch auch gleich danach streben, aus den richtigen Gründen bekannt zu sein. Wie wäre es mit den folgenden?

1. *Freundlichkeit.* Ich habe einen guten Freund, den ich kürzlich mit meinem Nachbarn bekannt gemacht habe. Kurz nach ihrem ersten Treffen sagte mein Nachbar zu mir: „Bob ist vielleicht der freundlichste Mann, dem ich jemals in meinem Leben begegnet bin." Was für ein großartiges Kompliment! Freundlichkeit - das ist etwas, wofür ich bekannt sein möchte.

2. *Standhaftigkeit.* Irgendwann zwingt das Leben jeden Menschen einmal zu Boden. Wieder aufzustehen und angesichts der herausfordernden Situation standhaft zu bleiben – das ist ein weiterer Wesenszug, für den ich bekannt sein möchte.
3. *Treue.* Am Ende meines Lebens dafür bekannt zu sein, dass ich meiner Frau, meinen Kindern und meinen Pflichten gegenüber treu war, gehört zu den wichtigsten Bestrebungen. Ich kann für alles Mögliche bekannt sein, aber das alles würde ich für diesen Ruf eintauschen.
4. *Empathie.* Empathie ist die Fähigkeit, sich in die Gefühle eines anderen Menschen hineinzuversetzen. Und für diese Eigenschaft bekannt zu sein, bildet das Fundament für unzählige gute Taten im Leben anderer – sowohl im Leben Einzelner als auch der Gesamtgesellschaft.
5. *Freude.* Wenn Sie als ein Mensch bekannt sind, in dessen Anwesenheit es in einem Raum heller wird und der echte Fröhlichkeit verbreitet, wo auch immer er gerade ist, dann haben Sie einen wichtigen Grad an Bekanntheit erreicht.
6. *Ermutigung.* Mutmacher feuern automatisch andere Menschen an. Mutmacher haben kein Interesse daran, um jeden Preis zu gewinnen. Im Gegenteil – sie möchten alle gewinnen sehen, und auf dieses Ziel arbeiten sie hin. Mit dem Ergebnis, dass sie bei vielen Menschen beliebt sind.
7. *Frieden stiften.* Wenn wir in der Welt von heute etwas brauchen, dann sind es mehr Friedensstifter. Glücklich sind Sie, wenn Sie einer sind.

8. *Lieben.* Wie es in der Bibel heißt: „Aber am größten ist die Liebe."[79] Werden Sie berühmt dafür, dass Sie andere lieben, und Sie werden es niemals bereuen.

Jacobs Tochter hatte ein paar Jahre zuvor eine Typ-1-Diabetes-Diagnose bekommen, und er und seine Frau hatten einen Jungen bei sich aufgenommen, Brian, der die gleiche Diagnose hatte.

Jacob sagte: „Dadurch engagierte ich mich sofort bei der Unterstützung von Familien und Kindern mit Typ-1-Diabetes in unserem Ort und der ganzen Gegend. Und ich beteiligte mich bei einer bereits existierende Non-Profit-Organisation, die es sich zur Aufgabe gemacht hatte, Mentoren für gefährdete junge Männer zur Verfügung zu stellen. Mein Leben war dadurch auf den Kopf gestellt worden, dass andere in mich investiert hatten, und ich wollte jetzt das Gleiche für andere tun. Ich wusste, dass meine Erfahrungen jemandem, der etwas ganz Ähnliches erlebte, eine neue Perspektive ermöglichen konnten."

Jacob ist einer der großzügigsten Männer, die ich kenne. Ich habe miterlebt, wie viel Einfluss er auf das Leben junger Männer in seinem Umfeld hat. Ich habe gesehen, wie er Familien unterstützt, die unter den Folgen von Missbrauch leiden. Und ich persönlich habe mich nicht zuletzt zum Teil durch unsere Beziehung und unsere Gespräche zu dem Mann entwickelt, der ich heute bin.

Ich sage gern, dass er vom Bau von Wolkenkratzern in Moskau zum Bau des Lebens anderer gewechselt hat. Und das hatte nichts mit Anerkennung oder Berühmtheit zu tun. Sie haben wahrscheinlich noch nie von ihm gehört, bevor Sie diese Geschichte gelesen haben. Aber er hat unzählige Leben berührt und verbessert durch das Leben, für das er sich entschieden hat.

Die Aufmerksamkeit auf andere lenken

Ich bin mit einem Typen namens Chris Saub aufs College gegangen. Er war ein talentierter Musiker (und ist es immer noch), und er hätte verrückt danach sein können, wie viele Menschen seine Kunst zu schätzen wussten. Aber so war er nicht. Oder er hätte auch sehr ichbezogen werden und handeln können, um berühmt zu werden, weil ja das Musikgeschäft dermaßen wettbewerbsorientiert ist, aber er war da anders.

Am meisten fiel mir an Chris auf, wie mutmachend er mit anderen umging. Wenn ein anderer Student einen Job fand, dann war Chris darüber begeisterter als der Betroffene selbst. „Echt jetzt? Das ist ja großartig! Herzlichen Glückwunsch. Ich freue mich so für dich. Du hast es wirklich verdient, und ich bin sicher, du wirst das großartig machen. Wie cool ist das denn!"

Oder wenn ein Musikerkollege einen Plattenvertrag bekam, reagierte Chris so ganz und gar anders als ich, als die anderen Minimalisten mehr öffentliche Aufmerksamkeit bekamen als ich. Er freute sich dann sehr für den anderen Musiker. „Das ist ja fantastisch! Wie schön für dich. Das tut deiner Karriere bestimmt gut! Ich kann es kaum erwarten, bis die Aufnahme herauskommt. Ich sage es auf jeden Fall weiter."

Ich habe Chris einmal gefragt, wieso er sich so sehr über die Erfolge anderer freute. Und nie werde ich den Rat vergessen, den er mir damals gab. „Der Ruhm von jemand anderem kann ja von deinem eigenen nichts wegnehmen und umgekehrt."

Und er fuhr fort: „Das Leben ist ja keine Reise nach Jerusalem, wo du dir als Erster einen Platz schnappen musst, um einen Preis zu bekommen. Es sind genügend Stühle für alle da. Wenn ich sehe, dass jemand Erfolg hat, dann freue ich mich für ihn oder sie. Es ist doch spannend mitzuerleben, wie jemand einen Schritt weiterkommt oder einen Meilenstein in seinem Leben erlebt. Das inspiriert mich, das Gleiche zu tun."

Damals auf dem College hatte ich schon mit meinem Wunsch nach Beifall und meiner Eifersucht auf Menschen zu kämpfen, die erfolgreicher zu sein schienen als ich. Deshalb verblüffte und beeindruckte mich Chris' selbstlose Freude über das, was andere Menschen erreichten. Ich erinnere mich jetzt noch, also zwanzig Jahre später, an seine Begeisterung über die Erfolge anderer. Das ist eine Eigenschaft, von der ich mir schon immer mehr für mein eigenes Leben gewünscht habe.

Als ich damals als Jugendpastor arbeitete, war ich zusammen mit anderen Jungendpastoren auf einer Konferenz. Der Leiter der Gruppe fragte: „Was macht euch am meisten Freude?"

Ich sagte: „Wenn ich vorne stehe und unterrichte." Das Unterrichten gehört zu den Hauptaufgaben eines Jugendpastors, und ich hatte eine Leidenschaft dafür, es gut zu machen. Das gehört mit zu den wichtigsten Dingen, die wir für junge Menschen tun können, deren Weltbild, moralisches Grundgerüst und Glaube sich gerade entwickeln. Und die Aufmerksamkeit, die ich für meine gute Lehre bekam, gab mir auch ein gutes Gefühl und die Sicherheit, die mich noch mehr motivierte, in diesem Bereich mein Bestes zu geben. Deshalb fand ich, dass meine Antwort gut war.

Und dann beantwortete jemand, der nach mir an der Reihe war, die Frage „Was macht dir am meisten Freude?" so: „Wenn ich meinem Praktikanten beim Unterrichten zuschaue."

Autsch.

Ich glaube nicht, dass der betreffende Jugendpastor die Antwort gab, um mich zu ärgern oder zu kränken. Aber seine Antwort machte mir deutlich, dass er ganz anders auf die Welt schaute. Der Mann legte den Fokus ganz und gar darauf, Verantwortung und Aufmerksamkeit an andere abzugeben und mit ihnen mitzufiebern, dass sie erfolgreich waren.

Wer hatte jetzt eine gesündere Einstellung: der andere Jugendpastor oder ich? Wessen Ansatz würde langfristig mehr gute Arbeit hervorbringen: seine oder meine?

Wie bereits gesagt, eine Lösung für Ablenkung durch Applaus ist … mehr Applaus, und zwar Applaus für andere. Machen Sie sich nicht so viele Sorgen um Ihr eigenes Ausmaß an Ansehen, sondern bauen Sie das Ansehen anderer Menschen mit auf, die es verdient haben.

Machen Sie sich nicht so viele Sorgen um Ihr eigenes Ausmaß an Ansehen, sondern bauen Sie das Ansehen anderer Menschen mit auf, die es verdient haben.

Gehört es zu Ihren wichtigsten Lebenszielen, bei einer Non-Profit-Organisation mitzuarbeiten? Gut. Achten Sie aber darauf, dass das Lob für die guten Taten gleichmäßig und gerecht verteilt wird, damit jede und jeder einen guten Anteil davon bekommt, aber niemand zu viel. Und achten Sie darauf, dass für Ihre Arbeit geworben wird und nicht für Sie.

Haben Sie und Ihr Partner bzw. Ihre Partnerin beschlossen, als Pflegeeltern für Kinder aus belasteten Familien da zu sein? Das ist eine wichtige Arbeit und alles andere als einfach, und Sie haben dafür auf jeden Fall Anerkennung verdient. Aber Ihr Partner bzw. Ihre Partnerin ist an diesem Dienst genauso beteiligt wie Sie, richtig? Wenn andere sich geradezu überschlagen im Lob für Sie, geben Sie dann den entsprechenden Anteil davon auch an ihn bzw. sie weiter?

Versuchen Sie, Sätze wie die folgenden einzubauen, wenn Sie darüber reden:

- „Ohne X wäre das gar nicht möglich."
- „Das ist Teamarbeit, und wir sind ein großartiges Team."
- „Das musst du dir von X erzählen lassen."

Finden Sie das schwierig? Selbst wenn Sie der Leiter oder die Leiterin sind und damit im Mittelpunkt der Aufmerksamkeit stehen, ist das für Ihren Erfolg vielleicht gar nicht so wichtig, wie Sie glauben. Dem chinesischen Philosophen Lao-tzu wird oft folgende Aussage zugesprochen: „Ein Leiter ist dann am besten, wenn die Menschen kaum wissen, dass es ihn gibt. (…) Wenn man Menschen nicht würdigt, würdigen sie einen auch nicht. Aber über einen guten Leiter, der wenig redet, wenn er seine Aufgaben erledigt und seine Ziele erreicht hat, werden alle sagen: ‚Das haben wir selbst geschafft.'"

Bevor ich mich schuldig mache zu sagen: „Das habe ich selbst gemacht", will ich denen Anerkennung zollen, denen sie gebührt.

Ich zolle dem Minimalismus Anerkennung für Dinge, die ich durch ihn erreicht habe. Aber mindestens so viel Anerkennung steht auch meiner Frau Kim zu. Sie unterstützt mich als meine Ehefrau und ist eine liebevolle Mutter. Sie organisiert und bewältigt alle Termine der Kinder und regelt alles, was mit Schule zu tun hat. Weil wir Partner sind, kann ich meine Arbeit so tun, wie ich sie tue.

Wenn ich bedenke, wie viel ich ihr schulde, dann fühle ich mich noch törichter bei dem Gedanken, neidisch auf die anderen Minimalisten zu werden. Schließlich hätte ich nicht die Hälfte von all dem erreicht, was ich erreicht habe, wenn nicht Kims Selbstlosigkeit wäre und sie nicht all die Fähigkeiten hätte, über die sie verfügt. Und dennoch bekommt sie sehr viel weniger Aufmerksamkeit als ich.

Wir überwinden den Wunsch nach persönlichem Beifall, indem wir lernen, andere zu ermutigen und anzufeuern. Wie der amerikanischer Redner Robert Ingersoll im 19. Jahrhundert sagte: Eine „höher gestellte" Person „erhebt sich, indem sie andere fördert".[80]

Wir können das feiern, was andere geleistet haben. Und wenn sie dann den Beifall bekommen, den wir uns für uns selbst gewünscht hätten, dann ist das in Ordnung. Wir können trotzdem noch erfüllt sein zu wissen, dass wir eine Rolle darin hatten, Menschen und ihre Anliegen zu fördern, die es wert waren.

Zwei Fragen, die Sie sich über Ihre Aktivitäten in den sozialen Medien stellen sollten

Sehr viele Menschen geraten in Versuchung durch die flüchtige Berühmtheit in sozialen Medien. Wir wünschen uns „Likes" und „Retweets" und „Kommentare" und „Views" und „Klicks". Wir aktualisieren unsere Instagram- oder Facebook-Seite Minuten, nachdem wir ein Foto oder ein Status-Update gepostet haben, um zu sehen, wie viele Herzchen oder Daumen hoch wir dafür bekommen.

Sie brauchen aber nicht in sozialen Medien aktiv zu sein, um auf dieser Welt etwas zu verändern. Wenn es Ihnen geht wie mir, dann brauchen Sie die sozialen Medien, um Ihr Anliegen zu verbreiten und zu fördern. Manche Leute „fasten" soziale Medien, um deren Einfluss und deren psychologische Macht über ihr Leben und ihren Alltag zu verringern oder gar zu brechen, andere können sich einen solchen Luxus nicht leisten. Und für sie sind die Versuchungen, die die sozialen Medien mit sich bringen, allgegenwärtig.

Was macht man da?

Zwei einfache Fragen können Ihnen helfen, Ihre Motive und Ihr Verhalten bei der Nutzung sozialer Medien zu klären.

1. *Warum* will ich Follower gewinnen?

Versuchen Sie, berühmt zu werden? Wollen Sie reich werden? Wollen Sie dadurch ein emotionales Bedürfnis befriedigen?

Oder wollen Sie mit Freunden und Gleichgesinnten kommunizieren?

Ihre Motive sind vielleicht nie ganz und gar selbstlos, und vielleicht sind sie Ihnen selbst nicht einmal vollkommen klar, aber wenn Sie sich Ihrer Motive bewusst sind, dann können Sie auch Ihr Verhalten in den sozialen Medien Ihren Absichten und Zielen anpassen.

2. *Wie* gewinne ich Follower?

Das Internet ist voll mit sinnlosen Inhalten von Menschen, Websites und Kanälen, die nur versuchen, Klicks und Likes zu generieren. Und es ist außerdem voll von Inhalten, die darauf angelegt sind, ungesunde emotionale Reaktionen hervorzurufen. Es gibt viele ungute Arten, in den sozialen Medien Follower anzuziehen.

Ziehen Sie Anhänger auf würdevolle Art an? Mit Integrität? Wahrheit? Beständigkeit? Guter Qualität?

Welchen Maßstab legen Sie bei sich selbst an bei Postings in sozialen Medien? Vielleicht ist es gut, sich selbst Leitlinien zu formulieren. Richten Sie Ihre Aktivitäten in den sozialen Medien auf das Gute aus, auch wenn Sie dadurch vielleicht weniger Follower haben.

Dadurch werden Sie Ihre Ziele nicht aus dem Blick verlieren.

Konzentriert auf das, was wirklich wichtig ist

Wenn es Ihnen wie mir geht und es Zeiten gibt, in denen Sie sich ins Abseits gestellt fühlen, weil Sie so darauf fixiert sind, dass Sie nicht genug Lob und Applaus bekommen, dann habe ich zwei Gedanken für Sie, die Ihnen vielleicht Hoffnung machen.

Erstens: Es wird leichter.

Je fokussierter wir auf unsere Ziele sind und je engagierter wir uns für sie einsetzen, desto weniger sollte Ihnen eigentlich ein übermäßiger Hunger nach dem Applaus anderer zusetzen. Wenn Sie das tun, wovon Sie wissen, dass Sie es tun sollen, dann verhungert der Wolf des Neides in Ihnen.

Als ich vor ein paar Jahren einmal etwas Geld übrig hatte, beschloss ich, *Hope Effect* zu gründen. Das Projekt hatte damals hohe Priorität für mich und hat es immer noch. Ich investiere immer noch Zeit und Geld in dieses Anliegen.

Wenn also ein Freund Geld übrig hat und es für eine Corvette ausgibt, dann kann ich ihm Komplimente für sein tolles Auto machen, ohne mir zu wünschen, auch so eins zu haben. Ich habe etwas Besseres. Und jedes Mal, wenn ich in eine der Pflegefamilien komme, sehe ich es in den Augen der Jungen und Mädchen, die ihre Eltern verloren haben, aber fröhlich und gesund und voller Hoffnung sind.

Ob ich immer noch mit einem zu großen Wunsch nach Beifall und Anerkennung zu kämpfen habe? Auf jeden Fall. Aber ich kann mit gutem Gewissen sagen, dass es kein so großes Problem mehr ist, wie es das einmal war. Es hält mich nicht mehr davon ab, die Dinge anzustreben und zu verfolgen, die mir wichtig sind.

Und der Wunsch nach Aufmerksamkeit braucht auch Sie von nichts abzuhalten.

Nehmen Sie verdientes Lob freundlich an. Und geben Sie Lob großzügig an andere weiter. Verlieren Sie nie Ihre Berufung aus dem Blick, egal, wie wenig Rampenlicht auf Sie fällt.

Und jetzt gebe ich Ihnen den zweiten ermutigenden Gedanken mit auf den Weg: Menschen fühlen sich zu anderen hingezogen, die ihre Berufung leben.

Eine Mutter widmet sich ganz der Betreuung, Versorgung und Erziehung ihrer Kinder, und die Nachbarn sehen es. Eine Frau aus der Nachbarschaft ruft an und sagt: „Ich habe ein Problem mit meinem Sohn, und wenn es Ihnen nichts ausmacht, würde ich gern hören, wie Sie damit umgehen würden, wenn Ihre Söhne das Problem hätten."

Menschen fühlen sich zu anderen hingezogen, die ihre Berufung leben.

Eine kompetente Mitarbeiterin wird von den neuen Auszubildenden wahrgenommen.

Ein großartiger Trainer wird von seinen Spielern wertgeschätzt.

Eine begabte Background-Sängerin wird in ihrer Branche vielleicht bekannt.

Ein wunderbarer Zuhörer wird von einem Freund oder Freundin in Not als Erster angerufen.

Wenn Sie sich auf Ihre ganz persönliche Berufung konzentrieren, dann werden Sie vielleicht nie berühmt (dabei geht es um Sie). Aber Sie können eine Wirkung auf andere haben (dabei geht es um andere).

Streben Sie das Ziel an und nicht das Lob.

Dafür würde ich Ihnen applaudieren, aber ich würde nicht wollen, dass mein Beifall Sie ablenkt.

9

Am Strand zu liegen wird irgendwann langweilig

Die Ablenkung durch Freizeit überwinden

> „Statt sich zu fragen, wann Ihr nächster Urlaub ist, sollten Sie sich vielleicht lieber ein Leben einrichten, vor dem Sie nicht zu flüchten brauchen."
>
> *SETH GODIN*

Ich bin tendenziell ein getriebener Mensch – jemand, der etwas erreichen und Erfolg haben möchte. Trotzdem glaube ich nicht, dass die meisten Menschen mich als ständig gehetzt, angestrengt oder richtig besessen wahrnehmen, als jemanden, der andere Menschen überrollt. Es ist wahrscheinlich sogar das Gegenteil der Fall: Ich bin dafür bekannt, dass ich ruhig und friedlich, fokussiert und aufmerksam bin. Das liegt nicht nur daran, dass ich von Natur aus gerne arbeite, sondern auch daran, dass ich die Arbeit, die ich tue, liebe: nämlich anderen dabei zu helfen, zielgerichteter zu leben, weil sie weniger besitzen. In meiner Arbeit kann ich mich entspannen und zu Hause fühlen.

Wenn ich an einem Samstagmorgen vor dem Rest der Familie aufwache, dann mache ich mir höchstwahrscheinlich erst einmal eine Tasse Kaffee und lasse mich zu meinem Laptop treiben, wo ich dann einige Zeit damit verbringe, E-Mails mit Fragen zum Thema Minimalismus zu beantworten. Das *muss* ich nicht tun – es hätte auf jeden Fall auch Zeit bis Montag. Aber ich *möchte* es tun. Das liegt daran, dass ich (wie Seth Godin es formuliert) mein Arbeitsleben so eingerichtet habe, dass ich nicht den Wunsch habe, ihm zu entfliehen. Stattdessen fühle ich mich zu meiner Arbeit hingezogen, weil ich sie liebe.

Dabei ist mir aber auf jeden Fall klar, dass nicht jede und jeder so tickt wie ich. (Dank sei Gott für die Vielfalt.) Außerdem ist mir auch völlig klar, dass Arbeit für Menschen unterschiedlich aussieht. Es gibt ja die unterschiedlichsten Jobs, Berufe und Unternehmen, und manche fühlen sich in einem wohler als im anderen.

Dennoch glaube ich, dass es für fast jeden von uns langfristig gesehen das Erfüllendste ist, uns auf unsere Arbeit zu konzentrieren. Und mit „Arbeit" meine ich dabei nicht nur die Arbeit, für die wir bezahlt werden. Das kann auch Sorge- und Erziehungsarbeit sein. Oder es kann Gremienarbeit sein oder eine ehrenamtliche Tätigkeit. Es kann alles Mögliche sein. Alles, was zum Wohl anderer beiträgt, ist *Arbeit*, und zwar egal, ob wir dafür bezahlt werden oder nicht.

Und was lenkt uns von dieser Art Arbeit am meisten ab? Am allermeisten ist es das Gegenteil von Arbeit: Freizeit. Oder besser ausgedrückt: die Verliebtheit der modernen Gesellschaft in Freizeit.

Bevor Sie jetzt meinen, ich würde Ihnen Ihr Hobby ausreden und Ihnen die Schlüssel zu Ihrem Wohnmobil wegnehmen wollen, muss ich Ihnen sagen, dass meine Familie und ich zwei Mal im Jahr einen ausgedehnten Urlaub machen, und zwar einmal im Sommer und einmal in der Weihnachtszeit. Ich nehme mir während der Arbeit immer wieder Zeit, um meine Tochter von der

Schule abzuholen, Sportveranstaltungen meines Sohnes zu besuchen oder zusammen mit meiner wunderschönen Mrs. Becker mal mittags essen zu gehen. Meine Woche hat einen gesunden Rhythmus, weil ich den Rat eines früheren Mentors beherzigt habe, der sagte: „Du solltest dir zwei Tage in der Woche frei halten – einen, um dich um deine Pflichten im Haushalt zu kümmern, und den anderen, um dich so viel wie möglich auszuruhen.“

Ich bin also *nicht* gegen das Ausruhen und dagegen, Spaß zu haben. Ich möchte nur nicht, dass Sie Dinge verpassen, die Ihnen wichtig sind, weil Sie unreflektiert die gesellschaftlichen Vorstellungen von Freizeit übernommen haben. Ich bin allerdings dagegen, dass man Freizeit zum Ziel macht. Denn wenn Freizeit Ihr Ziel ist, dann wird sie unweigerlich Ihre wichtigeren Prioritäten verdrängen. Das ist in unserer Gesellschaft ein verbreitetes Problem.

Ich will es so sagen: Freizeit unterstützt uns sehr gut dabei, unsere sinnvollen Ziele langfristig im Blick zu behalten und sie anzustreben. Aber Freizeit ist nicht als eigenes Ziel geeignet.

Freizeit ist nicht sinnstiftend. Die Menschen, die ich kenne und die ihre Freizeit zum Lebenszweck gemacht haben, fühlten sich eher leer und haben irgendwann bedauert, was sie alles für Freizeit aufgegeben haben. Das Sonnen am Strand, Golfspielen oder Fernsehen wird langweilig. Ich möchte nicht, dass ich oder Sie auch so enden.

Freizeit unterstützt uns sehr gut dabei, unsere sinnvollen Ziele langfristig im Blick zu behalten und sie anzustreben. Aber Freizeit ist nicht als eigenes Ziel geeignet.

In unserer Gesellschaft wird Freizeit vor allem auf zweierlei Weise eine Ablenkung:

- Wir neigen dazu, Arbeit als notwendiges Übel zu betrachten, und versuchen uns damit durchzumogeln, so wenig wie möglich zu tun.
- Wir gehen davon aus, dass wir aufhören zu arbeiten, wenn wir ein bestimmtes Alter erreicht haben, und wir hoffen, dass das so früh im Leben ist, wie unsere Rente und die Rücklagen für den Ruhestand es hergeben.

Um das besser zu verstehen, sollten wir uns genauer anschauen, was Arbeit für uns bedeutet.

Warum wir arbeiten

Es ist vielleicht nicht historisch richtig, aber ich stelle mir eine Zeit vor, in der Familien sich komplett selbst mit allem Lebensnotwendigen versorgen mussten – sie mussten jagen, Getreide und Gemüse anbauen, alles selbst bauen, nähen, kochen, sauber machen und so weiter. Bis jemand eines Tages bemerkte, dass seine oder ihre Familie besser war im Getreide- und Gemüseanbau als im Bauen, und beschloss, mit der Nachbarfamilie zu tauschen. „Wenn wir für euch Getreide und Gemüse anbauen, baut ihr dann für uns noch ein Haus, damit die ganze Großfamilie Platz hat?"

Und das war der Beginn der Arbeitsteilung. Beide Seiten profitierten von dieser Absprache: Es wurden bessere Nahrungsmittel angebaut und es entstanden bessere Häuser. Am Ende profitierte davon die gesamte Gesellschaft. Und jede Einzelperson konnte auf dem Gebiet, wo er oder sie die größte Begabung oder für das er oder sie die größte Leidenschaft hatte, einen Beitrag für die Gemeinschaft leisten, sei es in der Landwirtschaft, beim Bauen, Nähen, Jagen oder Fischen.

Aber im Laufe dieser Entwicklung verloren wir unseren Blick dafür, wie alle Menschen von Arbeit profitieren. Wir arbeiteten nicht mehr zum Nutzen anderer, sondern zu unserem eigenen Nutzen. Arbeit wurde eigennützig. Arbeit wurde zu dem, womit wir Geld verdienen, damit wir all die anderen Sachen tun können, die wir eigentlich tun wollen.

Dorothy Sayers (am bekanntesten durch ihre Lord-Wimsey-Krimis) schreibt in einem Essay über Arbeit:

> Ich riet dringend zu einer durchgreifenden Revolution in unserer ganzen Arbeitshaltung. Ich bat darum, dass sie nicht als notwendige Plackerei betrachtet werden sollte, der man sich zum Zweck des Geldverdienens unterzieht, sondern als Lebensstil, in dem das Wesen des Menschen seine angemessene Aufgabe und Freude findet und sich zur Ehre Gottes verwirklicht. (…)
>
> Die Angewohnheit, Arbeit als etwas zu betrachten, mit dem man Geld verdient, sitzt bei uns so tief, dass wir uns kaum vorstellen können, was für eine umwälzende Veränderung es wäre, sie stattdessen einfach als geleistete Arbeit zu betrachten.[81]

Sayers hat das vor über achtzig Jahren während des Zweiten Weltkrieges geschrieben, und ihre Ansicht ist heute wahrer denn je. Heutzutage wird Arbeit weithin als Aufgabe gesehen, mit der man Geld verdient, oder als etwas, das man möglichst meiden und verkürzen sollte.

In der *Things-That-Matter*-Umfrage haben wir die Frage gestellt: „Was ist ein attraktiveres Ziel: früh in den Ruhestand zu gehen und ein Leben in Muße zu leben oder lange in einem Job zu arbeiten, den Sie erfüllend und produktiv finden?“ Nur ungefähr ein Drittel der Befragten (34 Prozent) betrachtet das Arbeiten in einem erfüllenden Job attraktiver, als früh in den Ruhestand zu gehen und ein Leben in Muße mit viel Freizeit zu führen. Es scheint also, dass viele Menschen eher arbeiten, weil sie müssen, und nicht, weil sie es möchten.

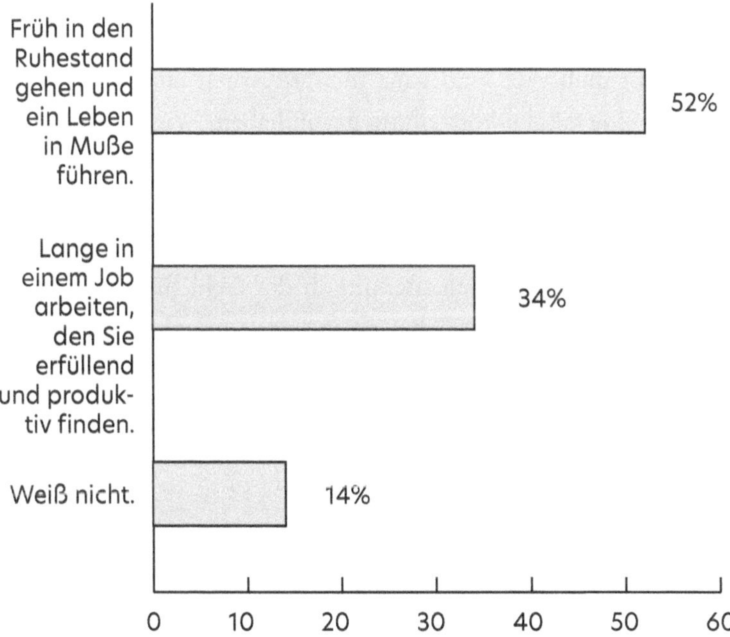

Das Gallup Institut hat in seinem *State of the Global Workplace Report* herausgefunden, dass nur 15 Prozent der Beschäftigten weltweit in ihrem Beruf engagiert arbeiten, während 67 Prozent sich nicht besonders in ihrem Job anstrengen, und 18 Prozent sind bewusst ausgestiegen. Das höchste Maß an Engagement findet sich in den Vereinigten Staaten und Kanada, aber bei 31 Prozent bleiben da immer noch zwei Drittel nicht mehr engagierter Beschäftigter, die nur noch „Dienst nach Vorschrift“ tun. Australien/Neuseeland und Westeuropa folgen mit erheblichen Abstand mit 14 Prozent und 10 Prozent Engagement im Beruf.[82]

Es kann nicht sein, dass 85 Prozent der Jobs weltweit schlecht sind. Es muss noch etwas anderes geben, das zu diesem hohen Maß an mentalem Rückzug von der Arbeit beiträgt.

Aus meiner Perspektive hat es damit etwas zu tun, wie wir Arbeit sehen. Der Grund dafür, dass 85 Prozent der Beschäftigten sich nicht mehr voll und ganz für ihre Arbeit einsetzen, ist der, dass wir eine falsche Vorstellung davon haben. Wir betrachten die Arbeit als das, womit wir Geld verdienen, um das Haus zu kaufen oder den Urlaub bezahlen zu können. Auf diese Weise ist Arbeit vollkommen eigennützig.

Arbeit ist das, was ich tue, um an das Geld für die Dinge zu kommen, die ich tun möchte. Wenn wir so denken, dann ist es kein Wunder, wenn wir uns so sehr auf Muße und Freizeit fokussieren: aufs Wochenende, auf die Feiertage, auf den Urlaub und den Ruhestand.

Die Verlockungen der Freizeit

Wir lieben es, wenn wir frei haben und nicht arbeiten müssen. Man könnte fast sagen, dass wir davon besessen sind. Viele sagen, dass sie „fürs Wochenende arbeiten“. Der Montag ist Thema unzähliger Witze. Der Mittwoch wird auch „Bergfest der Woche“ genannt, weil es von da an wieder aufs Wochenende zu geht. Und wir bedrucken Kaffeebecher und T-Shirts mit der Aufschrift „Hoch die Hände, Wochenende".

Es gibt viel zu viele Menschen, die die Werktage damit vertun, sich das Wochenende herbeizuwünschen und den Samstag und Sonntag über Montag und Dienstag zu erheben. Wer gelernt hat, jeden Tag zu mögen und das Beste daraus zu machen, der wird nicht zurückschauen und denken, wie viel Zeit seines Lebens er mit den falschen Wünschen verschwendet hat. Und dennoch bewerten wir weiter unsere arbeitsfreie Zeit höher als die Zeit, in der wir arbeiten.

In den Vereinigten Staaten sind 40 Prozent der „Krankmeldungen" von Beschäftigten vorgetäuscht.[83] Der Durchschnittsamerikaner verbringt fast zweihundert Stunden pro Jahr – das entspricht 25 Arbeitstagen – damit, vom Urlaub zu träumen.[84]

Aber darin steckt Ironie.

Wir gehen so sehr in unserer Arbeit auf, dass es sich negativ auf unsere freien Tage auswirkt. Etwas mehr als die Hälfte aller amerikanischen Beschäftigten nutzt nicht alle Urlaubstage, die ihr zusteht. Ein ähnlich hoher Prozentsatz (50 Prozent) hat Schuldgefühle dabei Urlaub zu nehmen.[85]

Viele Amerikaner und Amerikanerinnen bekommen auch im Urlaub keinen Abstand von ihrer Arbeit. 70 Prozent der amerikanischen Beschäftigten melden sich auch während des Urlaubs gelegentlich am Arbeitsplatz. 30 Prozent tun dies täglich und 11 Prozent sogar mehrmals täglich.[86]

Ist das wirklich *nötig*? Oder sind wir so abhängig von der täglichen Plackerei, dass wir nicht einmal in unserem lange herbeigesehnten Urlaub ohne sie können? Beziehen wir so viel von unserem Selbstwertgefühl aus unserem Job, dass wir nicht einmal eine Woche am Strand verbringen oder zehn Tage lang die kanadischen Rockys erkunden können, ohne Kontakt zu unserer Arbeit aufnehmen zu können und unser Ego streicheln zu lassen?

Wir nehmen die freie Zeit vom Job gleichzeitig *zu ernst* und *nicht ernst genug*. Einerseits ist die arbeitsfreie Zeit für uns ein Ziel, zu dem wir uns durch unsere Arbeitstage kämpfen. Andererseits nutzen wir dann diese arbeitsfreie Zeit nicht, um wirklich auszuruhen und zu regenerieren.

Woher kommt dieser Widerspruch? Liegt diese seltsame Spannung daran, dass wir die Rolle von Erholung missverstehen? Betrachten wir Erholung als Ziel der Arbeit und erkennen nicht, dass das Ziel der Erholung darin besteht, bessere Arbeit abzuliefern?

Wir stellen die Sache auf den Kopf, und das führt zu diesem Durcheinander.

Das Ziel von Arbeit ist nicht immer noch mehr Erholung, sondern das Ziel von Erholung ist bessere Arbeit.

Ich arbeite nicht hart, damit ich dann gut Urlaub machen kann, sondern ich mache gut Urlaub, damit ich besser arbeiten kann. Das sind zwei ganz unterschiedliche Motivationen.

Das Ziel von Arbeit ist nicht immer noch mehr Erholung, sondern das Ziel von Erholung ist bessere Arbeit.

Nehmen Sie Ihre Wochenenden, den bezahlten Urlaub und die Feiertage und machen Sie wenigstens einmal im Jahr einen richtigen Urlaub. Wenn Sie es sich nicht leisten können, weit weg zu irgendwelchen exotischen Zielen zu verreisen, dann ist das völlig in Ordnung. Sie können trotzdem Abstand zu Ihrer Arbeit bekommen. Und sich wirklich erholen. Und Spaß haben.

Bekommen Sie etwas Abstand zu Ihrer Arbeit, und zwar nicht als Flucht, sondern damit Sie Ihre Arbeit aus der richtigen Perspektive betrachten können. Tanken Sie auf, damit Sie nach Ihrer Rückkehr wieder alles geben und so gut wie möglich arbeiten können.

Erholung und Entspannung allein reichen nämlich nicht aus, sondern es ist wichtig, auch neu begeistert zur Arbeit zurückzukehren.

Die Erfindung des Ruhestandes

In unserer Gesellschaft gibt es nicht nur einen zunehmenden Hang dazu, das Leben leicht zu nehmen und es zu genießen, sondern viele wollen auch die Arbeit ganz aus ihrem Leben verbannen, damit sie endlich den „Ruhestand genießen" können. Unter den Generationen, die heute die arbeitende Bevölkerung darstellen, gibt es den Trend, immer früher in den Ruhestand zu gehen.[87]

Ist das gut? Oder ist das schlecht?

Mein Großvater Harold Salem hatte zum Thema Ruhestand viel zu sagen. Eines der Dinge, die er mir immer wieder sagte, war: „Der Ruhestand wurde von Politikern erfunden, und das sagt eigentlich alles."

Ich habe mich immer gefragt, ob das wohl wirklich stimmt. Also fing ich an, mich intensiver mit der Geschichte des Ruhestandes zu befassen. Und was soll ich sagen? Mein Großvater hatte wirklich recht!

Der Ruhestand ist im Grunde ein modernes Experiment. In früheren Generationen arbeitete jeder Mensch so lange, wie er dazu körperlich in der Lage war. Nach Aussage von Historikern war es der deutsche Reichskanzler Otto von Bismarck, der 1883 daran beteiligt war, das moderne Konzept des Ruhestandes zu erfinden. Er bot dabei jedem Deutschen über siebzig – später wurde das Einstiegsalter auf fünfundsechzig reduziert –, der nicht mehr arbeitete, eine Pension an. Andere Länder, auch die Vereinigten Staaten, folgten dem Beispiel.[88]

Anders ausgedrückt, das Alter von fünfundsechzig Jahren war ein willkürlich von Politikern festgesetztes Alter, um Wählerstimmen zu gewinnen. Und irgendwann im Laufe der Zeit wurde dieses Alter der Maßstab für den Eintritt in den Ruhestand, auch wenn das nichts mit dem Ansatz zu tun hat, wie der Einzelne ein möglichst sinnvolles Leben führt.

Wenn also der Ruhestand ein Experiment ist, wie ist es dann gelaufen? Ich würde sagen: nicht so gut.

Sich finanziell auf den Ruhestand vorzubereiten, ruft erheblich viel Angst hervor. Allein wie viel Werbung es für Anlagemöglichkeiten gibt, wie man den Ruhestand finanzieren kann! Oder wie viel gedankliche Energie man in die finanzielle Planung des Ruhestandes steckt. Menschen beschäftigen sich vom frühen Erwachsenenalter an damit und stellen Berechnungen an, wie früh sie aufhören können zu arbeiten, und machen sich Sorgen darüber, dass es dann finanziell vielleicht nicht reichen könnte. Und wenn es dann auf dem Aktienmarkt Kurskorrekturen gibt und sie an den Rücklagen fürs Alter zehren, dann erscheint es vielen furchtbar, dass sie jetzt vielleicht ein paar Jahre länger arbeiten müssen, bevor sie in den Ruhestand gehen können. (Könnte das nicht vielleicht auch ein Geschenk sein?)

Und wissen Sie, was die größte unbeabsichtigte Folge davon ist, sich auf den Ruhestand zu konzentrieren? Sie nimmt den Menschen die Freude am Job. Warum das so ist? Die Antwort lautet: Wie soll man denn lernen, Freude an der Arbeit zu haben, wenn das oberste Ziel darin besteht, sie so schnell wie möglich hinter sich zu lassen? Wir arbeiten, um so schnell wie möglich damit aufhören zu können, und nicht, weil die Arbeit uns etwas bedeutet.

Außerdem haben viele Menschen die Vorstellung, dass der Beginn des Ruhestandes (wahrscheinlich ungefähr im Alter von fünfundsechzig Jahren) der einzig mögliche Weg ist. Und so gehen massenhaft Menschen in den Ruhestand, die das eigentlich gar nicht zu tun bräuchten, und verlassen Stellen, an denen sie immer noch einen großen Beitrag für die Gesellschaft leisten und dadurch eine persönliche Erfüllung erleben könnten.

Ist also der Ruhestand wirklich so großartig, wie wir meinen? Oder bewirkt er nur, dass wir Dinge verpassen, die wichtig sind, und Dinge, auf die wir am Ende unseres Lebens stolz sein können?

Nicht in den Ruhestand gehen, sondern umrüsten

Wenn Sie davon ausgehen, dass Sie in den Ruhestand gehen müssen, dann möchte ich Sie herausfordern, das noch einmal zu überdenken. Inwiefern wirkt sich die Sichtweise unserer Gesellschaft vom Ruhestand auf Ihre Sichtweise und auf das Ziel Ihrer Arbeit aus?

Wer möchte denn nur *Ruhe* haben, wenn man eigentlich noch viel zu geben hätte?

Mein Großvater sagte: „Ich möchte drei Tage vor meiner Beerdigung in den Ruhestand gehen."

(Das hat er auch fast geschafft – er hat noch bis neun Tage vor seinem Tod im Alter von neunundneunzig Jahren vierzig Stunden in der Woche gearbeitet!) Er führte es immer auf seine Arbeit zurück, dass er geistig noch so fit war. Einer der Gründe dafür, dass er dem Tod mit einer solchen Zuversicht ins Gesicht sehen konnte, war: Er vergeudete keinen einzigen Tag seines Lebens.

Natürlich ist das Alter ein Faktor bei unserer Arbeit, der uns manche Aspekte der Arbeit schwerer macht. Aber wenn Sie älter werden, könnten Sie sich ja vielleicht dafür entscheiden, nicht in den Ruhestand zu gehen und sich ganz aus dem Berufsleben *zurückzuziehen*, sondern darin *umzurüsten*. Zum Beispiel:

- Vielleicht reduzieren Sie Ihre Arbeitszeit von einem Vollzeitjob auf Teilzeit oder Saisonarbeit.
- Vielleicht wechseln Sie zu einer körperlich weniger anstrengenden Arbeit.
- Vielleicht können Sie eher eine anleitende Funktion und eine Mentorenaufgabe übernehmen.
- Oder Sie könnten vielleicht in einen anderen Arbeitsbereich wechseln, der sich eher Ihren Lebenszielen anpasst, auch wenn Sie dann nicht so viel verdienen.

Aber vielleicht entscheiden Sie sich ja doch irgendwann, sich ganz aus der bezahlten Arbeit zurückzuziehen. Das muss nicht immer falsch sein. Manchmal ist es das Beste, das Berufsleben zum Abschluss zu bringen, besonders wenn man vor hat, sich im Ruhestand mehr auf das zu konzentrieren, was einem wichtig ist.

In unserer Gesellschaft, die so auf Jugend fokussiert ist, wünschte ich, dass wir Alter und Erfahrung mehr zu schätzen wüssten. Dabei geht es nicht nur darum, dass jüngere Leute öfter Rat bei Älteren und Erfahreneren suchen; auch die Älteren könnten das, was sie anderen zu bieten haben, mehr wertschätzen. Wenn man älter ist, hat man doch mehr zu bieten, wahrscheinlich mehr denn je. Die besten Früchte wachsen an den alten Bäumen.

Untersuchungen zeigen, dass der Ruhestand nach typischer Berufstätigkeit sowohl die Gesundheit als auch die Lebenszufriedenheit verbessern kann, wenn er richtig angegangen wird.[89] Trotzdem finden 28 Prozent der Menschen, die kürzlich in den Ruhestand gegangen sind, dass das Leben jetzt schlechter ist als zur Zeit ihrer Berufstätigkeit. Sie fühlen sich „isoliert und verlieren den Sinn in ihrem Leben“[90]. Wie also finden dann die anderen 72 Prozent Glück im Ruhestand?

Stephen Wright, ein Finanzberater, hat das schön formuliert: „Der Schlüssel zu einem glücklichen Ruhestand besteht darin, etwas zu haben, was *danach kommt*, nicht nur etwas, was man *hinter sich lässt*. Der Unterschied zwischen glücklichen und unglücklichen Ruheständlern besteht darin, ein Ziel vor Augen zu haben.“[91] Anders ausgedrückt: Hören Sie nicht auf, einen Beitrag zu leisten. „Arbeit“ muss nicht unbedingt eine monatliche Gehaltszahlung beinhalten, sondern sie kann auch etwas so Sinnstiftendes sein, wie bei der Betreuung von Enkeln zu helfen oder an irgendeiner Stelle ehrenamtlich mitzuarbeiten.

Gehen Sie erst dann in den Ruhestand, wenn es nötig ist. Und wenn Sie es tun, dann mit einem sinnstiftenden Ziel.

Wenn Sie in den Ruhestand gehen, tun Sie es mit einem sinnstiftenden Ziel.

Worin auch immer Ihre Berufstätigkeit besteht, machen Sie eine Bestandsaufnahme der noch verbleibenden Zeit und legen Sie noch einmal Ihre wichtigsten Ziele fest. Leisten Sie einen positiven Beitrag zu der Welt um Sie herum bis zum letzten Atemzug.

Der Einsatz der „alten Knacker“

Paul Stratman aus Omaha hat 44 Jahre in der Elektrobranche gearbeitet, Leitungen verlegt, war in der Personalplanung tätig und hat schließlich im Modellbau gearbeitet. Dann ist er in den Ruhestand gegangen.

Schon bald war er unzufrieden. „Meine Frau hatte eine lange Liste von Dingen, die ich am Haus reparieren sollte“, erzählte Paul, „aber ich habe nicht einmal ein Jahr gebraucht, um alles zu erledigen. Und ich wollte ganz bestimmt nicht den Rest meines Lebens nur zu Hause herumsitzen. Ich wollte Menschen helfen."

Ungefähr zu dieser Zeit hörte er von einer Gruppe von Handwerkern im Ruhestand in der Gegend von Omaha, die sich selbst die „Alten Knacker" nennen. Sie treffen sich mehrmals in der Woche jeweils für einen halben Tag in Gruppen von fünf bis zehn Personen im Norden von Omaha (das ist der ärmere Teil der Stadt), um ein Haus wieder aufzubauen, das dann später von einer Non-Profit-Organisation genutzt werden sollte.

„Zurzeit bauen wir ein Haus, in dem sechs ehemalige Strafgefangene untergebracht werden sollen", erzählte mir Paul. „Wir kümmern uns um das Haus, und die Non-Profit-Organisation sorgt für Mentoren und Beratung, wenn die Männer eingezogen sind."

Das Ziel ist, ehemaligen Häftlingen dabei zu helfen, sich wieder in die Gesellschaft zu integrieren und nicht rückfällig zu werden. Die Rückfallquote in den USA liegt bei 83 Prozent.[92] „Unser Ziel ist null Prozent bei den Männern, die das Haus bewohnen, wenn es fertig ist", sagte Paul.

Bei den verheerenden Überschwemmungen im Jahr 2019 im Mittleren Westen der USA arbeitete Paul als freiwilliger Helfer in der Gegend und stellte für viele Menschen die Stromversorgung in ihren Häusern wieder her. Dabei bekam er eines Tages einen Anruf eines Ehepaares um die fünfzig, dessen Haus bei der Überschwemmung zerstört worden war. Die beiden lebten zusammen mit ihrer Tochter im Teenageralter und drei Enkelkindern (deren Mutter sich nicht um sie kümmern konnte) in einem Wohnmobil, während sie versuchten, genug Geld zusammen zu bekommen, um ihr Haus wieder aufzubauen. Sechs Personen in einem winzigen Wohnmobil! Das Ehepaar war in Sorge, weil es informiert worden war, dass jemand vom Jugendamt vorbeischauen würde, um sich ein Bild von den Lebensumständen der drei Enkelkinder zu machen. Die beiden hatten Angst, dass man ihnen die drei wegnehmen würde. Das Ehepaar war fast panisch und wollte das auf jeden Fall verhindern. Sie fragten, ob Paul ihnen helfen würde.

Und Paul machte sich sofort an die Arbeit. Er erledigte kostenlos alle Elektro- und Sanierungsarbeiten in dem beschädigten Haus rechtzeitig vor dem Besuch des Jugendamtes. Das Amt befand die Situation als tragbar, und die Familie konnte zusammenbleiben.

Auf diese Erfahrung zurückblickend, sagte Paul: „Wenn man Menschen helfen kann, die so verzweifelt sind, und wirklich etwas in ihrem Leben verändern kann – Menschen, die sich selbst zurücknehmen, um sich um die Bedürfnisse und Nöte anderer zu kümmern –, berührt das sehr. Das war jedenfalls eine der emotionalsten Erfahrungen, die ich jemals gemacht habe, und gehört mit zur sinnvollsten Arbeit, die ich jemals getan habe." Paul ist zwar in den Ruhestand gegangen, indem er sein Berufsleben hinter sich gelassen hat, aber er hat nicht aufgehört, für andere zu arbeiten.

Wissen weitergeben

Vor ein paar Jahren lernte ich eine Frau namens Theresa kennen. Sie war siebzig, von dünner Gestalt und hatte ein liebes Wesen, das man sofort bemerkte. Im Gespräch mit ihr stellte ich fest, dass wir einiges gemeinsam hatten. Sie erwähnte, dass sie Wirtschaftsprüferin war (ich hatte am College auch einige BWL-Kurse belegt). Als ich sie kennenlernte, war sie bereits im Ruhestand. Ich war fasziniert, als ich erfuhr, dass sie ihre Ausbildung und Berufserfahrung immer noch einsetzte. Von Januar bis April – das heißt in der Zeit vor dem „Tax Day“, dem Tag, an dem die Steuererklärung eingereicht sein muss –, ging sie jeden Werktag in die Innenstadt von Phoenix, um Frauen mit geringem Einkommen kostenlos bei der Steuererklärung zu helfen, damit sie die ihnen zustehende Rückzahlung bekamen.

„Ich erkläre ihnen, was sie tun müssen, um alle Mittel und Steuerermäßigungen zu bekommen, die ihnen zustehen“, erklärte sie mir strahlend. „Ich habe mein gesamtes Berufsleben damit verbracht, das Gleiche für Firmen zu tun. Jetzt bin ich dankbar dafür, dass ich das für benachteiligte Menschen tun kann. Viele von ihnen können nicht lesen, geschweige denn, komplizierte Formulare ausfüllen. Ich habe Jahre damit verbracht, die Steuerordnung zu lernen, und jetzt im Ruhestand nutze ich mein Wissen zum Guten.“

Etwas Gutes, das notwendig ist

Wir brauchen eine andere Sicht auf Arbeit. Sie ist kein notwendiges Übel. Sie ist nichts, das möglicherweise eine Zeit lang interessant sein könnte, wenn wir junge Erwachsene sind, aber dann später etwas, das wir leid werden und wovor wir uns drücken oder bei dem wir nach dem Ausgang suchen müssen.

Tatsache ist, dass die Welt Ihr Talent und Ihre Fähigkeiten braucht. Wir brauchen Sie, damit Sie hart arbeiten und Ihre Arbeit gut machen. Ihr Beitrag macht uns zu besseren Menschen. Er bereichert unser Leben.

Egal, ob Sie im Supermarkt Regale einräumen, Post zustellen, Straßen kehren, Kinder versorgen und erziehen oder sich um andere Menschen kümmern – betrachten Sie Ihre harte Arbeit als Akt der Liebe denen gegenüber, für die Sie das tun. Und wenn Sie

Ihre Motivation zu arbeiten ändern, werden Sie entdecken, dass Arbeit nichts ist, was Sie vermeiden müssen, sondern dass es etwas Sinnvolles und Lohnendes ist. Montag ist kein Tag, den man fürchten muss.

Bitte betrachten Sie Ihre Arbeit nicht als etwas, das Sie eben ertragen oder dem Sie entfliehen müssen. Denken Sie in Bezug auf Ihre Arbeit um. Setzen Sie Ihren Fokus anders und motivieren Sie sich ganz neu, Ihre Leidenschaft und Ihre Fähigkeiten einzusetzen, damit Sie der Gesellschaft etwas Gutes tun, die das dringend braucht. Ihre Arbeit ist eine Art, anderen Liebe zu zeigen.

Lieben Sie Ihre Arbeit, weil Ihre Arbeit Liebe ist.

Über die Bezahlung hinausschauen

In der *Things-That-Matter*-Umfrage wurde auch die Frage gestellt: „Finden Sie Erfüllung in Ihrem Beruf / Ihrer Arbeit auch abgesehen von einem Gehalt?“ Etwa die Hälfte der Befragten – 53 Prozent – antwortete mit „Ja“ auf die Frage. Mit „Nein“ antworteten 31 Prozent und mit „Weiß nicht“ 17 Prozent.

Es ist an der Zeit, dass wir *alle* anfangen, Arbeit neu zu definieren und darin auch jenseits der Bezahlung Erfüllung zu finden. Nicht, weil unser Arbeitgeber uns überdurchschnittlich viele Urlaubstage gewährt oder einen Parkplatz ganz nah am Büro, sondern weil Ihre Arbeit das Leben von allen verbessert. Sie tun das, was Sie gut können. Und zwar ob Sie dafür bezahlt werden oder nicht, damit auch jemand anderes das tun kann, was er oder sie gut kann, und damit auf diese Weise alle davon profitieren. Deshalb bezeichne ich Arbeit als *Liebe*.

„Finden Sie Erfüllung in Ihrem Beruf / Ihrer Arbeit auch abgesehen von einem Gehalt?“

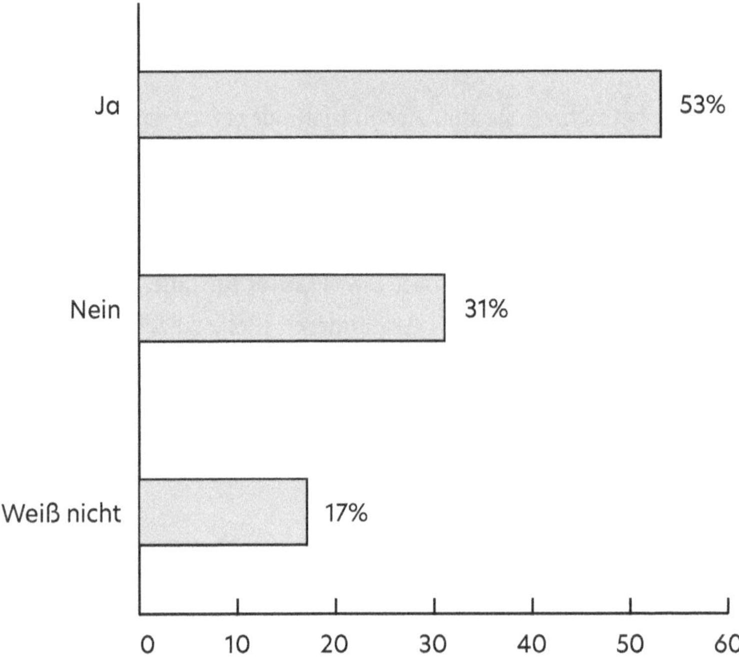

Manchmal hat diese Liebe die Form, ein robustes und bezahlbares Haus zu bauen. Manchmal besteht sie darin, bessere Nahrungsmittel anzubauen oder bessere Kleidung zu nähen. Dann wieder besteht sie darin, Menschen professionell die Zähne zu reinigen, ihnen bei der Steuererklärung behilflich zu sein, ihren Rasen zu mähen oder als Kassiererin im Supermarkt zu arbeiten, damit die Bauern Saatgut für die nächste Ernte bekommen.

Worin auch immer Ihr Job besteht, Sie sind dadurch unter fast allen Umständen ein Gewinn für die gesamte Gesellschaft. Und wenn wir anfangen, unseren Job so zu betrachten, dann finden wir automatisch mehr Freude darin.

Ich erinnere mich daran, wie ich einmal versuchte diese Vorstellung einem Saal mit mehreren Hundert Zuhörerinnen und Zuhörern zu vermitteln. Nach der Veranstaltung kam ein junger Mann auf mich zu und sagte: „Was Sie da über Arbeit gesagt haben, hat mir gefallen. Aber ich bin Landschaftsgärtner. Ich mähe Rasen und schneide Hecken und Sträucher. Ich weiß nicht, inwiefern mein Job der ganzen Gesellschaft nützt. Und ich betrachte das, was ich tue, ganz sicher nicht als Liebe."

„Was mir dabei als Erstes in den Sinn kommt", sagte ich, „ist: ‚Danke, dass Sie meine Gegend schön machen.' Jedes Mal, wenn ich jogge, einen Spaziergang mit meiner Frau mache oder eine Radtour mit meinem Sohn, freue ich mich darüber, wie schön und gepflegt es in meiner Wohngegend ist. Und das haben Sie geleistet. Und das ist noch nicht alles. Gerade erst letzte Woche war ein guter Freund von mir wegen einer OP im Krankenhaus, und er wurde mit einer guten Prognose entlassen. Ich habe keine Ahnung, ob Sie sich als Landschaftsgärtner um den Garten seines Arztes kümmern, aber irgendjemand tut das. Und weil jemand den Job übernimmt, den Sie haben, hatte der Arzt meines Freundes Zeit, sein Talent einzusetzen, um meinen Freund zu operieren. Also danke für die Arbeit, die Sie tun. Davon profitieren wir wirklich alle. Ihre Arbeit fühlt sich für mich doch sehr nach Liebe an."

Sehen Sie, wie sich dadurch ganz und gar verändert, wie wir unseren Job betrachten? Wir fangen an, Erfüllung zu erleben, wenn wir über die Bezahlung hinausschauen.

Vom Investmentbanker zum Physiotherapeuten

Mark Mahnensmith lebt in Rhode Island. Er ist Vater von vier Kindern – zwei Zwillingspaaren. Er ist Physiotherapeut und liebt seinen Job, und zwar nicht nur, weil er die Arbeit liebt oder die

Menschen oder die Praxis, für die er arbeitet, sondern auch, weil er seine Arbeit als Liebe betrachtet.

Das war nicht immer so. Nach dem College entschied sich Mark für eine Karriere in der Finanzwelt und arbeitete bei einer der größten Investmentbanken an der Wall Street. Er verdiente jede Menge Geld und malte sich aus, mit fünfunddreißig in den Ruhestand zu gehen.

„Damals", so erzählte er mir, „war es mir egal, welche Arbeit ich tat. Ich wollte einfach nur viel Geld verdienen. Aber dann fiel mir zunehmend etwas auf: Abends konnte ich nicht einschlafen, und morgens wurde ich nicht wach. Irgendetwas musste sich ändern."

Während er seine Geschichte erzählte, erinnerte er sich wieder. „Auf der Highschool war ich ein guter Sportler, und ich war immer gut darin, mich selbst zu motivieren und mehr aus meinem Körper herauszuholen als die anderen. Ich wollte anderen helfen, das mit ihrem Körper auch zu schaffen. Also machte ich eine Ausbildung zum Physiotherapeuten. Das war ein Beruf, bei dem es möglich war, auch ein Familienleben zu haben, wie ich es mir wünschte. Darüber hinaus würde es mir ermöglichen, durch meine besondere Begabung und meine Leidenschaft andere Menschen zu lieben und ihnen zu helfen."

Mark ist jetzt seit zehn Jahren Physiotherapeut und damit sehr viel glücklicher. Er selbst sagt dazu: „Nicht, weil die Arbeit als Investmentbanker schlecht ist, sondern weil ich Arbeit jetzt anders sehe. Und ich sehe durch die Arbeit, die ich tue, auch meine Rolle in der Welt anders."

Er fuhr fort: „Ich betrachte meinen Job nicht als das, womit wir unser Leben finanzieren. Ich habe durch meine Arbeit die Möglichkeit, mit Menschen in Verbindung zu treten. Ja, die größte Erfüllung erlebe ich, wenn ich jemandem dabei helfe, etwas über seinen bzw. ihren Körper zu erfahren, oder wenn ich für Menschen einen Prozess vereinfachen kann, sodass sich ihre Einstellung und ihre Perspektive verändern. Mein Beruf hilft anderen Menschen, das Beste aus sich herauszuholen, und das gehört mit zum Liebevollsten, was man für einen anderen Menschen tun kann.“

Dabei möchte ich betonen, dass Mark nicht negativ über die Finanzbranche spricht. Als ich mit ihm über seinen Berufswechsel sprach (das erste Mal begegnete ich Mark, als er seine Ausbildung zum Physiotherapeuten machte), sagte er sogar, dass er auch die Arbeit als Investmentbanker als Werk der Liebe hätte angehen können, wenn er eine andere Sicht von seiner früheren Arbeit gehabt hätte.

Es gibt nur wenige Jobs auf der Welt, die keinen Dienst an anderen Menschen beinhalten. Die Investmentbankerin, der Physiotherapeut, die ehrenamtliche Hilfskraft in der Schule, der Anwaltsgehilfe, der kostenlose Beratung anbietet, die Tiefbauarbeiterin im Straßenbau, der Landschaftsgärtner – sie alle verbessern die Lebensqualität anderer und helfen ihnen, ihr Bestes zu geben. Letztlich hängt es davon ab, wie wir unsere Arbeit sehen.

Eine großartige Art, den Lebensunterhalt zu verdienen

Als ich mein erstes Buch bei einem traditionellen Verlag herausbrachte – ein Buch mit dem Titel *Weniger macht reich* –, zeigte einer der ersten Titelentwürfe einen Liegestuhl am Strand. Meine Reaktion darauf: „Nein, nein, nein!“ Das war genau das Gegenteil des Eindrucks, den ich vermitteln wollte. Ich habe Minimalismus nie als Möglichkeit angestrebt, mich von meinen Verpflichtungen und Möglichkeiten abzuwenden, und ich wollte nicht, dass das Buchcover diese falsche Vorstellung vermittelte. Der springende Punkt beim Minimalismus (dem Thema dieses Buches) ist für mich nicht, schneller den Punkt zu erreichen, an dem ich nichts mehr tun muss, sondern der springende Punkt ist, produktiver zu werden. Wir befreien uns von Ablenkungen in unserem Leben, damit wir unser Bestes dabei geben können, einen Beitrag für andere zu leisten.

Ich möchte dieses Kapitel mit einer wichtigen Tatsache abschließen: Das sinnvollste und erfüllteste Leben beinhaltet harte Arbeit. Beides hängt miteinander zusammen und bedingt sich gegenseitig. Als Menschen sind wir so angelegt, dass wir nicht um des Geldes, des Besitzes oder des Ruhmes willen arbeiten, sondern weil es unserem Wesen als Menschen entspricht, unser Potenzial voll auszuschöpfen, indem wir für die Menschen um uns herum Gutes erreichen. Und deshalb sind unsere sinnvollsten Beschäftigungen nicht leicht. Sie verlangen, dass wir uns fokussieren und anstrengen.

Um aber eines klarzustellen: Ich vertrete nicht den Standpunkt des Arbeitens um des Arbeitens willen. Mir ist es wichtig, seine Arbeit (egal, ob bezahlte oder unbezahlte) fokussiert und zielgerichtet zu tun, sich ganz darin zu investieren – und das Beste zu geben, um so viel wie möglich zu erreichen mit dem Leben, das man hat.

Vor Jahren habe ich einmal bei einer Veranstaltung in Iowa einen Vortrag gehalten über die große Bedeutung von Arbeit und die lebensspendende Erfüllung, die sie gibt. Hinterher nahm mich eine Frau beiseite, um mir eine Geschichte zu erzählen.

„Ich habe ein kleines Restaurant in meiner Heimatstadt“, begann sie. „Im vergangenen Jahr hatte ich für den Muttertag zu wenig Personal, und deshalb stellte ich eine Teenagerin ein, die uns an dem besagten Tag beim Abräumen der Tische helfen sollte. Es war einer der Tage, an denen am meisten los war – das ist am Muttertag eigentlich immer so. Am Ende des Tages schaute ich hinüber zu dem jungen Mädchen. Sie saß auf einem Hocker in der Nähe des Geschirrspülers. Ich ging zu ihr und sagte, was für ein verrückter Tag es gewesen sei. Darauf antwortete sie mir: ‚Ich bin fix und fertig. Ich glaube, ich war in meinem ganzen Leben noch nie so müde.'"

Die Frau, die mir die Geschichte erzählte, sah mir in die Augen und fuhr fort: „Da habe ich sie angesehen und gesagt: ‚Ja. Fühlt sich das nicht großartig an?'"

Wie wohl jeder liebe ich es, mal einen Tag frei zu haben. Ich werde gern ganz langsam wach, mache in aller Ruhe Frühstück für die Familie. Ich genieße es, einfach mal ein Buch zu lesen oder im Park mit anderen, die ich gar nicht kenne, Basketball zu spielen oder mit meinen Kindern einen Film zu schauen. Und ich bin auch dankbar für Urlaube, egal, ob wir zu Weihnachten zu unseren Familien fahren oder in den Frühjahrsferien Skilaufen gehen. Das sind Tage, auf die ich mich immer schon freue.

Aber nichts kommt gegen das Gefühl an, am Ende eines Tages mit einer sinnvollen Tätigkeit meinen Kopf aufs Kissen zu betten und zu wissen, dass ich an diesem Tag mein Bestes gegeben habe. Es ist genau wie die Restaurantbesitzerin sagte: Es fühlt sich großartig an. Wenn ich das Ende meines Lebens erreicht habe, dann möchte ich wissen, dass ich mein Bestes gegeben habe. Und Ihnen geht es sicher nicht anders.

Die Ablenkung durch Freizeit und Muße lässt sich überwinden, indem man neu darüber nachdenkt und selbstlose Erfüllung in seiner Arbeit findet.

Die Ablenkung durch Freizeit und Muße lässt sich überwinden, indem man neu darüber nachdenkt und selbstlose Erfüllung in seiner Arbeit findet. Wenn Sie einen Job haben, dann betrachten Sie ihn als Liebe, weil Sie anderen damit helfen. Wenn

Sie Ihre Tage mit Sorgearbeit verbringen, indem Sie Kinder betreuen, versorgen und erziehen, betrachten Sie das als Liebe. Selbst wenn Sie arbeitslos sind und viel zu viel Zeit haben, gibt es immer Möglichkeiten, etwas für andere zu tun.

Ich weiß, dass Arbeit schwierig ist und nie perfekt. Und wenn das Gute, das Sie in diese Welt bringen sollen, der Job ist, für den Sie auch bezahlt werden, gibt es immer noch schwere Tage, schwierige Beziehungen und schwere Dinge, die Sie erreichen müssen und die Sie vielleicht nicht immer gern tun. Aber wenn Sie an Dingen arbeiten, die wirklich wichtig sind, dann werden Sie es nie bereuen.

10

Blinkende Lichter

Die Ablenkung durch Neue Medien überwinden

> „Kurz bevor Sie sterben, wird Ihnen klar, dass es in Ihrem ganzen Leben nur darum ging, Menschen zu lieben. Und Sie haben zu viel ferngesehen."
>
> *DONALD MILLER*

Becoming Minimalist hat als Blog angefangen in der Zeit, als das Bloggen noch neu war und ich kaum wusste, was ich da eigentlich tat. Später fing ich dann auch an, bei Facebook und Twitter zu posten, als ich eines Abends Langeweile hatte. Dabei beobachtete ich, welche Art von Nachrichten auf diesen Plattformen Follower generieren konnte und wie sie sich nutzen ließ, um die Botschaft des Minimalismus zu verbreiten. Ich erinnere mich, wie ich dachte: *Ach, so funktioniert das.* Ehrlich gesagt war es ein Prozess, in dem ich irgendwie in diese Neuen Medien hereingestolpert bin. Eine App, ein paar Online-Magazine und unzählige Livestream-Videos später ist eines ganz klar: Ich wäre niemals in der Lage gewesen, den Minimalismus zu fördern und zu verbreiten, wenn ich nicht diese Reichweite gehabt hätte, die ich heute habe.

Aber dennoch gibt es Zeiten, in denen die Neuen Medien mir nicht helfen, sondern mir im Weg stehen, meinen Zielen und Werten entsprechend zu leben. So wachsam ich in Bezug auf dieses Problem bin, ertappe ich mich häufig dabei, wie ich Zeit mit sozialen Medien verschwende und dort Nachrichten und Reportagen lese, die völlig irrelevant für mich sind. Ich muss mich immer wieder selbst daran erinnern und dann die entsprechenden Seiten auf dem Laptop schließen oder mein Handy weglegen.

Wenn es etwas gibt, das das Etikett *Ablenkung* verdient, dann sind es elektronische Nachrichten, Unterhaltung, Informationen und zeitraubende Spiele, die die Neuen Medien uns aufdrängen (nicht, dass wir dagegen besonders viel Widerstand aufbringen würden – jedenfalls meistens nicht). All die blinkenden Lichter und bunten Icons und einlullenden Geräusche – das alles ist nur schwer zu ignorieren. Wenn wir nicht aufpassen, können die Neuen Medien rasch vom Handwerkszeug zur Ablenkung werden. Und am Ende kann das dann zu Reue und Bedauern führen.

Die neue Belanglosigkeit

Schon lange bevor uns Facebook, Apple, Amazon, Netflix und Google beim Wickel hatten, neigten die Menschen dazu, sich mit Trivialem zu beschäftigen statt mit Wichtigem. Ich stelle mir vor, wie Menschen zu lange vor ihren riesigen Radios saßen und irgendwelche Sendungen hörten oder Münzen in Musikboxen warfen oder sich in Billardsalons aufhielten. Und wenn wir noch weiter zurückgehen, bin ich sicher, dass die Leute bei Turnierkämpfen – oder Streitwagenrennen – festhingen, und zwar mehr, als ihnen guttat. Ich habe sogar auf dem College einen Essay gelesen, der vor zweitausend Jahren verfasst wurde (während des Römischen Reiches), in dem dagegen argumentiert wird, wie töricht es ist, seine Zeit im Colosseum mit dem Zuschauen bei Gladiatorenkämpfen zu verschwenden.

Früher waren wir es wenigstens gewohnt, uns dafür zu entschuldigen, wenn wir uns mit Trivialem befassten. Wir verließen das Haus, um in die Kneipe an der Ecke zu gehen, oder wir nahmen uns einen Nachmittag frei, um uns ein Football-, Baseball- oder Basketballspiel anzuschauen. Als ich noch ein Kind war, gingen wir in den Keller, um Videospiele zu spielen, denn dort unten war die Spielekonsole an unseren Fernseher angeschlossen. Heute kann ich wann immer ich will und überall mein Handy nehmen – beim Abendessen, bei einer Verabredung mit meiner Frau oder bei einem Footballspiel meines Sohnes. Die Ablenkungen von Dingen und Menschen, die uns wichtig sind (und sich oft direkt vor uns befinden), sind in einem ganz neuen Ausmaß präsent.

Heute ist ein Großteil unserer Freizeitbeschäftigungen aus der realen Welt auf unsere Endgeräte umgesiedelt, sodass die Ablenkung durch Belangloses allgegenwärtig ist. Viele der Menschen, die einen Hang zum Sammeln haben, „pinnen" jetzt auf Pinterest. Diejenigen, die früher viele Briefe schrieben, posten jetzt fast zwanghaft. Diejenigen, die niemals die Boxkämpfe „Friday Night Fights" verpasst hätten, tauchen in die zwielichtige Welt des Online-Glücksspiels ein. Der Typ, der früher mit anderen gern von Angesicht zu Angesicht über Politik diskutierte, postet heute seinen Unmut in den sozialen Medien und in Kommentaren.

Und dann sind da all die neuen Verlockungen, die wir uns nicht einmal hätten vorstellen können, bevor es sie tatsächlich gab: das Teilen von Videos, Apps zur Fotobearbeitung, Hashtags, die sich rasend schnell im Internet verbreiten, Virtual-Reality und so vieles mehr.

Also suchen wir immer wieder unsere Endgeräte auf und konsumieren, so wie Süchtige Heroin nehmen. Unsere Welt ist ein ständiger Strom von Informationen und Unterhaltung geworden. Wir haben unser Handy immer dabei. Wir können uns an Tausenden von Orten mit dem Internet verbinden. Wir werden unablässig und gnadenlos mit Werbung bombardiert, wohin wir auch schauen, genau wie mit den neuesten Nachrichten rund um die Uhr.

Jede Information kommt in unseren Kopf mit einem Ziel: nämlich Kontrolle über unsere Aufmerksamkeit und unsere Ressourcen zu bekommen. Gleichzeitig zieht es unsere Aufmerksamkeit von der Arbeit ab, die direkt vor unseren Händen ist. Und was genauso wichtig ist: Elektronische Ablenkungen halten uns davon ab, dass uns klar wird, welches Leben wir eigentlich gern leben würden … Und trotzdem bleiben all diese Ablenkungen fast unbemerkt.

Wir hätten nie erwartet, dass Neue Medien einmal dermaßen beherrschend in unserem Leben sein würden. Wir wissen den Nutzen zwar zu schätzen, aber wir fragen uns auch zu Recht, was uns dieser Vorteil kostet. Der Computerwissenschaftler Cal Newport schreibt:

> All diese Neuen Medien haben es geschafft, sich über ihre geringfügigere Rolle, die wir ihnen ursprünglich zugedacht hatten, hinwegzusetzen. Sie diktieren zunehmend, wie wir uns verhalten und wie wir uns fühlen, und sie nötigen uns dazu, sie mehr zu nutzen, als es gut für uns ist, oft auf Kosten anderer Aktivitäten, die wir eigentlich für wertvoller halten. Mit anderen Worten: Was uns dabei Unbehagen verursacht, ist das Gefühl, *die Kontrolle zu verlieren* – ein Gefühl, dass sich tagtäglich auf dutzendfache Weise zeigt, zum Beispiel wenn wir uns mit unserem Handy während der Badezeit der Kinder beschäftigen oder wenn wir die Fähigkeit verlieren, einen schönen Moment zu ge-

nießen ohne den verzweifelten Drang, ihn für ein virtuelles Publikum zu dokumentieren.

Es geht nicht um Nutzen, es geht um Autonomie.[93]

Aber wie sollen wir diese großen – und dennoch unterschwelligen – Ablenkungen in unserem Leben erkennen? Wie können wir regelmäßig den Weg überprüfen, den wir in unserem Leben eingeschlagen haben, um sicherzustellen, dass wir nach den wichtigsten Dingen suchen und in sie investieren? Vielleicht ist das gar nicht so schwer, wie wir es uns vorstellen. Vielleicht müssen wir dabei nur zielgerichteter vorgehen und uns mehr anstrengen. Und zu merken, was eigentlich los ist, ist ja oft schon der erste Schritt.

Wie uns die Nutzung von Bildschirmen von unseren Zielen ablenkt

In unserer *Things-That-Matter*-Umfrage wurde auch die Frage gestellt: „Wie sehr hält Sie Ablenkung durch Neue Medien (Spiele/soziale Medien/Verbindung mit anderen) davon ab, den Zweck Ihres Lebens zu erfüllen?" 57 Prozent der Befragten antworteten „etwas" oder „sehr".

Die anderen 43 Prozent berücksichtigen dabei vielleicht nicht, wie sehr die Neuen Medien sich in ihr Leben drängen.

Die Ergebnisse des *Nielsen Total Audience Reports* von August 2020 besagen, dass die durchschnittliche Zeit, die erwachsene US-Amerikaner pro Jahr mit Medienkonsum verbringen, zwölf Stunden und 21 Minuten pro Tag beträgt. Falls es Ihnen nicht aufgefallen ist: *Das ist etwas mehr als die Hälfte eines Tages und fast drei Viertel der Zeit, die wir wach sind.* Die beiden größten Kategorien waren Smartphones mit drei Stunden und 46 Minuten pro Tag und Fernsehen mit drei Stunden und 43 Minuten pro Tag[94] (dreißig davon während der Arbeit), wobei die Benutzungsdauer meistens unter zwei Minuten lag.[95]

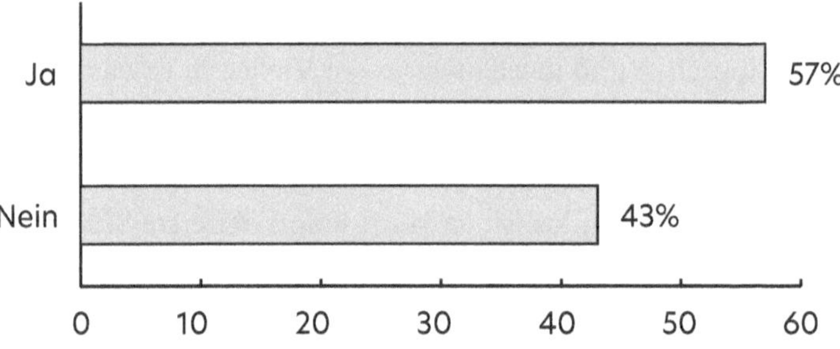

In Großbritannien sind die Zahlen ähnlich, sogar noch ein bisschen gravierender. Wissenschaftliche Umfragen ergaben, dass Briten über 4866 Stunden im Jahr (oder über 13 Stunden am Tag) mit ihren Endgeräten verbringen. Das macht 301 733 Stunden – *oder 34 Jahre* – im Laufe eines Lebens.

Wie viel Zeit verbringen Sie mit Ihren Endgeräten? Und was vielleicht noch wichtiger ist: Haben Sie schon mal darüber nachgedacht, wie viel Zeit davon produktiv ist und wie viel davon im Gegensatz zu jeglicher Produktivität steht? Dinge, die wichtig sind, kosten normalerweise Zeit, Energie und Konzentration. Ist es das wirklich wert, wenn wir ganze Staffeln einer Serie innerhalb kürzester Zeit gucken oder wir unsere Zeit nur dem Erreichen des nächsten Levels eines Social Games widmen? Es könnte es wert sein, wenn es uns ein wenig von der dringend benötigten Ablenkung vom Stress in unserem Alltag verschafft. Aber das ist dann nicht der Fall, wenn solche Ablenkungen zum Lebensstil geworden sind und sie uns von den Zielen und Bestrebungen abbringen, die uns eigentlich am meisten bedeuten.

Und so passiert das:

1. Die übermäßige Nutzung von elektronischen Endgeräten stiehlt uns Zeit

Eine der häufigsten Ausreden dafür, die Lebensziele nicht zu verfolgen, lautet: „Ich habe keine Zeit." Und jede einzelne der Ablenkungen, mit denen wir uns in diesem Buch befassen, ist ein Zeiträuber. Am allerschlimmsten sind in dieser Hinsicht die elektronischen Endgeräte.

Wenn Sie so sind wie viele Menschen, dann verbringen Sie bis zu drei Viertel der Zeit, die Sie wach sind, in Interaktion mit elektronischen Geräten. Darunter sind wahrscheinlich auch die Stunden des Tages enthalten, in denen Sie am aufmerksamsten und konzentriertesten sind und dadurch am produktivsten sein könnten. Reduzieren Sie die Zeit, die Sie vor Bildschirmen verbringen, dann haben Sie den effektivsten Schritt getan, mehr Zeit für sinnvollere Ziele und Anliegen zu schaffen.

2. Die übermäßige Nutzung von elektronischen Endgeräten bewirkt, dass Sie ein schlechtes Gewissen haben

Das gilt für einen Großteil der Unterhaltung und Werbung, aber am schlimmsten ist es bei den sozialen Medien. Sie können darüber zwar mit Freunden in Kontakt und auf dem Laufenden bleiben, aber die sozialen Medien können auch leicht in Ihnen den Wunsch wecken, das Leben einer anderen Person zu haben.

Und sollen wir ehrlich sein? In den sozialen Medien schreibt doch jeder etwas Fiktives. Niemand postet Fotos davon, wie er oder sie allein auf dem Sofa vor dem Fernseher sitzt und Chips futtert (es sei denn, es ist eine neue Kultserie). Die meisten Menschen posten nur die Highlights ihres Lebens.

Wenn Sie also feststellen, dass Sie ständig an irgendwelchen Endgeräten scrollen und gleichzeitig unzufrieden mit Ihrem Leben sind – sich ein größeres Haus, verschwenderische Urlaube, einen besseren Platz im Konzert, eine attraktivere Familie oder eine schickere Handtasche wünschen –, dann sind Sie vielleicht den ausgedachten Geschichten der elektronischen Medien auf den Leim gegangen. Verzichten Sie darauf, denn Sie können nur dann eine zielgerichtetere und mit mehr Sinn erfüllte Persönlichkeit werden, wenn Sie die Realität Ihres Lebens annehmen.

3. Die übermäßige Nutzung von elektronischen Endgeräten macht Sie schwächer

Unsere elektronischen Endgeräte haben ihren Nutzen, aber sie fordern auch einen Preis. Medizinische Forschungsergebnisse legen nahe, dass viel Zeit vor Bildschirmen unser Gehirn verändern kann, was unter anderem dazu führt, „dass die grauen Zellen schrumpfen, es Probleme bei der Kommunikation der Zellen des Kleinhirnmarks gibt, man sehr viel mehr Gelüste verspürt und man eine allgemein geringere kognitive Leistung hat“[96]. Und es ist sogar so: „Je mehr Zeit Sie vor Bildschirmen verbringen, desto größer ist für Sie möglicherweise das Risiko für Depressionen.“[97] Zu viel Nachrichten zu hören oder zu schauen wird mit Ängsten in Verbindung gebracht.[98] Weitere körperliche Auswirkungen exzessiver Bildschirmzeit sind unter anderem überanstrengte Augen, Gewichtzunahme, Isolation, reduzierte emotionale Ansprechbarkeit und gestörtes Schlafverhalten. Sehr viel Bildschirmzeit kann sogar das Sterberisiko erhöhen – in einer der Studien um bis zu 52 Prozent.[99]

Das ist doch gruselig, oder?

Aber denken Sie auch an die andere Seite: Die Bildschirmzeit zu reduzieren, kann Sie gesünder machen, emotional stabiler und für klareres Denken sorgen. Wieso sollten Sie nicht in bester Form sein, um die Ziele zu verfolgen, die Ihnen am wichtigsten sind?

4. Die übermäßige Nutzung von elektronischen Endgeräten vermindert Ihre Effektivität bei der Arbeit

Selbst wenn wir unsere Endgeräte bei der Arbeit ausschließlich zu beruflichen Zwecken nutzen, kann das einen überraschend hohen Preis haben, wenn wir es ineffektiv tun. Eine Studie, in der die Auswirkungen von Unterbrechungen bei der Arbeit untersucht werden, zeigt, dass im Durchschnitt die Studienteilnehmer ungefähr dreiundzwanzig Minuten brauchten, um nach einer Ablenkung wieder zu arbeiten.[100] Es kann also sein, dass die E-Mail, die Sie mitten bei der Arbeit abgelenkt hat, 23 Minuten Zeitverlust bedeutet – Zeit, in der Sie auch etwas Sinnvolleres hätten angehen können.

Die Neuen Medien können auch unsere Konzentrationsfähigkeit und die Fähigkeit, tiefgehender nachzudenken, beeinträchtigen – entscheidende Fähigkeiten für die Arbeit und auch für das übrige Leben. Nicholas Carr, Autor des Buches *The Shallows – What the Internet Is Doing to our Brains*, sagt:

> Was wir gegen die Reichtümer des Internets eintauschen – und nur ein absoluter Schwarzmaler würde diese Reichtümer verneinen –, ist das, was der Blogger Scott Karp ‚unseren alten linearen Denkprozess' nennt. Das linear ausgerichtete Denken ist ruhig, konzentriert, gesammelt, und es wird von einer

> neuen Denkart verdrängt, die Informationen in kurzen, sprunghaften, oft einander überlappenden Salven aufnehmen und weitergeben will – je schneller, desto besser.[101]

Cal Newport drückt es ähnlich aus, wenn er sagt: Egal wie wertvoll unsere digitale Verknüpfung sein mag, wir dürfen nicht die Fähigkeit der „Tiefenarbeit" verlieren; damit meint er die Fähigkeit, uns ohne Ablenkung auf eine kognitiv anspruchsvolle Aufgabe zu konzentrieren.[102]

Wie wir im vorangegangenen Kapitel gesehen haben, ist unsere Arbeit eng mit unseren Zielen und unserem Lebenssinn verknüpft. Auch wenn unser Job vor allem dazu dient, unsere Rechnungen zu bezahlen, und nicht unser Traumjob ist, verdient er es, dass wir unser Bestes geben, denn auf diese Weise lieben und dienen wir anderen. Wenn wir die Nutzung der Neuen Medien auf das für den Job Notwendige beschränken, werden wir *sofort* und *garantiert* in unserer Arbeit präsenter sein.

Die Neuen Medien sind die letzte Ablenkung, mit der wir uns in *Die Kraft des Seinlassens* beschäftigen – das letzte Hindernis, das wir beseitigen müssen. Im Gegensatz zu Ablenkungen wie Angst und egoistisches Streben nach Glück kommen die Neuen Medien von außen an uns heran. Doch sie hat die schädliche Tendenz, in unser Inneres einzudringen und unsere Gedanken, unser Herz, unseren Willen zu beeinflussen. Sie ist so weit verbreitet und so wirksam, dass wir nicht einfach annehmen dürfen, wir kämen schon damit klar. Wir müssen vielmehr bewusst entscheiden, wer unser Leben bestimmt – die Neuen Medien oder wir selbst.

Laut Cal Newport wird die „Fähigkeit, sich auf eine Sache zu konzentrieren, die Supermacht des 21. Jahrhunderts sein"[103]. Machen Sie sich bewusst, wie sehr die Neuen Medien Ihre Konzentration beeinträchtigen, und Sie werden zu dem Schluss kommen, dass er keineswegs übertreibt.

Die dunkle Seite der Neuen Medien

Bonnie Dumaine ist die liebevolle Mutter zweier Teenager und lebt in Hershey, Pennsylvania, wo sie und ihr Mann als Betreuer an einer örtlichen Schule arbeiten. Sie beschreibt, wie die Neuen Medien ihr eigenes Leben und das Leben der Menschen um sie herum beeinflussten:

> Je mehr ich über den Einfluss der Neuen Medien auf mein Leben nachdachte, desto stärker sah ich die dunkle Seite. Ich habe zum Beispiel festgestellt, dass das tägliche stupide Scrollen in den sozialen Medien meine Stimmung, mein Selbstwertgefühl und meine Konzentration beeinträchtigte. Fast alle posten nur die positiven Aspekte ihres Lebens in den sozialen Medien. Obwohl ich das weiß, konnte ich kaum etwas dagegen tun, dass ich mich mit ihnen verglich und dadurch traurig, unzufrieden und eifersüchtig wurde.

Bonnie ist eine vielbeschäftigte Frau, die mit ihrer Arbeit und ihrer Familie ausgelastet ist. Die Neuen Medien sind dann keine Freundin mehr für sie, wenn sie zu sehr in ihren Zeitplan eingreifen.

Sie sagte: „Die ständige Verfügbarkeit von Netflix, Hulu und anderen Streaming-Websites hindert mich leicht daran, produktiv zu sein. Oft tappe ich in die Falle, mehrere Sendungen nacheinander zu sehen, es ist wie eine Sucht. Dann verschiebe ich Dinge, die ich eigentlich erledigen müsste, und habe ein schlechtes Gewissen dabei. Oder ich bleibe abends zu lange auf und bin am nächsten Morgen nicht ausgeschlafen und in Bestform. Sogar Spiele, die eine kleine, nette Abwechslung versprechen, nehmen zu oft zu viel von meiner Zeit und Aufmerksamkeit in Anspruch."

Bonnie hat beobachtet, dass die Neuen Medien auch ihre Freunde und Familie beeinflusst haben:

> Ich sehe, wie meine Freunde versuchen, mit den neuesten Trends mitzuhalten, die sich kontinuierlich verändern. Mein Mann und ich helfen unseren Eltern, die neuesten Anwendungen und Updates zu lernen. Und meine Kinder, die schon seit Jahren kein Spielzeug mehr angerührt haben, sehen in den sozialen Medien, wie sich dort Trends stündlich verändern. Sie posten und entfernen ständig, weil alles unsicher ist, und befürchten, sie könnten etwas verpassen, wenn sie auch nur eine kleine Weile nicht mit ihrem Smartphone verbunden sind. Tatsächlich verbringen sie weniger Zeit mit anderen, weil sie ihre Freunde ständig in den sozialen Medien ‚sehen'.

Diese Frau hat erkannt, dass sie und die ihr nahestehenden Menschen durch die Anziehungskraft der Neuen Medien die Kontrolle über ihr Leben verlieren. Ich vermute, die meisten von uns stimmen ihr zu. Es ist Zeit, sich Sorgen zu machen, große Sorgen.

Süchtig mit Absicht

In seinem Buch *Digital Minimalism* schreibt Cal Newport: „Wir haben aus nebensächlichen Gründen Neue Medien dem Rand unserer Erfahrung hinzugefügt, um eines Morgens aufzuwachen und festzustellen, dass sie den Kern unseres täglichen Lebens in Beschlag genommen haben. Mit anderen Worten: Wir haben uns nicht bewusst dafür entschieden, in dieser digitalen Welt verwurzelt zu sein, sondern sind irgendwie hineingeschlittert."[104] Das beschreibt ziemlich treffend, wie ich selbst mit Blogs und sozialen Medien in Kontakt kam.

Irgendwie hineinschlittern klingt harmlos, beinahe drollig. Doch es ist alles andere als drollig. Unsere Neue-Medien-Sucht ist ein einziges lukratives Geschäft.

Newport fährt fort, indem er seine eigenen Worte korrigiert: „Es wäre wohl richtiger zu sagen, dass wir in die digitale Welt hineingeschubst wurden, und zwar von Spitzenunternehmen der Neuen-Medien-Branche und Konglomeraten der Aufmerksamkeitsökonomie, die entdeckt haben, dass in einer von Geräten und Software-Anwendungen dominierten Gesellschaft immense Gewinne zu machen sind."[105]

Warum verbringen wir so viel Zeit vor unseren Bildschirmen? Weil einige der klügsten Köpfe dieser Welt alles daransetzen, dass wir genau das tun. Die Wirtschaftsjournalistin Lydia Belanger sagte:

> Von Push-Benachrichtigungen und Erinnerungen zu Bewertungs- und Belohnungsprogrammen haben die Neuen Medien die Macht, unser Denken und Handeln auf spezifische Weise zu spezifischen Zeitpunkten zu beeinflussen. Süchtig machendes Design fesselt unsere Aufmerksamkeit, Algorithmen filtern die Ideen und Optionen, die wir enthüllt haben, und die Datenspur, die wir hinterlassen, kommt früher oder später wieder auf uns zurück, um uns erneut ins Visier zu nehmen.[106]

Mediendesigner wissen genau, was sie tun, wenn sie uns mit einfachen Farben und Lichtern und Geräuschen und Vibrationen (oder anderen den Tastsinn betreffenden Signalen) Feedback geben. Andere Medien beinhalten personalisierte Werbung, die in Realzeit immer und immer wieder getestet wurde, sowie empfohlene Videos, variable zufällige Belohnungen (wie bei Spielautomaten), neue Stufen und Errungenschaften und soziale Verknüpfungen (wenn man z. B. seinem LinkedIn-Netzwerk eine neue Person hinzufügt, erhält man Zugang zu deren Verbindungen).[107]

Warum verbringen wir so viel Zeit vor unseren Bildschirmen? Weil einige der klügsten Köpfe dieser Welt alles daransetzen, dass wir genau das tun.

Adam Alter, Professor für Psychologie und Marketing an der New York University, erklärt, dass unsere intensive Bindung an die Neuen Medien direkt vergleichbar mit einer Suchtmittelabhängigkeit ist. Es handelt sich um eine Verhaltenssucht. „Diese Form der Sucht ist noch relativ jung, doch erste Anzeichen weisen auf eine Krise hin. Süchte sind schädlich, weil sie andere wesentliche Beschäftigungen verdrängen, nämlich arbeiten und spielen, grundlegende Hygiene und soziale Interaktion."[108]

Nir Eyal schrieb ein Buch mit dem Titel *Hooked – How to Build Habit-Forming Products* („Süchtig – wie man Gewohnheit schaffende Produkte kreiert"). Mit anderen Worten: Er schrieb das Handbuch, das viele Unternehmen befolgen, um unsere Aufmerksamkeit mit Produkten zu fesseln, die für uns Zerstreuung und für sie eine Quelle des Profits sind.

Er handelte mit Heroin.

Er verkauft auch das Methadon.

Ich sage das, weil sein darauffolgendes Buch folgenden Titel hat: *Indistractable – How to Control Your Attention and Choose Your*

Life („Wie Sie Ihre Aufmerksamkeit kontrollieren und Ihr Leben wählen können"). Darin erklärt er, wie man sich gegen süchtig machende Produkte wehren kann, um doch noch seine Arbeit zu schaffen und eine gewisse Autonomie zu wahren.

Eyal geht selbst auf die Ironie ein, die entsteht, wenn man seine beiden Bücher nebeneinander betrachtet:

> Es ist nicht unbedingt ein Problem, dass Unternehmen ihre Produkte immer attraktiver und fesselnder machen. Das ist Fortschritt. Aber es gibt auch eine dunkle Seite, wie der Philosoph Paul Virilio schrieb: ‚Wenn man ein Schiff baut, schafft man auch das Wrack des Schiffes.' Benutzerfreundliche Produkte und Dienstleistungen können sehr positiv sein, aber eben auch negative Folgen haben. Viele Menschen verlieren die Kontrolle über diese Produkte, bis sie irgendwann das Gefühl haben, nicht mehr selber zu entscheiden, was sie tun. Tatsächlich ist es heutzutage so, dass diejenigen, die sich beim Zeitvertreib nicht selbst Grenzen setzen können, letztlich von Ablenkungen manipuliert werden, mit denen sie ihre Zeit verschwenden.[109]

Eyal erklärt weiter, diese digitale Entwicklung könne gefährliche Auswirkungen auf die breite Gesellschaft haben.

Tristan Harris, ein ehemaliger Google-Designethiker, drückt es so aus: „Ein Geschäftsmodell, das die Infrastruktur der sozialen Kommunikation durchzieht, die von 3 Milliarden Menschen genutzt wird und von der sie abhängen, ist nicht auf die Gesellschaftsstruktur ausgerichtet und stellt eine existenzielle Bedrohung der Demokratie und einer funktionierenden Gesellschaft dar."[110]

Die existenzielle Bedrohung der Gesellschaft durch die Neuen Medien bedeutet konkret, dass sie das bedrohen, was wir als Menschen werden möchten – welcher Art unser Menschsein letztlich sein wird. Wenn wir uns zu sehr den Neuen Medien ausliefern und ein Leben führen, in dem wir uns nicht bewusst orientieren, sondern von Geräten ablenken lassen, dann werden wir uns am Ende unseres Lebens fragen, warum wir so schrecklich viel Zeit verschwendet haben.

Wenn Neue Medien in unserem Leben zum Tyrannen geworden sind, dann liegt das größtenteils daran, dass die Experten es bewusst darauf angelegt haben. Doch statt andere zu beschuldigen (was die Möglichkeit ausschließt, sich zu verändern), sollten wir unseren Teil der Verantwortung erkennen und wahrnehmen. Lassen Sie uns Wege finden, uns dem Einfluss all dieser cleveren Vorrichtungen mit ihren blinkenden Lichtern zu entziehen.

Die Auflehnung beginnt jetzt

Wenn die Tyrannei der Neuen Medien Sie daran hindert, die Dinge zu tun, die für Sie Bedeutung haben – oder wenn Sie es einfach satthaben, von den Meistern der Medien und der Unterhaltung manipuliert zu werden –, dann schlage ich Ihnen einen Begriff vor: *Auflehnung*.

Lassen Sie uns die Augen öffnen und sehen, was vor sich geht, und lassen Sie uns den Versuch wagen, die Neuen Medien in unserem Leben zu kontrollieren und uns nicht von ihnen kontrollieren zu lassen. Lassen Sie es uns mit diesem übergeordneten Ziel tun: Wir konzentrieren uns mehr auf das, was wirklich im Leben zählt. Lassen Sie uns voller Stolz das Schild *Neue-Medien-Rebellen* tragen und uns unser Leben und unsere Zukunft zurückholen.

Dabei geht es nicht in erster Linie darum, Tipps und Tricks zu finden, wie man zum Beispiel Benachrichtigungen abschaltet oder eine Anwendung nutzt, die die Nutzung anderer Anwendungen überwacht – auch wenn diese Tricks durchaus sinnvoll sind und wir später darauf zu sprechen kommen. Noch wichtiger sind die Strategien, um die emotionale und psychologische Beeinflussung durch unsere Endgeräte zu überwinden.

Rebellieren Sie gegen die Tyrannei der Neuen Medien.

Digitale Entgiftung

Einmal im Jahr mache ich eine ausgedehnte Pause von allen Neuen Medien. Wenn ich auf diese Weise „faste“, wird mir unweigerlich bewusst, dass meine Neuen-Medien-Abhängigkeit viel größer ist, als ich dachte. Aber das ist ja genau das Wesen einer Abhängigkeit, nicht wahr? Wir können erst das Ausmaß unserer Sucht entdecken, wenn die Quelle der Sucht komplett entfernt wird. Wenn wir begreifen wollen, wie groß der kontrollierende Einfluss der Neuen Medien auf unser Leben ist, so gibt es nur einen Weg: Wir müssen sie abschalten, uns zurückziehen und dann spüren, wie stark der Drang ist, unsere Endgeräte wieder anzuschalten. Jedes Mal, wenn ich eine digitale Fastenkur mache, erweist sich diese Erfah-

Wenn wir begreifen wollen, wie groß der kontrollierende Einfluss der Neuen Medien auf unser Leben ist, so gibt es nur einen Weg: Wir müssen sie abschalten, uns zurückziehen und dann spüren, wie stark der Drang ist, unsere Endgeräte wieder anzuschalten.

rung als kraftvoller Neustart, wie ich mit den Neuen Medien und ihren Angeboten umgehe.

Ich habe bisher keine Lebensmittelallergien oder Unverträglichkeiten von Gluten oder anderes gehabt, aber ich habe einige Freunde, die damit leben müssen. Oft verzichten sie eine Zeit lang auf jeden Tropfen oder Krümel der Lebensmittel, von denen sie annehmen, dass sie ihnen Probleme bereiten. Dann nehmen sie erneut in ganz kleinen Mengen diese Lebensmittel zu sich, um zu sehen, welche Auswirkungen das für sie hat. So können sie schließlich ihren individuellen Menüplan erstellen.

Genau das schlage ich Ihnen in Bezug auf die Neuen Medien vor: Machen Sie eine Pause, eine Fastenkur. Und dann führen Sie sie wieder ganz allmählich in Ihr Leben ein bis zu einem für Sie gesunden Level – und halten Sie sich dann an dieses Level.

Sie könnten mit einer neunundzwanzig Tage langen digitalen Entgiftung beginnen. Natürlich können Sie auch eine andere Zeitspanne wählen, doch ich habe festgestellt, dass neunundzwanzig Tage digitaler Enthaltsamkeit für die meisten Menschen die ideale Zeitspanne ist, um eine neue Perspektive auf die Neuen Medien zu entwickeln.

Wenn Sie eine digitale Entgiftung vornehmen, achten Sie darauf, sie so umfassend wie möglich zu gestalten. Natürlich gibt es gewisse Ausnahmen. Vielleicht sind Sie gezwungen, im Rahmen Ihrer Arbeit E-Mails und Textnachrichten zu verwenden. Vielleicht hat Ihr Kind gerade frisch seinen Führerschein bestanden und Sie wollen auf Ihrem Handy erreichbar sein, wenn es mit dem Auto unterwegs ist. Dennoch könnten Sie während Ihrer „Fastenkur“ die sozialen Medien komplett außen vor lassen. Oder das Fernsehen völlig abschalten. Oder kein einziges Videospiel spielen. Oder die Nachrichtenschlagzeilen ignorieren. (Glauben Sie mir: Es wird Ihnen keineswegs schaden.)

Je mehr Sie abschalten können, desto effizienter wird die Entgiftung sein. Geben Sie nicht auf, bevor die neunundzwanzig Tage vorbei sind. Schließlich reden wir hier von Rebellion! Seien Sie kein schwächlicher Rebell!

Fünf Anzeichen, wann eine digitale Entgiftung notwendig ist

1. *Sie verbringen mehr Zeit mit Ihren Endgeräten als beabsichtigt.*

Neue Medien können wie Treibsand sein: klebrig und schwer zu entrinnen. Ist es uns nicht schon allen passiert, dass uns ein weiterer Artikel, Kommentar oder Beitrag gefangen genommen hat? Man klickt auf einen Artikel, der eigentlich nicht mehr als fünf oder zehn Minuten unserer Zeit in Anspruch nehmen sollte, doch dann scrollt man weiter in den Facebook-Nachrichten ... Bevor man es merkt, hat man fünfzehn oder zwanzig Minuten mit sinnlosem Scrollen verbracht.

Zeitverschwendung ist eine direkte und offensichtliche Folge der beabsichtigten Attraktivität von Spielen, Websites und Apps. Vielleicht fällt es Ihnen leichter, wenn Sie diese Angewohnheit komplett unterbrechen und dann ganz langsam wieder aufnehmen, statt sie nur ein wenig zu bremsen.

2. *Sie haben Schuldgefühle oder sind unzufrieden, nachdem Sie eine bestimmte Zeit mit Ihren Endgeräten verbracht haben.*

Wenn ich eine Tüte Kartoffelchips esse, spüre ich sofort das Salz auf meiner Zunge. Irgendwann lässt der Salzgeschmack nach und Fett bleibt zurück, das an den Fingern klebt. Wenn ich zu viel von diesen leeren Kalorien zu mir nehme, werde ich unzufrieden und habe Schuldgefühle.

Mit der Nutzung von Neuen Medien verhält es sich ähnlich: Jede Website oder jeder Artikel bewirkt zunächst eine sofortige Befriedigung, doch zu viel davon führt zu einem Gefühl der Unzufriedenheit und Reue wegen der vergeudeten Zeit.

Wenn Sie nach einer gewissen Zeit mit Ihren digitalen Geräten ein solches Gefühl der Reue empfinden, dann ist das ein klarer Hinweis darauf, dass Sie eine digitale Pause benötigen.

3. *Sie werden von der Angst getrieben, etwas zu verpassen.*

Diese spezifische Angst wird FOMO („Fear of missing out") genannt und ist eine Form der sozialen Angst, die in unserer Gesellschaft ständig zunimmt. Es ist die Sorge, andere könnten sich online amüsieren, während man selbst nicht dabei ist. *Wenn ich jenes Video nicht sehe oder durch jenes Feed nicht scrolle, dann bin ich der Loser, der nicht mitbekommt, was da Cooles abgeht.*

Tatsache ist: Man wird *immer* irgendetwas verpassen. Wir könnten immer noch mehr sehen und teilen, doch unsere Zeit ist begrenzt, und ständig noch mehr beschäftigt zu sein, ist keine Lösung. Um diese Wahrheit zu verinnerlichen, können Sie etwas *Subversives* tun: Verzichten Sie bewusst auf Kommunikation und Unterhaltung mit anderen.

Während Ihrer neunundzwanzig Tage langen digitalen Fastenkur können Sie den für Sie wichtigsten Personen erlauben, Sie im Notfall zu kontaktieren. Alles andere kann warten.

4. Sie verspüren ständig den Drang, Ihre Nachrichten zu checken.

Das kleine rote Symbol signalisiert Ihnen, dass 15 neue E-Mails eingegangen sind. Vielleicht sind es ganz wichtige Mitteilungen? Ich schaue am besten sofort nach.

Ja, Sie waren erst vor einer halben Stunde auf Facebook. Doch in der Zwischenzeit ist schon wieder eine Menge Neues eingegangen.

Sie haben bereits mehrmals die Schlagzeilen Ihres Lieblingsnachrichtensenders überflogen, doch möglicherweise hat sich seitdem eine „Eilmeldung"-Anzeige hinzugefügt.

Finden Sie heraus, wie viel mehr Sie schaffen können, wenn Sie aufhören, Ihre Konzentration zu beeinträchtigen … und entdecken Sie, wie unwichtig in Wirklichkeit all diese Informationen sind, die Sie so zwanghaft checken.

5. Sie haben nie genug Zeit an einem Tag.

Neulich sprach ich mit meinen Kindern in der Küche über die Ablenkungen durch die Neuen Medien. Sie nahmen ihre Handys und überprüften die Benutzerzeit sowie die meist benutzten Apps. Um fair zu sein, musste ich natürlich auch mein Handy hervorholen und überprüfen. Was ich dabei herausfand, verfolgt mich noch immer: Ich hatte mehr als zwei Stunden mit

E-Mails, sozialen Medien, Textnachrichten und Internetsurfen verbracht. Zwar gehörte ein großer Teil davon zu meiner Arbeit, doch es war trotzdem viel mehr, als ich vermutet hätte oder rechtfertigen könnte.

Am Ende des Tages hat man oft das Gefühl, unglaublich beschäftigt gewesen zu sein. Die Geschäftigkeit und der Stress sind real, doch wenn wir unsere Endgeräte-Nutzung drosseln würden, könnten wir dann nicht ruhiger werden und für die wirklich wichtigen Dinge verfügbar bleiben?

Tragen Sie etwas bei, statt nur zu konsumieren

Ich möchte Ihnen eine wichtige Frage stellen, damit Sie Ihre Endgeräte-Gewohnheiten nach Ihrer digitalen Fastenkur besser handhaben können: *Wenn ich online bin, trage ich dann etwas Sinnvolles zur Welt bei oder konsumiere ich einfach Dinge, die andere beigetragen haben?*

Haben Sie sich je darüber Gedanken gemacht, wie passiv wir die meiste Zeit über in Bezug auf die Neuen Medien sind? Wir lesen einen Text, den jemand anderes geschrieben hat. Wir sehen uns Videos an, die jemand anderes aufgezeichnet hat. Wir spielen ein Spiel, das jemand anderes entworfen hat – und wir spielen wortwörtlich nach den Regeln, die diese Person sich ausgedacht hat.

Wenn ich online bin, trage ich dann etwas Sinnvolles zur Welt bei oder konsumiere ich einfach Dinge, die andere beigetragen haben?

Der ständige Konsum von Medien, ohne selbst etwas beizutragen, ist Teil des Dilemmas, im Rahmen der Neuen Medien eher Sklave als frei agierender Mensch zu sein.

Natürlich ist nichts Schlimmes dabei, die Sportnachrichten im Fernsehen anzuschauen oder mit unseren Kindern lustige Videos zu sehen. Aber es nimmt so *leicht* zu große Ausmaße an! Vermutlich hängt es damit zusammen, dass Konsumieren weniger mentale Energie erfordert, als etwas beizutragen. Und wenn wir gestresst sind, hat das Konsumieren eine beruhigende Wirkung, die wir dann in einer solchen Form der Zerstreuung suchen.

Fühlen Sie sich von dieser Auflistung persönlich betroffen? Mir geht es jedenfalls so. Doch es geht nicht darum, Schuldgefühle zu haben; es geht darum, sich gegen die Anziehungskraft dieser Dinge zu wehren, die uns aufsaugen und unsere Zeit stehlen.

Wenn Sie online gehen, versuchen Sie den Schwerpunkt darauf zu legen, kreativ zu sein oder einen lohnenden Beitrag zu leisten:

- Schreiben Sie Blogs, die hilfreiche Ideen anbieten.
- Teilen Sie Ihre Fotos oder Illustrationen auf eine Weise, die nicht absichtlich Eifersucht weckt.
- Lernen Sie etwas, das Sie nutzen können.
- Geben Sie etwas weiter, für das Sie besonders qualifiziert sind.
- Ermutigen Sie einen Freund oder eine Freundin in einer schwierigen Situation.
- Posten Sie Bilder oder Zitate, die andere inspirieren könnten.
- Liken Sie einen Post. (Likes kosten nichts und sind kleine Geschenke der Bestätigung.)
- Schicken Sie einer einsamen Person einen Text.
- Teilen Sie einen interessanten Artikel.
- Empfehlen Sie wertvolle Filme oder Bücher.
- Organisieren Sie eine Spendenaktion für eine gute Sache.

- Teilen Sie die Bedürfnisse anderer mit, zum Beispiel: Ein kranker Nachbar braucht warme Mahlzeiten.
- Posten Sie Bilder von Sachen, die Sie verschenken wollen.

Wenn Ihr Beitrag während Ihrer Online-Zeit etwas Gutes für andere bewirkt, dann ist diese Zeit sinnvoll investiert. Sie können dazu beitragen, die Kultur der von Ihnen genutzten Plattformen zu verändern – zumindest für Ihre Freunde und Ihren Einflussbereich –, indem Sie bewusst positive Botschaften beisteuern. Das ist das, was ich zu tun versuche. Statt ein passiver Beobachter zu sein, können Sie für positive Veränderung sorgen.

Am Ende unseres Lebens möchten wir mit Stolz auf die Dinge zurückblicken können, für die wir uns entschieden haben. Und unsere Entscheidungen im Rahmen der Neuen Medien gehören dazu.

Betrachten Sie die Neuen Medien mehr als Werkzeug und weniger als Spielzeug

Es ist nichts Schlimmes dabei, abends eine Episode Ihrer Lieblingssendung anzuschauen – es sei denn, Ihre Tochter will Ihnen gerade von Ihrem Tag erzählen.

Niemand kann Ihnen vorwerfen, eine Pause während der Arbeit einzulegen, um einen Nachrichtenartikel zu lesen – es sei denn, Ihr Abgabetermin gerät dadurch in Gefahr oder Sie verpassen dadurch eine günstige Gelegenheit für etwas anderes.

Samstags Fußball anzuschauen, ist nicht unmoralisch – aber drei Abende pro Woche Ihre Familie allein zu lassen, um mit Ihren Kumpels im Sportcafé abzuhängen, ist unmoralisch.

Manchmal ist Unterhaltung eine verdiente Abwechslung zu einem konzentrierten Lebensstil. Manchmal ist sie aber auch eine ungerechtfertigte Flucht vor dem Leben.

Nachdem Sie sich entschieden haben, online mehr beizutragen, als zu konsumieren, gibt es ein weiteres hilfreiches Prinzip, wie Sie besser mit den Neuen Medien umgehen können: Betrachten Sie die Neuen Medien mehr als Werkzeug und weniger als Spielzeug. Mit anderen Worten: Reduzieren Sie Ihre Zeit mit den Neuen Medien vor allem im Bereich der Unterhaltung und verschwenden Sie nicht länger Zeit mit unsinniger, stupider Zerstreuung.

Einige Beispiele:

- E-Mails und Texte, die es Ihnen erlauben, mit entfernten Familienmitgliedern Kontakt zu halten: JA
- Stundenlanges Ansehen von lustigen Videos: NEIN
- Online-Suche in einem Bereich, in dem Sie Ihr professionelles Know-how vertiefen wollen: JA
- Kommentare oder Stellungnahmen lesen, die sie aufregen, und anschließend die Verfasser dieser Texte anpflaumen: NEIN

Nur Sie allein können entscheiden, wie viel Zeit Sie vernünftigerweise für wertlose, jedoch entspannende Unterhaltung investieren wollen. Nur Sie können entscheiden, wie die Neuen Medien Ihnen helfen können, Ihre Persönlichkeit weiterzuentwickeln und ein effizienterer Verfechter Ihrer Anliegen zu werden. Doch vergessen Sie nicht: Ein Neue-Medien-Rebell gewinnt an Kraft und Leistung, indem er triviale, oberflächliche, frivole, hasserfüllte, sündige, stumpfsinnige und belanglose Inhalte verschmäht. Geben Sie dem Monster, das Sie verschlingen will, keine Nahrung.

Nutzen Sie Tipps und Tricks

Zahllose Blogs und Artikel schlagen Tipps und Tricks vor, um die Neuen Medien in ihre Schranken zu weisen. Vielleicht haben diese

Tricks für Sie bisher kaum funktioniert, weil Sie sich nicht mit der zugrunde liegenden Philosophie auseinandergesetzt haben. Ich möchte Sie ermutigen, es erneut zu versuchen.

Doch zunächst empfehle ich Ihnen die neunundzwanzig Tage dauernde digitale Fastenkur. Danach konzentrieren Sie sich auf Ihr Potenzial, im Internet eher Beiträge zu machen als zu konsumieren, und darauf, die Neuen Medien eher als Werkzeug und weniger als Spielzeug zu nutzen. Als Nächstes könnten Sie ein oder zwei der Tipps und Tricks umsetzen, um gut mit den Neuen Medien in Ihrem Leben umzugehen und in gesunden Spuren zu bleiben.

Zu den praktischen Methoden, die von vielen Menschen erfolgreich angewandt wurden, gehören zum Beispiel:

- Beim Betreten des Hauses sein Handy fortlegen,
- Neue-Medien-freie Zonen in seinem Zuhause einrichten,
- Benachrichtigungen stumm schalten,
- nur zweimal pro Tag seine E-Mails checken,
- die Apps auf der Homepage des Handys reduzieren,
- eine App aktivieren, die nach einer gewissen Zeitspanne das Gerät ausschaltet,
- und vieles mehr.

Es gibt keine Liste, die für jeden funktioniert. Die Neuen Medien verändern sich ständig, und so müssen auch Neue-Medien-Rebellen ihre Mittel anpassen, um sich erfolgreich gegen den zu großen Einfluss von Neuen Medien auf ihr Leben zu wehren.

Stellen Sie also Ihre eigenen Regeln auf. Seien Sie Ihr eigener Türhüter. Entscheiden Sie, wie Sie die Neuen Medien nutzen wollen, und überlassen Sie diese Entscheidung nicht den Medien-Riesen. Tun Sie vermehrt Dinge, die dafür sorgen, dass Sie gar nicht daran denken, ständig Ihr Handy zu checken.

Für spezifischere Anleitungen empfehle ich Ihnen die Bücher *Digital Minimalism* und *A World Without Email* von Cal Newport.

Ist ein Leben ohne soziale Medien möglich?

Kinsley Smith ist Mutter von vier kleinen Kindern. Sie lebt mit ihrer Familie in einer Kleinstadt in Pennsylvania. 2017 tat sie einen Schritt, den viele von uns völlig unvorstellbar finden würden: Sie zog sich aus sämtlichen sozialen Medien zurück und hat es nicht bereut.

Man könnte Kinsley als besonders ehrgeizig bezeichnen. Sie schloss ihr Hochschulstudium als Jahrgangsbeste ab und begann mit ihrem Masterstudiengang, wobei sie gleichzeitig als Geschäftsführerin eines lokalen Kommunikationszentrums arbeitete. Dann kam ihr erstes Kind zur Welt. „Mein Mann hatte einen soliden Job", sagte sie, „also beschloss ich, ein Jahr auszusetzen und mich ganz um mein Kind zu kümmern. Am Ende des Jahres wurde ich mit unserem zweiten Kind schwanger, und ich kam zu dem Schluss, dass ich als vollzeitliche Mutter den wichtigsten Job in dieser Phase des Lebens ausüben würde."

Doch es ist harte Arbeit und mit viel Stress verbunden, sich vollzeitlich um seine Kinder zu kümmern. Außerdem ist es nicht leicht, von der Rolle einer ehrgeizigen Karrierefrau mit viel Freiraum zur Rolle einer Vollzeitmutter zu wechseln, deren Alltag von zwei kleinen Menschen beherrscht wird, die noch nicht einmal sprechen können.

Ich befragte sie dazu und sie sagte:

> Ich stellte fest, dass ich mehr und mehr mein Handy in die Hand nahm, um den Spannungen zu entflie-

hen – ich hoffte, in den sozialen Medien eine gewisse Ruhe zu finden. Manchmal schlich ich mich für ein paar Minuten allein mit meinem Handy ins Badezimmer.

Doch die sozialen Medien haben mir nie die Entspannung gebracht, nach der ich mich sehnte. Tatsächlich machten sie alles nur schlimmer, denn häufig sah ich die Posts von meinen Freunden aus der Schulzeit, die offenbar ein Leben führten, wie ich es mir früher vorgestellt hatte. Ich sah, welche Urlaube sie machten … und ich wurde immer neidischer und unzufriedener.

Eines Nachmittags hatte ich gerade meinen ältesten Sohn für den Mittagsschlaf hingelegt und begann den jüngsten zu stillen. Währenddessen nahm ich mein Handy zur Hand und begann zu scrollen. Auf einmal schaute ich auf mein Baby herunter und bemerkte, dass es mich intensiv ansah. Ich hatte es vorher nicht wahrgenommen, weil ich mit meinem Handy beschäftigt war.

Mir wurde klar: Ich war nicht die Mutter, die ich eigentlich sein wollte. Als mein Baby mir in die Augen sah, wollte ich, dass es meinen Blick wahrnahm. Ich wollte nicht, dass meine Kinder den Eindruck erhielten, sie würden mich jedes Mal stören, wenn sie mich beim Scrollen auf dem Handy störten.

Zunächst wollte ich drei Monate lang sämtliche soziale Medien ausgeschaltet lassen. Mehrmals sehnte ich mich danach, mein Handy zu nehmen und einfach schnell zu gucken, was vor sich ging. Dadurch wurde mir bewusst, wie ungesund mein Bezug zu

> den sozialen Medien geworden war. Also beschloss ich, meine Auszeit auf ein Jahr zu verlängern. Und schließlich wurde es zu einer ständigen Auszeit.

Nicht alle digitalen Fastenkuren werden zu einer endgültigen Trennung von den sozialen Medien führen. Doch in Kinsleys Fall war diese Entwicklung absolut lohnend:

> Ich bin viel glücklicher und genieße mein Leben jetzt viel mehr als früher. Ich hatte gar nicht bemerkt, wie unglücklich meine Seele geworden war – wie sehr Gefühle des Neids und der Konkurrenz und der Unzulänglichkeit mein Leben beherrschten, und zwar aufgrund der sozialen Medien. Ich hatte mir selbst so viel Druck damit gemacht, mich allen Themen, die Influencer und andere Leute als wichtig darstellten, zuzuwenden. Heute kann ich mich auf das konzentrieren, was für mich selbst am wichtigsten ist.

Abschalten, um anzuschalten

Vergessen Sie nicht: Sie wehren sich nicht nur gegen die Tyrannei der Neuen Medien in Ihrem Leben, sondern Sie kämpfen auch für die Menschen und die Dinge, die Ihnen am meisten bedeuten.

Zwar sind triviale Zerstreuungen nicht neu (es gibt seit rund siebzig Jahren Fernsehen und seit hundert Jahren Radio), doch die Art und Weise, wie die Neuen Medien unsere Aufmerksamkeit fesseln, stellt neue Versuchungen für uns dar. Wir müssen diese Versuchungen unter Kontrolle bekommen, bevor sie unser Leben beherrschen.

Eines steht fest: Führende im Neuen-Medien-Bereich werden nicht damit aufhören, um unsere Aufmerksamkeit, unsere Zeit und unser Geld zu kämpfen. Wir müssen lernen, verantwortlich darauf zu reagieren, wenn wir ein Leben führen wollen, das sinnvoll ist.

Ich möchte erneut betonen, dass die Neuen Medien viel Gutes bewirken können. Ich will mit diesem Kapitel keineswegs dafür plädieren, Neue Medien komplett aus unserem Leben zu verbannen. Wie bereits erläutert, mache ich das, was ich heute mache, dank dieser Neuen Medien. Vielleicht lesen Sie dieses Buch, weil Sie mich über meinen Blog, meinen YouTube-Kanal oder meine Beiträge in den sozialen Medien kennen. Dann sind Sie ein Beispiel dafür, welche Rolle Neue Medien in meinem Leben spielen, um in dieser Welt einen Unterschied zu machen.

Doch wir sollten das Ganze in der richtigen Relation sehen. Als die Menschen lernten, wie man Feuer macht, musste sich die Menschheit an diese Errungenschaft anpassen. Es war eine Errungenschaft, die zahllose Möglichkeiten eröffnete: Man konnte die Nacht hell machen, den Körper wärmen, Essen kochen, Wasser desinfizieren und Stahl schmieden. Doch Feuer barg auch die Gefahr, Fleisch zu verbrennen, Ernten zu vernichten, ganze Städte und Wälder auszulöschen. Mit Feuer konnte die Lebensqualität verbessert werden, aber unkontrolliertes Feuer konnte Leben zerstören.

Wir befinden uns an einem ähnlichen Wendepunkt in unserer heutigen Welt der Neuen Medien. Zweifellos wird es eine Zeit geben, in der die gesunde oder ungesunde Nutzung von Neuen Medien und sozialen Medien beurteilt wird. Es wird auch eine Zeit geben, in der sich herausstellen wird, was davon die Seele schädigt. Ich vermute, dass die Menschheit schließlich lernen wird, wie sie die Neuen Medien zum Guten verwenden kann, wie es die Menschen mit früheren gesellschaftlichen Entwicklungen auch taten. Doch in der Zwischenzeit müssen wir alles daransetzen, Neue Medien sinnvoll zu nutzen und nicht zuzulassen, dass sie uns vom Wesentlichen ablenken.

Handeln Sie bewusst und zielgerichtet auf jeder technologischen Plattform und bei jeder Interaktion. Legen Sie sinnvolle Pausen ein, um die Rolle der Neuen Medien in Ihrem Leben zu bewerten und festzustellen, ob das Abschalten Ihrer Geräte möglicherweise bewussteres, zielgerichteteres Leben „anschaltet".

Rebellieren Sie gegen die undurchsichtigen Motivationen der Neuen-Medien-Unternehmen, die von Ihrer Aufmerksamkeit profitieren. Und schließlich: Nutzen Sie die Neuen Medien, um die wirklich wichtigen Dinge zu fördern und sich nicht von ihnen ablenken zu lassen.

TEIL 4

DAS ENDE DIESES BUCHES – DER BEGINN EINES SINNVOLLEREN LEBENS

11

Leben Sie die Geschichte, die Sie lesen möchten …

… und rechnen Sie mit Überraschungen

> „Graben Sie tief genug in jedem Herzen und Sie werden dort eine Sehnsucht nach Sinn und Bedeutung finden. So sicher wie ein Kind atmet, wird es eines Tages fragen: Was ist der Sinn meines Lebens?"
>
> *MAX LUCADO*

Betrachten Sie dieses letzte Kapitel so, als ob ich Ihnen die Hand schüttele! Herzlichen Glückwunsch! Sie haben sich mit den *größten Ablenkungen* auseinandergesetzt, um zu den *wichtigsten Dingen* in Ihrem Leben zu gelangen. Ich kann mir kaum etwas Lohnenderes vorstellen. Und Sie wissen genauso gut wie ich, dass nicht jeder die Anstrengung auf sich nehmen will – zumindest nicht sofort –, herauszufinden, wie man seinen Lebensstil mit seinen Absichten in Übereinstimmung bringen kann. Aber Sie tun es. Seien Sie einen Moment lang zufrieden mit sich selbst und freuen Sie sich darüber, wie weit Sie schon gekommen sind.

Die inneren Hürden der Angst, Schuld und Scham … die Suche nach Glück durch die Erfüllung selbstsüchtiger Wünsche …

die Versuchung, an Geld festzuhalten, das andere dringender benötigen als wir selbst, und die Tendenz, in unserem Leben unnütze Dinge anzuhäufen ... das Stolpern in unserem Leben durch das Bestreben, stets die Anerkennung der anderen zu gewinnen und zu meinen, Freizeit sei das A und O ... und natürlich all jene cleveren Endgeräte, denen wir erlauben, den ganzen Tag über unsere Aufmerksamkeit zu fesseln. Sie kennen nun die wahre Natur all dieser Dinge: Es sind Ablenkungen, die Sie daran hindern können, das Leben zu leben, das Sie sich wünschen – wenn Sie dies zulassen. Doch nun werden Sie das nicht mehr zulassen.

Sicherlich ist Ihnen bewusst, dass jetzt am Ende des Buches der Kampf gegen die Ablenkungen erst beginnt. Erst der Tod wird schließlich diesen Kampf beenden. Doch der Kampf gestaltet sich anders, wenn man seine Gegner kennt und begriffen hat, wie sie kämpfen. Und wenn man die Mittel hat, diese Gegner aufzustöbern, beiseite zu schieben, sie auf „stumm" zu stellen.

Doch das Ziel ist nicht, die Ablenkungen zu beseitigen. Das Endziel ist ein Leben, das von Sinn und Bedeutung geprägt ist. Nutzen Sie also den Sieg, den Sie über die Ablenkungen in Ihrem Leben gewonnen haben, indem Sie sich mit den Dingen beschäftigen, die Ihnen wirklich etwas bedeuten.

Es ist eine Reise. Und diese Reise wird vermutlich anders verlaufen, als Sie erwarten.

Trügerische Gipfel

Mit 3 852 Metern ist der Humphreys Peak der höchste Gipfel des Bundesstaats Arizona. Gemeinsam mit einem Freund und unseren Söhnen wollten wir das anstrengende Abenteuer wagen und diesen Berg bezwingen. Der sechzehn Kilometer lange Wanderpfad bis zum Gipfel dieses abgelegenen Bergs wurde von Wanderern mit dem Etikett „sehr schwierig" bewertet.

Nach mehreren Stunden des Aufstiegs gelangten wir vier an die Baumgrenze, folgten dem Hauptgebirgskamm und kamen nach einer Weile zu einem sehr steilen Anstieg, von wo aus wir den Gipfel sehen konnten. Erleichtert dachte ich: *Wow, nur noch ein bisschen anstrengendes Klettern und dann haben wir's geschafft. Der Gipfel ist ja ganz nah.*

Doch als wir diesen Gipfel erreichten, stellte ich enttäuscht fest, dass der Pfad noch weiter führte. Es gab noch einen anderen Gipfel weiter oben.

In Ordnung, dachte ich. Ich musste an das Schild denken, das ich am Ausgangspunkt des Wanderwegs gesehen hatte: „trügerische Gipfel". So sah also ein trügerischer Gipfel aus. Und ein solcher Gipfel an einem anstrengenden Aufstieg hat erheblichen Einfluss auf die seelische Verfassung des Wanderers. *Jetzt verstehe ich, warum diese Schilder unten angebracht wurden,* dachte ich.

Dasselbe passierte noch mehrmals – ich glaubte jedes Mal, wir wären am Ziel angelangt, nur um festzustellen, dass der wahre Gipfel noch vor uns lag.

Schließlich standen wir auf dem Gipfel des *Humphreys Peak* und genossen den Rundumblick. Im Süden entdeckten wir die von Wald umgebene Stadt Flagstaff, außerdem sahen wir die mehrfarbige Wüstenlandschaft, die sich nordwärts Richtung Grand Canyon ausdehnt.

Trügerische Gipfel können die Illusion auslösen, man habe sein Ziel erreicht – aber nein, es geht noch weiter. In meinem Fall führte jeder falsche Gipfel, den wir erklommen, zu neuer Entmutigung, und das obwohl ich mit weiteren falschen Gipfeln gerechnet hatte. Und an jedem dieser trügerischen Gipfel musste ich meine Entschlossenheit erneuern, um weiterzugehen und nicht aufzugeben.

Ähnlich ergeht es uns, wenn wir beschließen, unser Leben künftig auf die Dinge zu konzentrieren, die wirklich wichtig sind. Der Weg dahin ist alles andere als leicht. Häufig werden wir uns auf dem kurvenreichen Weg fragen, ob wir überhaupt Fortschritte gemacht haben. Manchmal wird es angenehme Haltepunkte geben, wo wir die Aussicht genießen können. Und manchmal müssen wir einfach mittendrin innehalten, durchatmen, uns stärken und überprüfen, ob wir noch in die richtige Richtung gehen. Natürlich sind da auch jene trügerischen Gipfel auf unserem beschwerlichen Weg.

Nachdem ich begonnen hatte, bewusst als Minimalist zu leben, war es nicht mein endgültiges Ziel, Leser für meinen Blog *Becoming Minimalist* zu gewinnen. Der Blog war nur ein Anfang. Ich hatte keine Ahnung, wo sich der nächste Gipfel befinden würde. Nachdem ich die sozialen Medien positiv nutzte, hatte ich plötzlich den Wunsch, Bücher zu schreiben. Dann ergriff ich die Gelegenheit, einen „Entrümpelungskurs" anzubieten, in dessen Verlauf ich Menschen, die ernsthaft vorhatten, mit weniger Besitz zu leben, individueller begleiten konnte. Schließlich erschien es irgendwann auch sinnvoll, eine App anzubieten.

Und warum sollte ich beim Thema Minimalismus stehen bleiben? Dank meines eigenen, einfachen Lebensstils verfügte ich sowohl über Zeit als auch über Geld, um eine völlig andere Gruppe von Menschen mit spezifischen Bedürfnissen Hilfe anzubieten. So entstand der gemeinnützige Verein *Hope Effect*, der sich um Waisenkinder in den entscheidenden ersten Lebensjahren kümmert. Und dabei habe ich noch nicht einmal meinen Stolz zum Ausdruck gebracht, ein aufmerksamer Vater für meine Kinder und ein treuer Ehemann für meine Frau zu sein.

Heute mache ich Dinge und bewirke Veränderungen in dieser Welt auf eine Weise, die ich mir vor zehn oder zwanzig Jahren niemals hätte träumen lassen. Das bewusste, zielgerichtete Leben, für das ich mich entschieden habe, hat zu diesen Erfolgen geführt. Dazu gehörte, dass ich Ablenkungen aus meinem Leben aus dem Weg räumen musste, die mich daran gehindert oder zumindest den Prozess verlangsamt hätten. Heute sehe ich voller Enthusiasmus in die Zukunft und freue mich auf all die Möglichkeiten, die noch vor mir liegen. Glauben Sie mir – das ist unendlich lohnender als ein größeres Haus oder einen teureren Wagen zu kaufen oder eine exotischere Reise zu machen.

Vielleicht haben Sie ein einmaliges Ziel und der Weg dahin ist ein einfacher Weg. Doch nach meiner Erfahrung ist es in den meisten Fällen so, dass Menschen ihren Kurs nicht einmal, sondern mehrmals ändern, weil sie jeweils weitere, bessere Ziele vor sich sehen. Hinter dem Gipfel „Bedeutungsvolle Dinge" wartet der Gipfel „Neue bedeutungsvolle Dinge". Die Reise selbst eröffnet immer wieder neue Ziele. Wenn wir Ablenkungen ausgeräumt und einen bedeutungsvollen „Gipfel" erreicht haben, dann werden wir feststellen, dass es neue, höhere Gipfel zu erklimmen gibt. Wir werden nicht müde. Unsere Kraft wird zunehmen. Denn wir begreifen die weiteren Gipfel als wundervolle Möglichkeiten.

Lassen Sie uns Abenteurer sein! Lassen Sie uns gerüstet sein für eine Reise, auf der es von Gipfel zu Gipfel zu Orten geht, die wir uns nie hätten vorstellen können.

Öffnen Sie die Augen

Vielleicht fragen Sie sich, warum ich – der ich kein Waisenkind war und auch kaum welche persönlich kannte – ein solches Interesse für Waisenkinder entwickelt und es zu einer meiner Lebensaufgaben gemacht habe, mich um Waisenkinder zu kümmern. Zum Teil lag es an meiner Frau Kim, die mir davon erzählte, wie es ihr als Waise in ihrer Kindheit ergangen war. Zum Teil lag es aber auch an meinem Pastor, Joe Darago, der in seinen Predigten immer wieder über Waisen sprach. Wie kam es dazu?

Eines Tages fragte ich Joe, warum ihm Waisenkinder so sehr am Herzen lagen. Daraufhin erzählte er mir seine persönliche Geschichte.

Rund fünfundzwanzig Jahre zuvor hatte Joe, der mit seiner Frau ein Kind hatte, eines Abends den starken Drang verspürt, ein Kind aus dem Ausland zu adoptieren. Es dauerte nicht lange, bis sich mehrere Türen öffneten und das Ehepaar ein kleines Mädchen, ein Baby, aus Südkorea adoptieren konnte.

Fünfzehn Jahre später adoptierten sie erneut ein Mädchen aus einem anderen asiatischen Land. Ihre Situation war eine ganz andere als damals bei ihrer älteren Schwester. Dieses Mädchen hatte von Geburt an bis zum achten Lebensjahr in einem Waisenheim gelebt, wo man ihm nur wenig Aufmerksamkeit schenkte und wo es kaum schulisch gefördert wurde, weil die Leitung des Heims es für nicht intelligent genug hielt.

Heute lieben Joe und seine Frau die beiden Mädchen auf die gleiche Weise, doch sie sehen täglich den Unterschied zwischen den beiden, weil sie unterschiedliche Erlebnisse in der frühen Kindheit hatten. Ihre Adoptivtochter aus Korea, die schon als Baby zu ihnen kam, steht anderen jungen Menschen ihres Alters in ihrer emotionalen und sonstigen Entwicklung in keiner Weise nach. Sie ist glücklich und gedeiht prächtig. Die andere Adoptivtochter, die mehrere Jahre im Waisenheim verbracht hatte, hat noch immer Bindungsängste. Es fällt ihr schwer, eine stabile emotionale Beziehung zu ihrer Familie zu haben, und sie hat nach wie vor einen Entwicklungsrückstand im Vergleich zu anderen Kindern ihres Alters. Sie wird möglicherweise nie ganz die Verletzungen ihrer frühen Kindheit überwinden können, als es ihr an Liebe und Fürsorge mangelte.

Wussten Sie, dass es rund 140 Millionen Waisenkinder weltweit gibt, von denen weniger als ein Prozent innerhalb des ersten Lebensjahres adoptiert werden?[111] Viele dieser Kinder wachsen in Kinderheimen auf und schleppen die Folgen ihrer schweren frühen Kindheit mit sich wie die jüngste Tochter von Joe und seiner Frau. Joe hat mir die Augen dafür geöffnet.

Meine Gespräche mit ihm haben mich dazu inspiriert, *Hope Effect* zu gründen. Der Verein bemüht sich, junge Waisenkinder in sorgfältig ausgewählte Pflegefamilien zu vermitteln, um ihnen das Aufwachsen in einem Heim zu ersparen. Als ich einen Manager für den Verein suchte, wusste ich sofort, an wen ich mich wenden sollte. Joe liebte seinen Beruf als Pastor, doch er war bereit, einen neuen Weg zu gehen, als dieser sich vor ihm öffnete. Heute kümmert er sich in unserer Organisation besser um die Bedürfnisse der Kinder, als ich es je könnte – weil er durch eigene Erfahrungen dazu qualifiziert ist.

Die Dinge, die uns im Leben begegnen, haben eine geheimnisvolle und wunderbare Art, uns an Orte zu bringen, wo wir etwas ändern können, sofern wir aufmerksam und bereit sind, neue Gipfel zu erklimmen. Unsere Entscheidungen sind in den Augen der anderen, die unser Leben von außen betrachten, nicht immer sinnvoll. Aber *wir* wissen, dass wir das Richtige tun.

„Sie müssen nicht so leben wie alle anderen. Sie werden glücklicher sein, wenn Sie es nicht tun."

Seien Sie kein Herdentier!

Es gibt einige Slogans, die ich immer und immer wieder benutze, weil es immer wieder Menschen gibt, die sie hören müssen. Einer meiner beliebtesten Slogans ist folgender: „Sie müssen nicht so leben wie alle anderen. Sie werden glücklicher sein, wenn Sie es nicht tun."

Denken Sie über all die Ablenkungen nach, von denen wir in Teil 3 dieses Buches gesprochen haben. Sind diese Ablenkungen nicht genau das, was die allermeisten Menschen leben und zu leben *erwarten*, weil sie keinen anderen Weg kennen?

- Für sich selbst leben – alle tun das.
- Um mehr Geld kämpfen – alle tun das.
- Mehr Sachen kaufen – alle tun das.
- Aufmerksamkeit suchen – alle tun das.
- Für Wochenenden und Urlaub leben – alle tun das.
- Nach dem Handy greifen, um in einem freien Moment nicht im Leerlauf zu sein – alle tun das.

Ich hätte das Wort „alle" in Anführungszeichen setzen müssen. Denn nicht wirklich alle tun diese Dinge. Aber die meisten – die *Herde*, sozusagen.

Ich weiß, dass es nicht leicht ist, sich von der Herde abzusetzen. Wir leben in einer Gesellschaft, die uns dazu drängt, konform zu sein. Mit verschiedensten Botschaften versucht sie, uns in ihre Form zu pressen. Sie übt Druck auf uns aus, um an ihre Meinungen, Hoffnungen und Bestrebungen zu glauben und sich ihnen anzuschließen, obwohl die meisten unsere Herzen und Seelen leer lassen. Man will nicht, dass wir anders denken.

Wenn wir komplett mit der Gesellschaft konform gehen, verlieren wir unsere Einzigartigkeit. Wir verlieren unsere Begeisterung. Wir verlieren unsere Energie. Wir verlieren unsere Möglichkeiten, eine andere Zukunft zu wählen. Und da wir zu sehr damit beschäftigt sind, hinter den falschen Dingen herzujagen, opfern wir die Möglichkeiten, etwas Größeres, Bedeutungsvolleres für unser Leben zu finden.

Während der Lektüre dieses Buches sind Sie bereits mit den größten Ablenkungen Ihres Lebens konfrontiert worden. Allein das hat Sie schon stark gemacht. Nun ist es an der Zeit, etwas Neuem ins Auge zu sehen: der Wahrheit, dass Sie nun unweigerlich anders sein werden als andere. Sie werden nicht mit dem Strom mitschwimmen.

Einige Menschen werden Ihre Originalität nicht mögen. Einige werden kritisch sein. Doch ich bin überzeugt, dass es viele geben wird, die Sie bewundern. Vielleicht fühlen sie sich sogar von Ihrem Beispiel angezogen und inspiriert. Ich habe jedenfalls diese Erfahrung gemacht. Das Leben in der Herde macht viel unzufriedener, als man annehmen würde. Wie ich bereits früher in diesem Buch sagte: Sie können ein Vorbild für andere werden, wenn Sie ein zielgerichtetes Leben führen, das wirklich Bedeutung hat.

Machen Sie weiter – schwimmen Sie gegen den Strom, passen Sie sich nicht einfach an. Sie brauchen Ihre Andersartigkeit nicht jedem direkt aufzudrängen, aber Sie brauchen sie auch nicht zu verbergen. Identifizieren Sie sich damit.

Welche Alternative haben Sie? Herdentiere tun nichts anders als grasen und herumlaufen. Wer will das schon?

Es gibt Orte, an die Sie gehen sollten, es gibt Gipfel zu erklimmen und Dinge zu tun. Gute Dinge!

Die Welt zu einer besseren machen

Vor Jahren machte ich als frisch von der Nebrasca University diplomierter Bank- und Finanzexperte ein Praktikum in einer großen Kirchengemeinde in Omaha. Es war eine fantastische Erfahrung für mich als jungen Mann. Und ich bin noch heute dankbar, dass ich zu diesem frühen Zeitpunkt meiner Entwicklung diese Möglichkeit hatte.

Eines Tages bei einer Besprechung mit mehr als zwanzig Pastoren sagte der Hauptpastor einen Satz, an den ich heute noch oft denken muss. Ich sehe noch immer den Raum vor mir, den Platz, an dem ich saß, und den Platz, an dem jener Mann saß, als er ganz einfach sagte: „Ich bemühe mich, jeden Raum, den ich verlasse, in einem besseren Zustand zurückzulassen als den, in dem ich ihn vorfand."

Auch wenn er damit nichts umwälzend Neues sagte, fühlte ich mich durch seine spürbare Aufrichtigkeit berührt. Er führte einige konkrete Beispiele an: das Putzen von Zimmern in seinem Haus, das Aufräumen von Räumen in der Kirchengemeinde, sogar das Säubern des Waschbeckens in jeder öffentlichen Toilette, die er benutzt.

„Mein Ziel ist es, den Raum für die nachfolgende Person ein wenig angenehmer zu machen."

Nachdem er das gesagt hatte, führte er uns auf den Parkplatz der Gemeinde, wo wir anschließend jedes Stückchen Müll auflasen, das wir finden konnten. Zwanzig Männer und Frauen in Bürokleidung arbeiteten Schulter an Schulter und lasen von einem Ende des Parkplatzes bis zum anderen sämtlichen Abfall auf. Ich hatte eine Lektion gelernt und nie wieder vergessen.

Die großen Ziele, die wir uns im Leben setzen, werden uns erfüllen und zufrieden sein lassen – wir erleben ein Gefühl selbstlosen Glücks. Sie können ähnlich erhebend sein wie das Erreichen eines Gipfels nach einem langen Aufstieg. Doch der persönliche Nutzen ist nicht die Hauptsache – es geht vor allem darum, die Bedürfnisse unserer Mitmenschen zu berücksichtigen.

Wenn wir uns nach Dingen ausstrecken, die wirklich wichtig sind, werden wir uns von der großen Masse – der Herde – unterscheiden. Egal, in welche Richtung Ihre oder meine Geschichte sich entwickelt, wenn wir zielgerichtet leben wollen und uns fragen, ob unser Handeln wirklich bedeutungsvoll ist, sollten wir prüfen, ob es positive Auswirkungen auf andere hat:

- Sind unsere Beziehungen gesünder?
- Geht es den Armen besser, sind die Kranken gesünder, die Ungebildeten besser gebildet?
- Ist unsere physische Welt in besserer Form?
- Gibt es mehr Schönheit zu genießen?
- Gibt es mehr Freundlichkeit für die zerbrechlichen Herzen der anderen?

Natürlich können wir nicht alle Probleme der Welt lösen, doch früher oder später sollte es irgendetwas Spürbares, eine erkennbare Konsequenz unseres Handelns geben. Dann können wir am Ende unseres Lebens zurückblicken und ehrlich sagen, dass wir etwas getan haben, um diese Welt ein wenig besser zu machen. Dann hat unser Leben einen Unterschied gemacht, und wir werden es nicht bereuen.

Einigkeit zu Hause

Wenn wir beschließen, mehr Geld zu spenden, mit weniger Besitz zu leben oder anders mit unserer freien Zeit umzugehen, wird es nicht nur Unbeteiligte überraschen, sondern in besonderer Weise diejenigen beeinflussen, die uns nahestehen. Wenn wir uns zum Beispiel in einem Ehrenamt engagieren, das uns viel wichtiger ist als frühere Freizeitbeschäftigungen, so wird das unsere Familie nicht unberührt lassen, und wir sollten uns dessen bewusst sein.

Vor einigen Jahren sprach ich mit einer Frau, die einen meiner Entrümpelungskurse besuchte. Sie und ihr Mann waren beide berufstätig und verdienten sehr gut. Bei ihrer Heirat hatten sie klare Vorstellungen von ihrem gemeinsamen Leben: Sie wollten viel Geld verdienen, sich ein gutes Leben leisten können, ein Kind haben, dann in Rente gehen und ein sorgenfreies „gutes" Leben führen. Ihr Mann war noch immer gewillt, so zu leben. Sie dagegen hatte begonnen, die Dinge ein wenig anders zu sehen.

Ich dachte, sie würde mich nun fragen, wie sie es angehen sollte, ihren Mann mit dem Minimalismuskonzept vertraut zu machen – ich hatte schon häufig zuvor ähnliche Fragen gehört. Doch es stellte sich heraus, dass die Reduzierung ihres Besitzes erst der Anfang der Veränderungen war, die sie anstrebte.

„Joshua, wie kann ich Preston klarmachen, dass ich meinen Job aufgeben will, um mit der Hälfte des Gehalts als Anwältin für einen gemeinnützigen Verein zu arbeiten? Auch wenn das für uns weniger Geld bedeutet, hätten wir einen größeren Einfluss auf die Welt. Doch das ist so ganz anders als das, was er von mir erwartet."

Ich weiß nicht mehr genau, was ich ihr sagte, obwohl ich mich bemühte, sie bestmöglich zu beraten. Doch seitdem habe ich viel über dieses Thema nachgedacht.

Wenn Menschen große Veränderungen in ihrem Leben vornehmen, von denen andere direkt betroffen sind, dann empfehle ich, sich genau klarzumachen, wie eng die Beziehung zu diesen anderen Personen ist. Wenn Ihr Ehepartner oder Ihr Teenager-Kind von diesen Veränderungen betroffen ist, dann handelt es sich um eine sehr enge Beziehung, und es ist sehr wichtig, ihre Meinung zu berücksichtigen. Wenn dagegen Ihre Großtante Ihre Entscheidungen nicht versteht oder ein Arbeitskollege Sie für verrückt hält, nun, dann sollten Sie sich davon nicht allzu sehr verwirren lassen.

Die Kommunikation mit Menschen, die Ihnen nahestehen, ist von zentraler Bedeutung: Erklären Sie ihnen, was Sie vorhaben und was Sie dazu motiviert. Fragen Sie sie nach ihrer Meinung dazu, nicht um sie zu manipulieren, sondern weil es wichtig ist, ihre Sicht der Dinge und ihre Gefühle zu kennen und sie in Ihre Überlegungen einzubeziehen.

In Ihrer Begeisterung, Dinge von Bedeutung zu tun, dürfen Sie nicht die Bedeutung Ihrer Beziehung zu Ihrem Partner und/oder Ihren Kindern vernachlässigen. Diese Beziehungen sind ja an sich bedeutungsvoll. Wie ich schon früher erwähnte: Wenn Sie über eine Zukunft mit sinnvolleren Aktivitäten nachdenken, dann sollten Sie sich an die Bedeutung der wichtigsten Aufgaben erinnern, die direkt vor Ihrer Nase sind. Und dazu gehört das Bemühen, mit den Menschen, die uns nahestehen, gesunde Beziehungen aufrechtzuhalten.

Wenn Sie am Ende Ihres Lebens zurückblicken, dann wollen Sie nicht nur möglichst wenig bedauern müssen, *was* Sie mit Ihrem Leben gemacht, sondern auch, *wie* Sie diese Dinge umgesetzt haben.

Darum lassen Sie niemals Ihre Liebe los, denn das ist ein Verlust, der von keinem anderen Gewinn aufgewogen werden kann. Ich wiederhole: Lassen Sie Ihre Liebe niemals los. Lassen Sie nicht zu, dass Ihre Lieben sich von Ihnen entfremden. Versuchen Sie vielmehr, sie zu Ihren Verbündeten, Partnern und den Menschen zu machen, von denen Sie angefeuert werden. Zu Ihrem Team.

Auf dem Weg dahin ist es nur fair, dass *Sie* bereit sind, *ihrem* Team beizutreten. Ermutigen Sie die anderen, ihre Zeit nicht länger mit oberflächlichen Dingen zu verschwenden und stattdessen sinnvolle Ziele zu verfolgen. Seien Sie dann ihr Verbündeter und Partner.

In Kapitel 5 habe ich eine Gruppe Teenager erwähnt, die ich auf eine Missionsreise nach Ecuador mitgenommen hatte, um unter anderem einen Tag mit den Bewohnern einer Müllhalde zu verbringen. Diese Reise war für uns alle lebensverändernd.

Eine Sache allerdings, die mich an dieser Reise störte, passierte vor unserer Abreise: Mehrere Eltern weigerten sich, ihre Kinder an der Reise teilnehmen zu lassen, obwohl die Teenager unbedingt mitkommen wollten.

„Natürlich müssen Sie die Entscheidung treffen", hatte ich diesen Eltern gesagt. „Aber ich würde doch gern wissen, warum Sie dagegen sind?"

Die Antwort lautete in allen Fällen: „Ich habe Angst um die Sicherheit meines Kindes."

Das habe ich Dutzende Male erlebt. Sicher gab es gewisse Risiken, wie es immer bei internationalen Reisen der Fall ist, aber eben nicht mehr als üblich. Jedenfalls standen die potenziellen Gefahren in keinem Verhältnis zu der Gewissheit, dass die jungen Leute, die zu Hause blieben, eine Gelegenheit verpassten, eine neue Sicht auf das Ausmaß der Bedürfnisse in anderen Ländern zu erlangen und ihre jungen Herzen von Mitleid berühren zu lassen. Ich hoffe, dass jene Eltern und Kinder es nicht bereuen.

Die Reise mit anderen teilen

Ich fürchte, dass ich mit meinen letzten Worten in diesem Buch auf ein Klischee zurückgreifen werde. (Aber Klischees bleiben schließlich haften, weil sie oft wahr sind.) Beim Streben nach Dingen, die wirklich Bedeutung haben und sinnvoll sind, *geht es mehr um die Reise als um das Ziel.*

Ich habe in diesem Buch häufig Begriffe wie *Leistung* und *Erfolg* benutzt, weil wir auf unserer Reise bestimmte Ziele und einige Gipfel erreichen werden. Doch das Leben, das wir während unserer Reise führen, ist das Entscheidende und bestimmt darüber, wie widerstandsfähig wir gegen mögliches Bedauern werden.

Die Ablenkungen unseres Lebens machen uns hektisch und ziellos, sodass wir unsere Tage wie durcheinander gemischte Karten verbringen. Es ist kurios und wunderbar zugleich: Ein zielgerichtetes Leben ist nicht nur produktiver, sondern in der Regel auch ruhiger und friedvoller, weil wir wissen, dass wir das tun, was zu tun ist, und uns entspannen können. Nutzen Sie also Ihr neues, zielgerichtetes Leben, um Ihre Beziehungen voll auszukosten, besondere Momente zu genießen und Traurigkeit, Freude und andere Emotionen wirklich zu fühlen.

Nutzen Sie Ihr neues, zielgerichtetes Leben, um Ihre Beziehungen voll auszukosten, besondere Momente zu genießen und Traurigkeit, Freude und andere Emotionen wirklich zu fühlen.

Und wenn möglich, laden Sie andere dazu ein, die Reise mit Ihnen zu teilen. Als ich meinen Blog *Becoming Minimalist* begann, hätte ich nie geahnt, dass ich ein Jahrzehnt später immer noch darauf schreiben würde. Ich dachte, es würde eine Zeit lang funktionieren und ein paar Leute würden sich vielleicht dafür interessieren und ihre Geschichten mit mir teilen. Gleichzeitig war der Blog für mich ein Mittel, um meine Ideen über das für mich ganz neue Konzept des Minimalismus niederzuschreiben. Worte zusammenzutragen war schon immer klärend und hilfreich für mich.

Ich bin so froh, dass ich all die Jahre weitergemacht habe. Nicht nur, weil es sich um die Grundlage meiner Berufung und meiner heutigen Existenz handelt, sondern weil der Blog noch immer ein Instrument ist, meine Gedanken mit anderen zu teilen und dabei meine eigenen Gedanken zu sortieren – die Sichtbarkeit ist heute natürlich wesentlich größer als zu Beginn.

Wie können Sie Ihre Reise mit anderen teilen? Ein Blog könnte auch für Sie ein sinnvolles Mittel sein. Doch es gibt noch jede

Menge anderer Möglichkeiten. Sie könnten auf den sozialen Medien Ihre Fortschritte für Ihre Freunde posten. Sie könnten auch eine informelle Gruppe von Beratern organisieren, mit denen Sie sich über eine Videokonferenz austauschen. Oder Sie könnten spontane Gespräche mit Ihren Angehörigen und Freunden führen.

Entscheidend ist, dass Sie Ihr neues Streben nach Bedeutsamkeit in Ihrem Leben nicht allein und isoliert in Ihrer Ecke leben, sondern es mit anderen teilen. Stellen Sie die Dinge ins Licht, sodass Sie und andere ermutigt werden.

Eines Tages wird Ihnen vielleicht jemand die Frage stellen: „Wie kann ich für die wirklich wichtigen Dinge leben, sodass ich später nichts bereuen muss?"

Dann können Sie antworten: „Sie haben eine gute Wahl getroffen. Tag für Tag bemühen Sie sich, die Ablenkungen in Ihrem Leben zu verringern und sich auf die wichtigen Dinge zu konzentrieren. Ich will Ihnen erzählen, wie es bei mir war ..."

Sie sind an der Reihe

Ich hatte einmal ein Gespräch mit einem Bekannten, der nicht mehr lange zu leben hatte. Ich fragte ihn, was er seit meinem letzten Besuch getan hatte.

„Ich versuche, aus den Tagen, die mir noch bleiben, das Beste zu machen", sagte er. Und ich dachte: Das ist ein wertvoller Rat, den wir alle beherzigen sollten: Aus den Tagen, die uns noch bleiben, das Beste zu machen – egal, wie viele Tage uns noch bleiben.

Nun ist der Zeitpunkt gekommen, mich von Ihnen zu verabschieden, während Sie Ihre Reise fortsetzen.

Sie haben Ziele festgelegt, auf die Sie sich konzentrieren wollen. Sie haben sich ehrlich mit Ihren Ängsten und Wünschen auseinandergesetzt und mit der harten Arbeit begonnen, sich von Ablenkungen Ihres Lebens zu befreien. Ich bin davon überzeugt, dass Dinge vor Ihnen liegen, die Sie noch nicht ahnen können: wundervolle Dinge, inspirierende Dinge, unvorstellbare Aussichten und Erfahrungen, die Sie um nichts in der Welt mehr missen wollen.

Wenn Sie mir Ihren persönlichen Prozess mitteilen möchten, dann schreiben Sie mir gerne: *joshua@becomingminimalist.com*

Ich würde mich wirklich freuen, über Sie zu lesen und durch Sie inspiriert zu werden.

Doch vorher möchte ich Sie noch zu etwas anderem einladen:

Bitte schreiben Sie den letzten Satz dieses Buches! Meine Arbeit ist getan, nun sind Sie an der Reihe. Es geht um Ihr Leben. Nehmen Sie einen Kugelschreiber oder was immer Sie wollen und beenden Sie dieses Kapitel:

Dies ist der Beginn meiner neuen Lebensreise: Ich bin entschlossen, mich auf die Dinge zu konzentrieren, die wirklich wichtig sind. Heute werde ich mich von Ablenkungen befreien, sodass ich …

____

____

____

____

____

____.

Leitfaden: Entdecken Sie Ihre Ziele und Ihre Berufung

Was ist das Wichtigste in Ihrem Leben?

Vielleicht kennen Sie die Antwort auf diese Frage. Meiner Erfahrung nach haben viele Menschen eine allgemeine Vorstellung davon, was für Sie am wichtigsten ist, doch sie könnten Hilfe brauchen, um ihre Ziele genauer zu definieren und ihre Lebensgestaltung bewusster darauf auszurichten. Andere wiederum haben noch keine klare Vorstellung. Wenn Sie den Sinn Ihres Lebens noch suchen oder einfach Ihre Gedanken darüber neu bewerten möchten, dann wird dieser Leitfaden hilfreich für Sie sein. Es ist sehr nützlich für uns, unsere Ziele von Zeit zu Zeit zu überdenken, während unser Leben, unsere Familie und unsere Interessen sich verändern und entwickeln.

Um es direkt vorweg zu sagen: Es gibt keine „richtige" Antwort, die für jeden zutrifft. Sie haben eine Reihe von Interessen und Zielen, die zu einem erfüllten Leben führen können – lassen Sie sich davon ermutigen. Doch diese Interessen und Ziele sind nicht unendlich, genau wie die Ihnen zur Verfügung stehende Zeit nicht unendlich ist. Daher ist es so wichtig, eine möglichst klare Vorstellung von Ihren Prioritäten zu haben, sodass Sie Ihre täglichen und langfristigen Entscheidungen darauf abstimmen können.

Wenn Sie eine Vorstellung von Ihrer Lebensaufgabe haben, dann beginnen Sie, Schritte in diese Richtung zu unternehmen.

Ich hatte einst einen Traum für mein Leben und sprach eines Tages beim gemeinsamen Mittagessen in einem Burger King mit einem Mann namens Rudy Sheptock darüber. Rudy spielte während meiner College-Zeit eine wichtige Rolle in meinem Leben. Ich bewunderte ihn und wollte seine Meinung und seinen Rat hören. Die Worte, die er an jenem Mittag zu mir sagte, haben mich sehr geprägt und meine größten Projekte und Aktivitäten beeinflusst.

„Manchmal sind Träume wie die Türen eines Lebensmittelgeschäfts", sagte er. „Von unserem Standpunkt aus scheinen die Türen geschlossen zu sein, doch sobald man beginnt, erste Schritte zu gehen, öffnen sich die Türen in dem Moment, in dem man bereit ist, hindurchzugehen."

Die Schnittmenge

Die Wahrheit darüber, was für Sie am wichtigsten ist, befindet sich längst in Ihrem Innern. Sie wissen bereits, welche Probleme in der Welt Ihre Aufmerksamkeit fesseln, welche Gelegenheiten Sie gern nutzen würden und wo Sie die besten Ergebnisse sehen. Vermutlich haben Sie auch bereits ein gutes Gespür für die Verpflichtungen in Ihrem Leben. Doch vielleicht haben Sie all das bisher nicht als entscheidende Hinweise auf Ihre Berufung, Ihren Lebenssinn erkannt. Es gibt einen großartigen Weg, diese Informationen zu erhalten: Finden Sie die Schnittmenge aus Ihren Leidenschaften, Ihren Fähigkeiten und den Bedürfnissen anderer. Stellen Sie sich das Ganze wie ein Venn-Diagramm vor, in dem sich diese drei Elemente überschneiden.

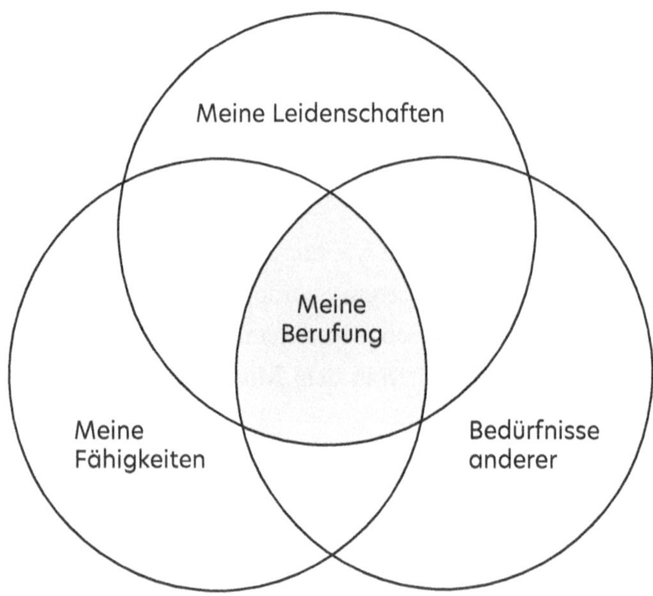

Meine Leidenschaften

Ihre Leidenschaften sind Aktivitäten, bei denen Sie gar nicht merken, wie die Zeit vergeht. Es sind Themen, über die Sie ständig nachdenken, und Probleme oder Menschen, die Ihr Herz berühren.

Zum Beispiel bin ich leidenschaftlich daran interessiert, anderen dabei zu helfen, weniger zu besitzen und dadurch intensiver zu leben. Das beschäftigt mich nun schon mehr als ein Jahrzehnt, und ich bin noch immer begeistert dabei. Es macht mich glücklich, wenn ich sehe, wie sich Menschen dieses Geschenk der Freiheit machen. Und ich habe einen kleinen Anteil daran – das ist großartig! Doch ich bin auch leidenschaftlich an meinem Glauben, meiner Familie und der Entwicklung gesunder Gewohnheiten interessiert, die zu einem zielorientierten Leben beitragen.

Andere Menschen interessieren sich leidenschaftlich für Theater, Umwelt, Gebet und Meditation, Jugendsport, Politik, Ernährung, Erziehung, Fitness oder das Leitbild ihres Unternehmens. Die Möglichkeiten sind endlos, und zum Glück haben wir alle unterschiedliche Leidenschaften.

Meine Fähigkeiten

Ihre Fähigkeiten sind Ihre natürlichen oder erworbenen Talente und Kompetenzen. Das können Dinge sein, die Sie schon immer besonders gut gemacht haben, etwa andere in einer Sache inspirieren oder Menschen in schwierigen Situationen Empathie entgegenbringen … aber auch spezifische Begabungen wie Kochen, Schreinern oder Programmieren. Es können auch Fähigkeiten sein, die Sie erst später im Leben entdeckt oder entwickelt haben. Dazu gehören auch Kenntnisse, zum Beispiel wie man korrekt Buchführung macht, wie man Mandarin spricht oder wie man schnelle Problemlösungen findet.

Ich habe ein natürliches Talent für die Kommunikation, und zwar mündlich wie schriftlich. Doch bis ich Mitte dreißig war, wusste ich nicht, dass ich auf eine Weise schreiben kann, die bei anderen Anklang findet. Es war ein Talent, das ich bis dahin ignoriert hatte. Als ich es schließlich entdeckte, vergrößerte sich die Schnittmenge der „Fähigkeiten" in meinem Venn-Diagramm und öffnete die Tür für eine neue Berufung in meinem Leben.

Bei Ihnen ist es genauso: Ihre Fähigkeiten sind Gaben, die Sie mit der Welt teilen können.

Die Bedürfnisse anderer

Zu dieser Kategorie gehört zum Beispiel die Fürsorge für eine Person in Ihrem Haushalt, die unter einer chronischen Krankheit leidet, Unterstützung für eine Pflegefamilie in Ihrer Gemeinde oder

Spendenaktionen für ein Land nach einer Naturkatastrophe. Dazu gehört auch, ein unterstützendes Online-Forum für Eltern unheilbar kranker Kinder einzurichten oder eine Witwe in Ihrer Nachbarschaft in ihrer Trauer zu begleiten. Mit anderen Worten: Sie werden herausfinden, ob Sie anderen am liebsten auf einer persönlichen oder eher auf einer globalen Ebene helfen wollen. Natürlich geben bestimmte Umstände vor, wie wir anderen helfen und dienen können, und wir sollten das mit der Zeit immer wieder überprüfen und berücksichtigen.

Diese Kategorie trennt *Ziele* von *Berufung*. Möglicherweise verfolgen Sie schon seit Langem das Ziel, im Grand Canyon zu wandern (und das ist völlig in Ordnung!). Wenn Sie Ihre Liebe zum Wandern nutzen, um die Beziehung zu einem launischen Sohn zu verbessern oder einen vaterlosen Jungen als Mentor zu begleiten, könnte das Wandern Ihre *Berufung* sein.

Wenn Sie sich manchmal von der Vielzahl der Bedürfnisse um Sie herum erdrückt fühlen, dann erinnern Sie sich an das Venn-Diagramm. Sie können nicht alle Probleme dieser Welt lösen, sondern Sie sollten sich auf diejenigen konzentrieren, die mit Ihren Leidenschaften und Fähigkeiten eine Schnittmenge bilden.

Finden Sie heraus, was für Sie am wichtigsten ist!

Alle drei Kategorien in Ihrem Venn-Diagramm sind erforderlich, um Ihre Berufung, Ihre Lebensaufgabe herauszufinden.

Wenn Sie keine Leidenschaft und Begeisterung für eine Sache empfinden, dann sollten Sie dieser Sache nicht weiter nachgehen.

Wenn Sie nicht die Fähigkeiten besitzen, eine Sache umzusetzen, dann ist es unrealistisch, damit fortzufahren.

Wenn diese Sache kein Bedürfnis stillt, ist sie nicht nützlich.

Wo diese drei Elemente sich überschneiden, können Sie die besten Ergebnisse erzielen und die größte Erfüllung finden.

Damit Sie Ihre Leidenschaften, Ihre Fähigkeiten und die Bedürfnisse anderer, auf die Sie reagieren könnten, klar erkennen können, möchte ich Sie dazu einladen, einige Schlüsselfragen zu beantworten. Vergessen Sie nicht: Die Wahrheit darüber, was für Sie am wichtigsten ist, befindet sich bereits in Ihrem Innern – während Sie über die folgenden Fragen nachdenken, wird Ihre Sicht darauf geschärft werden.

Ich habe etwas Platz gelassen, damit Sie Ihre Antworten aufschreiben können. Vielleicht haben Sie keine Lust, einen Stift zu nehmen und zu schreiben, aber bitte nehmen Sie sich dennoch die Zeit, über jede Frage nachzudenken, bevor Sie weiterlesen. Ihre tiefsten Einsichten über Sie selbst entdecken Sie wahrscheinlich nicht sofort, sondern dafür benötigen Sie eine gewisse Zeit.

Ihre Leidenschaften herausfinden

1. Welche Art von Arbeit begeistert mich?

Die meisten von uns denken beim Begriff „Arbeit" an den Job, den wir machen, um unsere Rechnungen zu bezahlen. Doch wir wollen darüber hinausblicken. Im Wörterbuch wird in der Definition des Begriffs „Arbeit" keine Bezahlung erwähnt: „Tätigkeit mit einzelnen Verrichtungen, Ausführung eines Auftrags, (...) das Arbeiten, Schaffen, Tätigsein; das Beschäftigtsein mit etwas, mit jemandem." Das Gabler Wirtschaftslexikon definiert Arbeit als „zielgerichtete, soziale, planmäßige und bewusste, körperliche und geistige Tätigkeit". Das ist hier gemeint.

Wenn Sie über *Arbeit nachdenken, die Sie begeistert*, kommt Ihnen womöglich Ihr Job in den Sinn. So geht es mir zumindest, aber das trifft nicht auf jeden zu. Wenn Ihr *Job* die *Arbeit ist, die Sie begeistert*, dann gehören Sie zur Gruppe der Glücklichen!

Wenn das nicht auf Sie zutrifft, dann stellen Sie sich die Frage: Welche Art von *produktiver Aktivität* begeistert mich? Vielleicht ist es Schreiben, Lesen oder Bauen. Vielleicht gibt es einige Aspekte in Ihrem Job, die Ihnen wirklich gefallen, auch wenn der Job in seiner Gesamtheit Ihnen nicht allzu sehr zusagt.

Wenn Sie zielgerichtet leben wollen, dann ist die Frage, welche Arbeit/Aktivität Sie am liebsten tun, der entscheidende Ausgangspunkt. Ihre Berufung, der Sie folgen wollen, ist nicht unbedingt leicht, aber Sie fühlen sich zu dieser Aktivität hingezogen.

Ich verdiene meinen Lebensunterhalt damit, anderen dabei zu helfen herauszufinden, wie Sie durch den Minimalismus Freude und Nutzen erfahren können. Mein Job ist die Arbeit, die mich begeistert (nicht in allen Aspekten, aber in den meisten). Andererseits verdiene ich kein Geld mit *Hope Effect*, dem gemeinnützigen Verein, den ich gegründet habe, doch ich liebe diese Arbeit noch immer und bin begeistert dabei, die Vision mitzugestalten, den Vorstand zu leiten und die Kultur der Organisation zu beeinflussen. Das ist Arbeit, die mich begeistert, auch wenn sie nicht mein bezahlter Job ist.

Wenn Sie also auf diese Frage antworten wollen, denken Sie darüber nach, welche Aspekte Ihres Jobs Ihnen am leichtesten von der Hand gehen oder mit welchen Herausforderungen Sie sich gern auseinandersetzen möchten. Was ist Ihr Traumjob – und vor allem: Warum ist es Ihr Traumjob? Wenn Sie nicht an Ihrem Arbeitsplatz sind, welche Art von Aktivität begeistert Sie am meisten? Wenn Sie eine für Sie perfekte ehrenamtliche Arbeit „basteln" könnten, wie würde diese aussehen?

Aktivitäten, die zeigen, was meine Leidenschaften sind:

1. ____
2. ____
3. ____

2. *Welche Erfahrungen (positive wie negative) haben mein Verständnis der Welt und das, was für mich wichtig ist, geprägt?*

Wir alle sind zumindest teilweise das Produkt unserer Vergangenheit. Manche Erfahrungen haben Auswirkungen auf den Rest unseres Lebens. Manche Erfahrungen der Vergangenheit sind positiv, andere negativ – doch sie alle haben eine Rolle darin gespielt, uns zu formen. Um auf diese Frage zu antworten, sollten Sie die vier oder fünf Erfahrungen notieren, die Ihnen in den Sinn kommen, wenn Sie sich fragen: *Welche Erfahrungen haben mich am meisten geprägt?*

Ein Missionarskind, das in fremden Ländern aufwuchs, fühlt sich als Weltbürger.

Eine Frau mit einer jüngeren Schwester, die eine geistige Behinderung hat, sieht die Welt mit anderen Augen.

Ein Mann, der mit einem reichen Vater aufwuchs, der das Geld nur so zum Fenster herauswarf, wird eine bestimmte Sicht auf materiellen Wohlstand haben.

Ein Teenager, der seinen Vater bei einem Autounfall verlor, wird von einem Augenblick auf den anderen sein Leben auf den Kopf gestellt empfinden. Und umgekehrt wäre es für einen Vater, der seinen Sohn auf diese Weise verliert, genauso.

Die vier oder fünf Erfahrungen, die mich am meisten geprägt haben:

1. ________________________________
2. ________________________________
3. ________________________________
4. ________________________________
5. ________________________________

Ihre Fähigkeiten herausfinden

3. Was kann ich besonders gut?

Für welche Fähigkeiten erhalten Sie Komplimente oder werden Sie bezahlt? Ein Talent, das Sie besitzen und um das andere Sie vielleicht beneiden?

Denken Sie nicht zu intensiv darüber nach. Die Fähigkeiten, die Ihnen spontan in den Sinn kommen, sind in der Regel die richtigen. Sie rangieren womöglich vom scheinbar Trivialen (Golfspielen) bis zum offensichtlich Entscheidenden (medizinische Diagnosen stellen) – das ist völlig in Ordnung. Schreiben Sie zehn (oder mehr) Fähigkeiten auf, um sie nicht zu vergessen. Dann gehen Sie die Liste noch einmal durch und fragen Sie sich: *Ist da ein Muster zu erkennen?*

Dinge, die ich gut kann:

1. ________________________________
2. ________________________________
3. ________________________________
4. ________________________________
5. ________________________________
6. ________________________________

7. ______________________________
8. ______________________________
9. ______________________________
10. ______________________________

4. Welche Eigenschaften würde ich nennen, um mich zu beschreiben?

Wenn Sie begreifen, dass Sie einzigartig sind und einen einzigartigen Beitrag in dieser Welt leisten können, dann machen Sie damit sich und anderen das größte Geschenk, das man sich denken kann. Ihre Eigenschaften sind nicht dasselbe wie Ihre Talente oder Fähigkeiten. Wir sprechen hier von Ihrer Persönlichkeit, Ihrem Temperament, Ihren Werten, Ihrem persönlichen Stil und Ihren Neigungen.

Vielleicht haben Sie bereits einen oder mehrere Persönlichkeitstests gemacht, die Ihnen bei dieser Frage geholfen haben: Myers-Briggs? Enneagram? DISC? Wenn Sie Ihre Eigenschaften kennen, können Sie besser verstehen, welche Ihrer Bestrebungen am besten zu Ihrer Persönlichkeit passen. Selbstwahrnehmung hilft uns, mit uns im Einklang zu sein, so wie wir sind. Wir wollen nicht länger etwas sein, was wir nicht sind.

Meine fünf wichtigsten Eigenschaften:

1. ______________________________
2. ______________________________
3. ______________________________
4. ______________________________
5. ______________________________

Bedürfnisse anderer erkennen, die Sie berühren

5. Welche Bedürfnisse in der Welt berühren mich?

Leider sind die Bedürfnisse der Welt endlos. Doch ich habe festgestellt, dass die meisten Menschen sich von ein oder zwei Bedürfnissen besonders berührt fühlen. Welche Probleme sind Ihnen ständig präsent, auch wenn sie aktuell nicht von den Medien behandelt werden? Es könnten Themen sein wie Rassismus, Pflegekinder, mentale Krankheiten, Armut, erschwingliche Wohnungen, Gewalt gegen Frauen, geistliche Bedürfnisse in der Welt oder ein spezifisches Bedürfnis in Ihrer lokalen Kirchengemeinde. Auf all diese Bedürfnisse achten Sie bereits. Egal, ob es sich um globale oder individuelle Bedürfnisse handelt, die Sie besonders berühren – sie sagen stets etwas darüber aus, worauf Sie Ihre Leidenschaften und Fähigkeiten konzentrieren.

Bedürfnisse anderer, die mich besonders berühren:

1. ____________________
2. ____________________
3. ____________________
4. ____________________
5. ____________________

6. Welche Erfahrungen in meiner Vergangenheit lösen bei mir Empathie für andere in einer ähnlichen Situation aus?

Können Sie sich vorstellen, dass die Schmerzen und das Leid, das Sie erfahren haben, nicht nur Probleme waren, die Sie ertragen mussten, sondern dass Sie diese Erfahrungen positiv nutzen könnten?

Eine wundervolle Möglichkeit, das zu tun, besteht darin, andere Menschen zu trösten, die Ähnliches durchmachen wie Sie in der Vergangenheit. Sie können diese Personen unterstützen und ermutigen wie kein anderer, wenn Sie Ihre persönliche Erfahrung mit Ihnen teilen – zum Beispiel posttraumatische Belastungsstörungen, die Trauer um ein verlorenes Kind, Arbeitslosigkeit, bestimmte Erlebnisse in der Kindheit …

Einige Ihrer Erfahrungen überlappen sich möglicherweise mit Ihren Antworten auf Frage Nummer 2, und das ist ganz normal. Wahrscheinlich haben Sie einige Ihrer größten Schmerzen unter den Erfahrungen aufgelistet, die Sie besonders geprägt haben. Der Unterschied zu dieser jetzigen Frage besteht darin, dass Sie nun solche schmerzvollen Erfahrungen nennen sollen, die bei Ihnen Empathie für Ihre Mitmenschen ausgelöst haben. Listen Sie so viele wie möglich auf.

Meine eigenen Probleme, die mich für die Probleme anderer sensibilisiert haben:

1. ______________________________
2. ______________________________
3. ______________________________
4. ______________________________
5. ______________________________

Die Top Drei

Ich hoffe, es ist Ihnen mittlerweile klarer geworden, was für Sie in Ihrem Leben am allerwichtigsten ist. Je besser wir uns selbst kennen, je mehr wir neue und verschiedene Talente und Erfahrungen in unserem Leben sammeln (Dinge, die wir in den sechs Fragen bewertet haben), desto mehr wachsen wir in unsere einzigartige Rolle hinein, die nur wir in dieser Welt ausfüllen können.

Während Ihre Lebenssituationen und Beziehungen sich wandeln, werden sich auch die Interessen im Zentrum Ihres Venn-Diagramms verändern. Da Sie nun ein geschärftes Bewusstsein für Ihre Leidenschaften, Fähigkeiten und Wege, anderen zu dienen, erlangt haben, sind Sie bereit, neue Möglichkeiten zu erkennen und zu ergreifen.

Schauen Sie noch einmal auf die Schnittmenge Ihrer Leidenschaften, Fähigkeiten und der Bedürfnisse der anderen.

Die Top-Drei-Aktivitäten, die mir als Schnittmenge deutlich geworden sind:

1. ______________________________
2. ______________________________
3. ______________________________

Treten Sie gedanklich einen Schritt zurück und denken Sie kurz nach. Stimmen Sie damit überein, dass diese drei Dinge die wichtigsten in Ihrem Leben sind? Mit anderen Worten: Finden die Ergebnisse Ihres Venn-Diagramms ein Echo in Ihnen? Wenn nicht, was könnten Sie ändern?

Auf der folgenden Seite finden Sie ein noch auszufüllendes Diagramm.

Auf der Grundlage der zuvor beantworteten Fragen können Sie die drei sich überschneidenden Kreise mit Ihrer Berufung im Zentrum ausfüllen.

Eine weitere hilfreiche Frage bei dieser Übung ist folgende: Wenn jemand Ihr tägliches Leben beobachten würde, könnte er sehen, dass diese drei Dinge die wichtigsten in Ihrem Leben sind? Warum oder warum nicht? Welche Veränderungen könnten Sie vornehmen, um diese drei Dinge spürbar und sichtbar ins Zentrum Ihres Alltags zu rücken?

Und nun möchte ich Sie ermutigen, wenigstens einen Schritt in die Richtung Ihrer Berufung zu gehen, damit diese sich erfüllt. Auch wenn Sie sich noch nicht hundertprozentig im Klaren darüber sind – lassen Sie sich davon nicht abhalten, sondern gehen Sie los! Die Welt ist voller Wege. Sie können Umwege nehmen, um auf andere Pfade zu gelangen, wenn dies nötig wird – solange Sie weiter vorangehen in Richtung einer Zukunft ohne Reue!

Danksagungen

Es ist eine faszinierende Reise, unser Leben zu überdenken, um herauszufinden, warum wir die Welt so sehen, wie wir sie sehen – das Schreiben dieses Buches hat mich genau dazu herausgefordert. Es ist eine angenehme Reise, wenn man mit seiner Weltsicht im Reinen ist. Und das ist für mich der Fall.

Ich habe dieses Buch meinem Großvater Harold E. Salem gewidmet, der während der Entstehung dieses Buches verstorben ist. Die Lebenslektionen, die ich von ihm gelernt habe, sind von der ersten bis zur letzten Seite sichtbar. Doch er ist nicht der Einzige, der meine Sicht auf die Welt geprägt hat.

Meine vier Großeltern lebten jeweils ein Leben des Glaubens, ein zielgerichtetes Leben voller Bedeutung. Arnold, Edna, Harold und Beulah, ich danke euch für eure Liebe und euer Beispiel.

Danke an meine Eltern, Roy und Patty: Eure Treue, Gottesfurcht, Liebe und Beständigkeit haben mich zu dem gemacht, was ich bin.

Danke an meine Frau Kimberly: Deine Liebe und Opferbereitschaft und Selbstlosigkeit sind an jedem Tag meines Lebens und auf jeder Seite dieses Buches spürbar.

Danke an meine wundervollen Kinder, Salem und Alexa: Danke für die Freude, die ihr in mein Leben bringt, und dafür, dass ihr meine Sicht auf die Welt verändert habt. Danke, dass ihr mir die Möglichkeit geschenkt habt, dieses Buch zu schreiben.

Auch außerhalb meiner Familie gab es Menschen, die durch ihren Einfluss auf mein Leben zu diesem Buch beigetragen haben.

Ich bin gesegnet mit wertvollen Freunden, manche davon für kleinere Wegstrecken, manche davon mein Leben lang. Robert Thune Sr., Mark Arant, Jack und Linda Arant, Rudy Sheptock, Joe Darago, Jack und Diana Stimmel, Scott und Diane Slocum, Gregg Walsh, Jeff Kolok: Ihr alle seid Teil dieses Buches. Danke, dass ihr mir gezeigt habt, wie ein Leben aussieht, dass sich auf die wirklich wichtigen Dinge konzentriert.

Eric Stanford: Dieses Buch existiert aufgrund deines herausragenden Talents. Danke, dass du mich immer wieder dazu ermutigt hast, es zu schreiben, und danke für deine Geduld und Treue, mit denen du meine Gedanken in Worte gekleidet hast.

Ich danke dem gesamten Team von WaterBrook, von der Umschlaggestaltung und Illustrierung bis zum Lektorat und zum Marketing. Mein besonderer Dank gebührt Susan Tjaden, die von Anfang an die Inhalte dieses Buches mitgestaltet hat.

Ich danke meinem Agenten, Christopher Ferebee: Dein Glaube an mich und dieses Buch haben zu dem geführt, was du nun in Händen hältst.

Und schließlich danke ich der gesamten *Becoming-Minimalist*-Gemeinschaft: Eure Ermutigung und Unterstützung war und ist entscheidend für mich.

Vermutlich habe ich eine Menge Namen vergessen zu nennen. Zum Schluss will ich vor allem Jesus danken, dessen rettende Gnade es mir möglich macht, ein sinnerfülltes Leben zu leben. Danke!

Über den Autor

Joshua Becker ist der Bestseller-Autor von *The Minimalist Home*, *Simplify* und *Weniger macht reich*.

Er ist der Gründer und Herausgeber von *Becoming Minimalist*, einer Website, die sich mit zielgerichtetem Leben beschäftigt und von über 1,5 Millionen Lesern monatlich besucht wird und der über 3 Millionen Follower folgen. Sein Blog wurde von der Zeitschrift SUCCESS als eine der Top-Ten-Websites zum Thema „Persönliche Entwicklung" gekürt. Seine Beiträge wurden weltweit publiziert.

Becker ist der Gründer der Zeitschriften *Simplify* und *Simple Money*, zudem schreibt er regelmäßig für *Forbes*.

Joshua und seine junge Familie wurden durch eine Unterhaltung mit einem ihrer Nachbarn auf das Thema „Minimalismus" aufmerksam. Seitdem haben Joshuas Geschichte und seine Artikel und Bücher Millionen Menschen weltweit inspiriert, ihren materiellen Besitz zu verringern und bewusster zu leben. Heute ist er eine der führenden Stimmen in der modernen Bewegung *Simplicity Movement*.

Er ist auch der Begründer des gemeinnützigen Vereins *Hope Effect*, der sich um Waisenkinder weltweit kümmert.

Sein Entrümpelungs-Online-Kurs *Uncluttered* hat über siebzigtausend Menschen geholfen, ihre Häuser/Wohnungen zu entrümpeln und ein zielorientierteres Leben zu führen. Seine App *Clutterfree* ist die einzige App, die eine personalisierte Raum-für-Raum-Entrümpelungsliste anbietet.

Joshua lebt in Peoria, Arizona, mit seiner Frau und zwei Teenager-Kindern.

Besuchen Sie seine Website: *www.becomingminimalist.com*.

Anmerkungen

1 Kapitel 1: Ein Leben ohne Reue
Bronnie Ware: „Regrets of the Dying“, *https://bronnieware.com/blog/regrets-of-the-dying/* (letzter Zugriff: 21.02.2023). Das Buch erschien auf Englisch unter dem Titel: Bronnie Ware: The Top Five Regrets of the Dying. A Life Transformed by the Dearly Departing, Carlsbad/CA: Hay House 2012. Folgende fünf Dinge werden am meisten bedauert: (1) „Ich wünschte, ich hätte den Mut gehabt, ein Leben zu führen, in dem ich mir selbst treu gewesen wäre, und hätte nicht das Leben geführt, das andere von mir erwartet haben.“ (2) „Ich wünschte, ich hätte nicht so viel gearbeitet.“ (3) „Ich wünschte, ich hätte den Mut gehabt, meine Gefühle zu äußern.“ (4) „Ich wünschte, ich hätte Kontakt zu meinen Freunden gehalten.“ (5) „Ich wünschte, ich hätte zulassen können, glücklicher zu sein.“

2 Die „Things-That-Matter“-Umfrage wurde durchgeführt von der American Directions Research Group on Behalf of Becoming Minimalist LLC. Die national-repräsentative Umfrage bei vierhundert Befragten wurde im Februar 2021 online durchgeführt. Die Befragten waren 18 Jahre alt und älter und kamen aus den Vereinigten Staaten. Die Prozentzahlen der Angaben der Befragten ergeben aufgrund von Auf- und Abrundungen möglicherweise nicht immer 100 Prozent. Manche der Fragen, die im vorliegenden Buch enthalten sind, wurden leicht verändert, um die Antworten in weniger Kategorien zusammenfassen zu können. Die vollständigen Umfrageergebnisse können eingesehen werden unter *www.becomingminimalist.com/things-that-matter-survey*.

3 Seneca: „On the Shortness of Life“; in: Dialogues and Letters, New York: Penguin 1997, S. 57.

4 Wenn Sie interessiert sind, wie ich zum Minimalismus gekommen bin, werfen Sie mal einen Blick in dieses Buch von mir: Weniger macht reich. Entdecken Sie die einfachste Art, glücklich zu leben, Asslar: Gerth Medien 2017.

5 Becker, Weniger macht reich, S. 26.

Kapitel 2: Ablenkungen durch einen lahmgelegten Willen

6 Seneca: Selected Letters, New York: Oxford University Press 2010, S. 115.

7 N.S. Gill: „Profile of Demosthenes“; in: ThoughtCo., Juni 3/2019, *www.thoughtco.com/demosthenes-greek-orator-118793* (letzter Zugriff: 21.02.2023).

8 Frank Furedi: „The Ages of Distraction“; in: Aeon, April 1/2016, *https://aeon.co/essays/busy and-distracted-everybody-has-been-since-at-least-1710* (letzter Zugriff: 21.02.2023).

9 Olivia Solon: „Under Pressure, Silicon Valley Workers Turn to LSD Microdosing“; in: Wired, 24. August 2016, www.wired.co.uk/article/lsd-microdosing-drugs-silicon-valley (letzter Zugriff: 21.02.2023).

10 Blaise Pascal: Pensées, New York: Penguin 1995, S. 120.

11 Die Originalquelle dieses Zitats ist unbekannt, wobei die erste bekannte Zitation anscheinend bei Ernest T. Campbell auftaucht in „Give Ye Them to Eat“ (Predigt in der Riverside Church, New York, 25. Januar 1970, vgl. *https://archive.org/stream/sermongiveyethem00camp/sermongiveyethem00camp_djvu.txt*; letzter Zugriff: 21.02.2023).

Kapitel 3: Überschattete Träume

12 „What Scares Us Most: Spiders or Failing? Lincagoal´s Fear Factor Index Clears the Cobwebs"; in: Lincagoal, 12. October 2015, *https://blog.linkagoal.com/2015/10/research-reveals-fear-of-failure-has-us-all-shaking-in-our-boots-this-halloween-1-in-3-admit-they-are-terrified-of-failure* (Link nicht mehr aktuell, 21.02.2023).

13 Vgl. die Umfrage „What Scares Us Most: Spiders or Failing?"

14 Anjelica Oswald: „J. K. Rowling Shares Photos of Her Rejection Letters for 'inspiration'"; in: Insider, 25. März 2016, *www.businessinsider.com/jk-rowling-rejection-letters-2016-3* (letzter Zugriff: 21.02.2023).

15 „Michael Jordan ‚Failure' Commercial HD 1080p", YouTube-Video, geposted von „Scott Cole", 8. Dezember 2012, *www.youtube.com/watch?v=JA7G7AV-LT8* (letzter Zugriff: 21.02.2023).

16 „Ranking the TOP 74 NBA Players of All Time"; in: ESPN, 13. Mai 2020, *www.espn.com/nba/story/-id/29105801/ranking-top-74-nba-players-all-nos-10-1* (Link nicht mehr aktuell, 21.02.2023).

17 Theo Tsaousides: „Why Fear of Failure Can Keep You Stuck"; in: Psychology Today, 27. Dezember 2017, *https://www.psychologytoday.com/us/blog/smashing-the-brainblocks/201712/why-fear-failure-can-keep-you-stuck* (letzter Zugriff: 22.02.2023).

18 Don Joseph Goewey: „85 Percent of What We Worry About Never Happens"; in: Huffington Post, 25. August 2015, *www.huffpost.com/entry/85-of-what-we-worry-about_b_8028368* (letzter Zugriff: 22.02.2023); Seth J. Gillihan: „How Often Do Your Worries Actually Come True?"; in: Psychology Today, 19. Juli 2019, *https://www.psychologytoday.com/us/blog/think-act-be/201907/how-often-do-your-worries-actually-come-true* (letzter Zugriff: 22.02.2023).

19 Noam Shpancer: „Overcoming Fear: The Only Way Out Is Through"; in: Psychology Today, 20. September 2010, *www.psychologytoday.com/us/blog/insight-therapy/201009/overcoming-fear-the-only-way-out-is-through* (letzter Zugriff: 22.02.2023).

20 Ernest Becker: Escape from Evil, New York: Free Press 1975, S. 4.

21 Melanie J. Kirk: „My Greatest Fear in Life"; in: The Post Grad Survival Guide, 4. Februar 2019, *https://mjkirk.medium.com/the-woman-who-waited-too-long-196e8cf6d9d8* (letzter Zugriff: 22.02.2023).

22 L. Frank Baum: The Wonderful Wizard of Oz, 1900; neu aufgelegt: Orinda/CA: Sea Wolf Press 2019, S. 138.

Kapitel 4: Verletzt

23 Deanna Hutchinson: „How I Learned to Declutter My Mind"; in: Becoming Minimalist, 18. Februar 2020, www.becomingminimalist.com/declutter-my-mind (letzter Zugriff: 23.02.2023).

24 Meg Jay: „The Secrets of Resilience"; in: Wall Street Journal, 10. November 10 2017, *www.wsj.com/articles/the-secrets-of-resilience-1510329202* (letzter Zugriff: 23.02.2023).

25 Jay, „The Secrets of Resilience".

26 Jay, „The Secrets of Resilience".

27 Christine Wilkens, Telefongespräch mit dem Autor am 2. April 2021.

Kapitel 5: Das Ich-Monster

28 Victor Frankl: „Preface to the 1992 Edition"; in: Man's Search for Meaning, 1946; neu aufgelegt: Boston: Beacon Press 2006, S. xiv-xv.

29 Raj Raghunathan: „Why Rich People Aren't as Happy as They Could Be"; in: Harvard Business Review, 8. Juni 2016, *https://hbr.org/2016/06/why-rich-people-arent-as-happy-as-they-could-be* (letzter Zugriff: 24.02.2023).

30 Summer Allen: The Science of Generosity, Berkeley/CA: Greater Good Science Center, Mai 2018, *https://ggsc.berkeley.edu/images/uploads/GGSC-JTF_White_Paper-Generosity-FINAL.pdf* (letzter Zugriff: 24.02.2023); Matthew Solan: „The Secret to Happiness? Heres Some Advice from the Longest-Running Study on Happiness"; in: Harvard Health Blog, 5. Oktober 2017, *https://www.health.harvard.edu/blog/the-secret-to-happiness-heres-some-advice-from-the-longest-running-study-on-happiness-2017100512543* (letzter Zugriff: 24.02.2023); Robert Waldinger: „Learning to TakeCare of Our Relationships"; in: Simplify, 1. Juni 2017, *https://simplifymagazine.com/essay/relationship* (letzter Zugriff: 24.02.2023).

31 Kathleen Doheny: „Looks, Money, Fame Don't Bring Happiness"; in: ABC News, 22. Mai 2009, *https://selfdeterminationtheory.org/abc-news-looks-money-fame-dont-bring-happiness/* (letzter Zugriff: 24.02.2023).

32 Heather Horn: „Promiscuity Doesn't Make People Happier": in: The Atlantic, 22. August 2010, *https://www.theatlantic.com/national/archive/2010/08/promiscuity-doesn-t-make-people-happier/340249/* (letzter Zugriff: 24.02.2023).

33 Vgl. Olga Khazan: „Fewer Sex Partners Means a Happier Marriage"; in: The Atlantic, 22. Oktober 2018, *www.theatlantic.com/health/archive/2018/10/sexual-partners-and-marital-happiness/573493* (letzter Zugriff: 24.02.2023).

34 Temma Ehrenfeld: „Will Plastic SurgeryMake You Feel Better?"; in: Psychology Today, 15. Juli 2015, *https://www.psychologytoday.com/ca/blog/open-gently/201507/will-plastic-surgery-make-you-feel-better* (letzter Zugriff: 24.02.2023).

35 Emily Esfahani Smith: „You'll Never Be Famous – and That's O.K."; in: New York Times, 4. September 2017, *www.nytimes.com/2017/09/04/opinion/middlemarch-college-fame.html* (letzter Zugriff: 24.02.2023); vgl. auch Eva H. Teltzuer et al.: „Mexican-American Adolescent's Familiy Obligation Values and Behaviours. Links to Internalizing Symptoms Across Time and Context"; in: Developmental Psychology 51, Nr. 1 (2015), S. 75-86, https://doi.org/10.1037/a0038434 (letzter Zugriff: 24.02.2023); Veronica Hura / Richard M. Ryan: „Pursuing Pleasure or Virtue. The Differential and Overlapping Well-Being Benefits of Hedonic and Eudaimonic Motives"; in: Journal of Happiness Studies 11, Nr. 6 (Dezember 2010), S. 735-762, *https://doi.org/10.1007/s10902-009-9171-4* (letzter Zugriff: 24.02.2023).

36 Smith, „You'll Never Be Famous".

37 P. J. O'Rourke: All the Trouble in the World. The Lighter Side of Overpopulation, Famine, Ecological Disaster, Ethnic Hatred, Plague, and Poverty, New York: Atlantic Monthly Press 1994, S. 9.

38 Bruce P. Doré et al.: „Helping Others Regulate Emotion Predicts Increased Regulation of One's Own Emotions and Decreased Symptoms of Depression"; in: Personality and Social Psychology Bulletin 43, Nr. 5 (Mai 2017), S. 729-739, *https://doi.org/10.1177/0146167217695558* (letzter Zugriff: 24.02.2023).

39 Marianna Pogosyan: „In Helping Others, You Help Yourself"; in: Psychology Today, 30. Mai 2018, *https://www.psychologytoday.com/intl/blog/between-cultures/201805/in-helping-others-you-help-yourself* (letzter Zugriff: 24.02.2023).

40 Stephanie Booth: „How Helping People Affects Your Brain"; in: Healthline, 15. Dezember 2018, *www.healthline.com/health-news/how-helping-people-affects-your-brain#How-your-brain-lights-up-when-you-help* (letzter Zugriff: 24.02.2023). Vgl. ebenso Tristen K. Inaga-

ki / Lauren P. Ross: „Neural Correlates of Giving Social Support. Differences Between Giving Targeted Versus Untargeted Support"; in: Psychosomatic Medicine 80, Nr. 8 (Oktober 2018), S. 724-732, *https://pubmed.ncbi.nlm.nih.gov/30148747/* (letzter Zugriff: 24.02.2023).

Kapitel 6: Genug ist genug

41 1. Timotheus 6,10.

42 Catey Hill: „This Is the No. 1 Reason Americans Are So Stressed Out"; in: Market Watch, 17. Dezember 2018, *www.marketwatch.com/story/one-big-reason-americans-are-so-stressed-and-unhealthy-2018-10-11* (letzter Zugriff: 27.02.2023).

43 „Majority of Investors with $ 1 Million or More in Assets Do Not Consider Themselves Wealthy, Accordiung to Ameriprise Study"; in: Ameriprise Financial Services, 17. Juli 2019, *https://newsroom.ameriprise.com/news/majority-investors-with-1-million-or-more-in-assets-do-not-consider-themselves-wealthy-according-to-ameriprise-study.htm* (letzter Zugriff: 27.02.2023).

44 Graeme Wood: „Secret Fears of the Super-Rich"; in: The Atlantic, April 2011, *www.theatlantic.com/magazine/archive/2011/04/secret-fears-of-the-super-rich/308419* (letzter Zugriff: 27.02.2023).

45 Jay Harerington: „Why Men Need Minimalism"; in: Becoming Minimalist, *https://www.becomingminimalist.com/why-men-need-minimalism/* (letzter Zugriff: 27.02.2023).

46 Jay Harrington: „Ambitious Minimalism. How Owning Less Frees us to Achieve More"; in: Becoming Minimalist, *www.becomingminimalist.com/ambitious-minimalism* (letzter Zugriff: 27.02.2023).

47 R. Andres Castaneda Aguilar et al.: „September 2020 Global Poverty Update from the World Bank: New Annual Poverty Estimates Using Revised 2011 PPPs"; in: World Bank Blogs, 7. Oktober 2020, *https://blogs.worldbank.org/opendata/september-2020-global-poverty-update-world-bank-new-annual-poverty-estimates-using-revised* (letzter Zugriff: 27.02.2023).

48 Um herauszufinden, wie reich Sie aus globaler Perspektive sind, gehen Sie auf Giving What We Can, *www.givingwhatwecan.org/how-rich-a*-i (letzter Zugriff: 27.02.2023).

49 Vgl. Wood, „Secret Fears of the Super-Rich".

50 Vgl. Benjamin Preston: „The Rich Drive Differently, Study Suggests"; in: New York Times, 12. August 2013, *https://wheels.blogs,nytimes.com/2013/08/12/the-rich-drive-differently-a-study-suggests* (letzter Zugriff: 27.02.2023). Falls es Sie interessiert: BMW-Fahrer übertreten am häufigsten die Straßenverkehrsregeln.

51 Benjamin Franklin, zitiert in S. Austin Allibone: Prose Quotations from Socrates to Maculay, Philadelphia: J. B. Lippincott & Co. 1876, S. 128.

52 Howard R. Gold: „Price Tag for the American Dream: $130K a Year"; in: USA Today, 4. Juli 2014, *www.usatoday.com/story/money/personalfinance/2014/07/04/american-dream/11122015* (letzter Zugriff: 28.02.2023).

53 Greg McBride, zitiert in Anna Bahney: „Nearly a Quarter of Americans Have No Emergency Savings"; in: CNN, 20. Juni 2018, *https://money.cnn.com/2018/06/20/pf/no-emergency-savings/index.html* (letzter Zugriff: 28.02.2023).

54 „World Hunger Is Still Not Going Down After Three Years and Obesity Is Still Growing – UN Report"; in: World Health Organization, 15. Juli 2019, *https://www.who.int/news/item/15-07-2019-world-hunger-is-still-not-going-down-after-three-years-and-obesity-is-still-growing-un-report* (letzter Zugriff: 28.02.2023); WWAP (United NationsWorld Water Assessement Programme), United Nations World Water and Developmemnt Report 2014:

Water and Energy, 2014, *http://unesdoc.unesco.org/ark:/48223/pf0000225741,2* (letzter Zugriff: 28.02.2023).

55 „401 (k) Participants'Investing Behavior May LeaveThem Short"; in: Charles Schwab, *www.aboutschwab.con/banking/savings/financial-security-june-2019* (letzter Zugriff: 28.02.2023).

56 Nocole Lyn Pesce: „A Shocking Number of Americans Are Living Paycheck to Paycheck"; in: MarketWatch, 11. Januar 2020, *www.marketwatch.com/story/a-shocking-number-of-americans-are-living-paycheck-to-paycheck-2020-01-07* (letzter Zugriff: 28.02.2023); Amanda Dixon: „A Growing Percentage of Americans Have No Emergency Savings Whatsoever"; in: Bankrate, 1. Juli 2019, *www.bankrate.com/banking/savings/financial-security-june-2019* (letzter Zugriff: 28.02.2023).

57 Lara B. Aknin et al.: „Prosocial Spending and Well-Being: Cross Cultural Evidence for a Psychological Universal"; in: Journal of Personality and Social Psychology 104, Nr. 4 (2013), S. 635-652, *https://doi.org/10.1037/a0031578* (letzter Zugriff: 28.02.2023).

58 Elizabeth W. Dunn / Lara B. Aknin / Michael I. Norton: „Prosocial Spending and Happiness: Using Money to Benefit Others Pay Off", Zusammenfassung; in: Current Directions in Psychological Science 23, Nr. 1 (Februar 2014), S. 41-47, *https://doi.org/10.1177/0963721413512503* (letzter Zugriff: 28.02.2023).

Kapitel 7: Hürden auf dem Weg zum Ziel

59 Vgl. Ernest Becker: Escape from Evil, New York: Free Press 1975, S. 4-5.

60 Becker, Escape from Evil, S. 84-85.

61 Jessica Pishko: In the Red, Seattle: Little A 2016, Kindle.

62 Pishko, In the Red.

63 „Zwischen 1977 und 2017 wurden 2 Prozent oder mehr des Bruttoinlandsprodukts gespendet. In den 1970er-, 1980er- und 1990er-Jahren waren es weniger als 2 Prozent des Bruttoinlandsprodukts. In den 2000er-Jahren lag die Zahl wieder bei 2 Prozent oder darüber, fiel dann aber wieder auf 1,9 Prozent in den Jahren 2000 bis 2011. Im Zeitraum von 2013 bis 2017 wurden in vier dieser fünf Jahre 2,1 Prozent des Bruttoinlandsprodukts gespendet." „Giving Statistics"; in: Charity Navigator, *www.charitynavigator.org/index.cfm?bay_content.view&cpid=42* (letzter Zugriff: 02.03.2023).

64 Vgl. „GDP (Current US$) – United States"; in: World Bank, *https://data.worldbank.org/indicator/NY.GDP.MKTP.CD?locations=US* (letzter Zugriff: 02.03.2023).

65 Vgl. Maurie Backman: „You Don't Need That: Average American Spends Almost $18000 a year on Nonessentials"; in: USA Today, 7. Mai 2019, *www.usatoday.com/story/money/2019/05/07/americans-spend-thousands-on-nonessentials/39450207* (letzter Zugriff: 02.03.2023).

66 John Ruskin: Notes by Mr. Ruskin on Samuel Prout and William Hunt, London: Strangewater & Sons 1879-80, S. 96.

67 „Average Minutes per Day: Men and Women Spent in Household Activities" (2015), American Time Use Survey, US Bureau of Labor Statistics, *www.bls.gov/tusd/charts/household.htm* (letzter Zugriff: 02.03.2023).

68 Linda Gorman: „Hours Spent in Homemaking Have Changed Little This Century"; in: The Digest, National Bureau of Economic Research, Oktober 2008, *www.nber.org/digest/oct08/hours-spent-homemaking-have-changed-little-century* (letzter Zugriff: 02.03.2023).

69 Amy Morin: „7 Scientifically Proven Benefits of Gratitude"; in: Psychology Today, 3. April 2015, *www.psychologytoday.com/us/blog/what-mentally-strong-people-dont-do/201504/7-scientifically-proven-benefits-gratitude* (letzter Zugriff: 02.03.2023).

70 Mary McVean: „For Many People, Gathering Possessions Is Just The Stuff of Life"; in: Los Angeles Times, 21. März 2014, *www.latimes.com/health/la-xpm-2014-mar-21-la-he-keeping-stuff-20140322-story.html* (letzter Zugriff: 02.03.2023).

71 Alain de Botton: Status Anxiety, New York: Vintage 2005, S. 43.

Kapitel 8: Das Leben nach Bedeutung

72 Scott Barry Kaufman: „Why Do You Want to Be Famous?"; in: Scientific American, 4. September 2013, *https://blogs.scientificamerican.com/beautiful-minds/why-do-you-want-to-be-famous* (letzter Zugriff: 03.03.2023).

73 Orville Gilbert Brim: Look at Me! The Fame Motive from Childhood to Death, Ann Arbor: University of Michigan Press 2010, S. 28.

74 Kaufmann, „Why Do You Want to Be Famous?".

75 Benedict Carey: „The Fame Motive"; in: New York Times, 22. August 2006, *www.nytimes.com/2006/08/22/health/psychology/22fame.html* (letzter Zugriff: 03.03.2023).

76 Rebecca J. Rosen: „Something Like 0.0086 % of the World Is Famous"; in: The Atlantic, 22. Januar 2013, *www.theatlantic.com/technology/archive/2013/01/something-like-00086-of-the-world-is-famous/267397* (letzter Zugriff: 03.03.2023).

77 Oluebube Princess Egbuna: „Distracted by Fame?"; in: Medium, 17. Dezember 2018, *https://medium.com/@egbunaoluebube/distracted-by-fame-723477e9023b* (letzter Zugriff: 03.03.2023; mit freundlicher Genehmigung verwendet).

78 Egbuna, „Distracted by Fame?"

79 1. Korinther 13,13.

80 The Works of Robert G. Ingersoll, hrsg. Von C. P. Farrell, Nr. 11, New York: Dresden Publishing 1902, *www.gutenberg.org/files/38813/38813-h/38813-h.htm#K* (letzter Zugriff: 06.03.2023).

Kapitel 9: Am Strand zu liegen wird irgendwann langweilig

81 Dorothy Sayers: „Why Work?"; in: Letters to a Diminished Church. Passionate Arguments for the Relevance of Christian Doctrine, 1942; neu aufgelegt: Nashville: W. Publishing Group 2004, S. 118-125.

82 Gallup, State of the Global Workplace, New York: Gallup Press 2017, S. 22-24. Die Datenerhebung erfolgte in den Jahren von 2014 bis 2016 in 155 Ländern. 1. „Engagierte" Beschäftigte werden definiert als „begeisterte Mitarbeiter, die sich stark mit ihrer Arbeit und ihrem Arbeitsplatz identifizieren. Sie sind seelisch gesund, bringen Leistung, haben neue Ideen und bringen das Unternehmen voran." 2. „Nicht engagierte" Beschäftigte „identifizieren sich nicht mit ihrer Arbeit und ihrem Unternehmen. Da sie sich nicht richtig einbringen, investieren sie nur ihre Zeit und nicht ihre Kraft und Leidenschaft in ihre Arbeit." 2. „Bewusst ausgestiegene" Beschäftigte sind Mitarbeiter, „die nicht einfach nur unglücklich mit ihrer Arbeit sind, sie nehmen es dem Unternehmen übel, dass ihre Bedürfnisse nicht gesehen werden. Sie handeln aus ihrer Unzufriedenheit heraus. Jeden Tag haben sie die Möglichkeit, die Leistungen ihrer engagierten Kollegen zu untergraben."

83 CareerBuilder: „Increased Number of Workers Calling in Sick When They Aren't, Finds CareerBuilder's Annual Survey"; in: PR Newswire, 16. November 2017, *https://www.prnewswire.com/news-releases/increased-number-of-workers-calling-in-sick-when-they-arent-finds-careerbuilders-annual-survey-300555582.html#:~:text=According%20to%20new%20CareerBuilder%20data,percent%20to%2035%20percent%20respectively* (letzter Zugriff: 06.03.2023).

84 Zoya Gervis: „Here's How Many Days a Year the Average American Spends Daydreaming about a Vacation"; in: SWNS Digital, 24. Oktober 2019, *https://swnsdigital.com/us/2019/10/heres-how-many-days-a-year-the-average-american-spends-daydreaming-about-a-vacation/* (letzter Zugriff: 06.03.2023).

85 Hannah Sampson: „What Does America Have Against Vacation?"; in: Washington Post, 28. August 2019, *www.washingtonpost.com/travel/2019/08/28/what-does-america-have-against-vacation* (letzter Zugriff: 06.03.2023).

86 Sampson, „What Does America Have against Vacation?".

87 Amanda Dixon: „Americans Reveal Ideal Ages for Financial Milestones"; in: Bankrate, 18. Juli 2018, *www.bankrate.com/personal-finance/smart-money/financial-milestones-survey-july-2018* (letzter Zugriff: 06.03.2023).

88 Axel von Herbay: „Otto von Bismarck Is Not The Origin of Old Age at 65"; in: Gerontologist 54, Nr. 1 (Februar 2014), S. 5, *https://doi.org/10.1093/geront/gnt111* (letzter Zugriff: 06.03.2023); Social Security Administration: „Age 65 Retirement", *www.ssa.gov/history/age65.html* (letzter Zugriff: 06.03.2023).

89 Aspen Gory / Devon Gorry / Sita Slavov: „Does Retirement Improve Health and Life Satisfaction?"; in: Working Paper 21326, National Bureau of Economic Research, Juli 2015, doi:10.3386/w21326, *www.nber.org/papers/w21326* (letzter Zugriff: 07.03.2023).

90 Kathy Kristof: „Surprise – Money Doesn't Guarantee Happy Retirement. Here's What Does"; in: Inc., März/April 2018, *https://www.inc.com/magazine/201804/kathy-kristof/happy-retirement-satisfaction-enjoy-life.html* (letzter Zugriff: 07.03.2023).

91 Stephen Wright: „The Difference Between Happy and Unhappy Retirees"; in: Pinnacle Quarterly, Vision Wealth Planning, Januar 2020, S. 12, *https://static.twentyoverten.com/5a29586cd744f3738318b502/zeZKOzCfW/VISION-Quarterly-Q1-2020.pdf* (letzter Zugriff: 07.03.2023; Hervorhebung durch den Autor).

92 Matt Clarke: „Long-Term Recidivism Studies Show High Arrest Rates"; in: Prison Legal News, 3. Mai 2019, *www.prisonlegalnews.org/news/2019/may/3/long-term-recidivism-studies-show-high-arrest-rates.* (letzter Zugriff: 07.03.2023).

Kapitel 10: Blinkende Lichter

93 Cal Newport: Digital Minimalism. Choosing a Focused Life in a Noisy World, New York: Penguin 2019, S. 8.

94 „The Nielsen Total Audience Report: August 2020"; in: Nielsen, 13. August 2020, *https://www.nielsen.com/de/insights/2020/the-nielsen-total-audience-report-august-2020/* (letzter Zugriff: 07.03.2023). Die Gesamtzeit, die 2020 mit Medienkonsum verbracht wurde, hatte sich im Laufe des Jahres 2019 um fast eine Stunde pro Tag verlängert und repräsentierte die zusätzliche Zeit, die Amerikaner währen der COVID-19-Isolation mit Medien verbrachten. Der Bericht merkt auch an: „Möglicherweise gibt es auch ein gewisses Maß an gleichzeitiger Nutzung mehrerer Endgeräte."

95 Rani Molla: „Tech Companies Tried to Help Us Spend Less Time on Our Phones. It Didn't Work"; in: Vox, 6. Januar 2020, *www.vox.com/recode/2020/1/6/21048116/tech-companies-time-well-spent-mobile-phone-usage-data* (letzter Zugriff: 07.03.2023). Die Zahlen zur Smartphone-Nutzung stammen von der Produktivitätssoftware-Firma RescueTime.

96 J. R. Thorpe: „This Is What Too Much Screen Time Does to You"; in: Bustle, 6. November 2020, *www.bustle.com/wellness/117838-5-things-too-much-screen-time-does-to-your-body* (letzter Zugriff: 07.03.2023). Vgl. auch Juliane Horvath et al.: „Structural and Functional Correlates of Smartphone Addiction"; in: Addictive Behaviours 105 (Juni 2020), *https://doi.org/10.1016/j.addbeh.2020.106334* (letzter Zugriff: 07.03.2023).

97 Thorpe, „This Is What Too Much Screen Time Does to You". Vgl. auch Xiao Wang / Yuexuan Li / Haoliang Fan: „The Associations Between Screen Time-Based Selentary Behaviour and Depression: A Systematic Review and Meta-analysis"; in: BMC Public Health 19, Art. Nr. 1524 (2019), *https://doi.org/10.1186/s12889-019-7904-9* (letzter Zugriff: 07.03.2023).

98 Moran Bodas et al.: „Anxiety Inducing Media: The Effect of Constant News Broadcasting on the Well-Being of Israeli Television Viewers"; in: Psychiatry 78, Nr. 3 (2015), S. 265-276, *https://doi.org/10.1080/00332747.2015.1069658* (letzter Zugriff: 07.03.2023).

99 Thorpe, „This Is What Too Much Screen Time Does to You". Vgl. auch Eva M. Selhub / Alan C. Logan: Your Brain on Nature. The Science on Nature's Influence on Your Health, Happiness and Vitality, Mississauga, Ontario/Canada: Wiley 2012, S. 45.

100 Kermit Pattison: „Worker Interrupted: The Cost of Task Switching"; in: Fast Company, 28. Juli 2018, *www.fastcompany.com/944128/worker-interrupted-cot-task-switching* (letzter Zugriff: 07.03.2023). Vgl. auch Gloria Mark / Daniela Gudith / Ulrich Klocke: „The Cost of Interrupted Work: More Speed and Stress"; in: CHI '08: Proceedingsof the SIGCHI Conference on Human Factors in Computing Systems (6. April 2008), S. 107-110, *https://doi.org/10.1145/1357054.1357072* (letzter Zugriff: 07.03.2023).

101 Nicholas Carr: The shallows. What the Internet is doing to Our Brains, New York: Norton 2020, S. 10.

102 Cal Newport: Deep Work. Rules for Focused Success in a Distracted World, New York: Grand Central 2016.

103 Cal Newport, zitiert in Eric Barker: „Stay Focused: 5 Ways to Increase Your Intention Span"; in: Time, 26. Juni 2014, *https://time.com/2921341/stay-focused-5-ways-to-increase-your-attention-span.* (letzter Zugriff: 07.03.2023).

104 Newport, Digital Minimalism, S. 6-7.

105 Newport, Digital Minimalism, S. 9.

106 Lydia Belanger: „10 Ways Technology Hijacks Your Behavior"; in: Entrepreneur, 3. April 2018, *https://www.entrepreneur.com/science-technology/10-ways-technology-hijacks-your-behavior/311284* (letzter Zugriff: 07.03.2023).

107 Avery Hartmans: „These Are the Sneaky Ways Apps Like Instagram, Facebook, Tinder Lure You in and Get You Addicted"; in: Insider, 17. Februar 2018, *www.businessinsider.com/how-app-developers-keep-us-addicted-to-our-smartphones-2018-1* (letzter Zugriff: 07.03.2023).

108 Adam Alter: Irresistible. The Rise of Addictive Technology and the Business of Keeping us Hooked, New York: Penguin 2018, S. 10.

109 Nir Eyal: Indistractable. How to Control Your Attention and Choose Your Life, London: Bloomsbury 2019, S. 2.

110 Tristan Harris, zitiert in Alex Kantrowitz: „‚Social Dilemma' Star Tristan Harris Responds to Criticisms of the Film, Netflix's Algorithm, and More"; in: OneZero, 7. Oktober 2020, *htpps://onezero.medium.com/social-dilemma-star-tristan-harris-responds-to-criticisms-of-the-film-netflix-s-algorithm-and-e11c3bedd3eb* (letzter Zugriff: 07.03.2023).

111 „UNICEF und globale Partner definieren den Begriff ‚Waise' als ein Kind unter achtzehn Jahren, das ein Elternteil oder beide Eltern durch deren Tod verloren hat. Nach dieser Definition gab es 2015 weltweit fast 140 Millionen Waisen, davon 61 Millionen in Asien, 52 Millionen in Afrika, 10 Millionen in Lateinamerika und der Karibik und 7,3 Millionen in Osteuropa und Zentralasien." Aus: „Orphans"; in: UNICEF, *https://web.archive.org/web/20210614053425/www.unicef.org/media/orphans.* (letzter Zugriff: 07.03.2023).